목회 시리즈 01 – 다음세대

다음세대 셧다운

SHUTDOWN
THE NEXT GENERATION

글과길

목회 시리즈 01 - 다음세대

다음세대 셧다운 SHUTDOWN THE NEXT GENERATION

지은이 김도인 이경석 이정일 박양규 박혜정 서상복 이상갑 김민철 김영한 김지겸
         박종순 곽상학 김정준 정석원 윤태호 김진원 김광영 나도움 최새롬

발행일 초판 1쇄 발행 2023년 11월 20일
발행인 김도인
펴낸곳 글과길

출판사 등록 제2020-000078호[2020.5.29.]
         서울특별시 송파구 삼학사로 19길 5 3층
         wordroad29@naver.com
교정·교열 오현정
디자인 김석범
공급처 하늘유통
         경기도 파주시 광탄면 분수리 350-3
         전화 031—947-7777
         팩스 0505-365-0691
         ©2022, Kim Do In all rights reserved
ISBN 979-11-984685-2-9 03230
값 18,000원

목회 시리즈 01 – 다음세대

다음세대 셧다운

SHUTDOWN
THE NEXT GENERATION

김도인 이경석 이정일 박양규 박혜정 서상복 이상갑 김민철 김영한 김지겸

박종순 곽상학 김정준 정석원 윤태호 김진원 김광영 나도움 최새롬

글과길

오늘날 우리 손에는 스마트폰이라는 고성능 컴퓨터가 들려있습니다. 이 스마트폰을 활용하도록 돕는 수많은 앱도 존재합니다. 그러나 이 앱을 사용하기 위해선 소프트웨어를 최신 버전으로 업데이트해야 합니다. 이때 업데이트를 하기 위해서는 반드시 전원을 껐다 켜는 리부트 과정이 필요합니다.

한국교회가 리부트될 때 다음세대가 살아날 것입니다. 이 책을 통해 진리의 말씀이 좋은 앱 콘텐츠 과 만나는 놀라운 은혜가 있기를 소망합니다.

주경훈 목사
오륜교회

이 책은 다음세대를 위해 현장에서 뛰는 사역자들의 글입니다. 현장은 정말 중요합니다. 그들과 함께 호흡하는 하나님 사람들의 글 속에는 감출 수 없는 힘이 있습니다. 이 책을 통해 느껴지고 전달되는 그 힘이 한국교회에 두루두루 퍼져서 큰 시너지가 되길 기도합니다.

홍민기 목사
라이트하우스무브먼트 대표,
브리지임팩트사역원 이사장

Contents

프롤로그

다음세대가 셧다운되었다

무종교인 87%가 교회를 바라보는 시각은 다음과 같다.

'한국교회, 세상과 소통 준비 안 돼 있어.'

이는 2023년 2월 16일 기독교윤리실천운동본부에서 발표한 '한국교회의 사회적 신뢰도 여론조사'에서 나타난 결과다. 불통은 관계의 위기를 가져온다. 한국교회 다음세대가 셧다운된 가장 큰 이유도 불통 때문이라고 생각한다.

교회는 다음세대가 중요하다고 말한다. 하지만 사실 큰 관심이 없다. 관심이 없으면 불통으로 이어진다. 관심은 다른 것이 아니라 '깨어있는 주의력'이기 때문이다. 주의력이 깨어있으면 관심 있게 바라보고 생각한다. 김주수는 「LQ 글쓰기 스터디 1 - 내 인생의 첫 번째 글쓰기 수업」에서 관심에 대해 이렇게 서술한다. "관심이란 말 자체가 '마음과 연계되었음'을 뜻하니, 관심이 없으면 보아도 보이지 않고, 닿아도 느껴지지 않는다." 관심이 없으면 보이지 않고, 닿아도 느껴지지 않으니 불통이 당연하다.

한국교회는 세상과 소통할 준비가 되어 있지 않다. 이 시점에서 한국교회는 다음세대와 소통할 준비가 되어 있는지 질문해야 한다. 세상과 불통이 되니 한국교회가 위기에 처했다. 교회가 다음세대와 불통을 자처하니 다음세대가 셧다운되었다.

한국교회의 위기와는 달리 세계기독교의 전망은 아주 밝다. 세계기독교연구센터에서 발표한 2022년 세계기독교 현황 통계에서는 2050년에 전 세계 기독교인 수가 33억 명을 넘어 23% 증가할 것으로 전망한다. 오순절 교단의 교인 수는 현재 4억 명에서 2050년에는 10억 명 이상으로 비약적 성장을 달성하리라 전망한다. 아프리카의 기독교 인구는 6억 9200만 명에서 2050년에는 12억 8천만 명으로 2배 증가할 것으로 전망한다.

이에 비해 한국교회의 미래는 어둡다. 한국교회 위기 중 최고의 위기는 한국교회의 미래인 다음세대의 위기다.[1]

한국교회 다음세대가 셧다운된 것은 통계를 통해서도 알 수 있다. 2016년 한 조사에 따르면, 교회학교는 반 토막이 났고 청소년 복음화율은 3.8%라는 충격적인 결과도 있었다. 2022년 12월 20일 발표에 따르면, 최근 10년 사이 주일학교 학생 수가 40% 가까이 줄었다. 2021년 대한예수교장로회 통합측 조사에 따르면, 다음세대와 세례교인은 줄었고 사역자만 늘었다. 혹자는 우리나라의 개신교인 청년들이 이젠 미전도 종족에 속한다고 한다. 미전도 종족이란 복음화율 3% 미만일 때 사용하는 말이다. 현장 사역자들은 대학생 복음화율이 3% 미만이라고 주장한다.[2] 팬데믹이 지난 후, 교회에 출석하는 청년은 1.5%라고 말한다. 군부대에서는 교회를 다니다가 입대한 장병이 1% 전후라는 절망적인 숫자가 들린다. 군입대하는 장병 100명 중 1명만 교회를 다니다가 입대한다는 말이다. 이로써 교회에 다니는 청년이 1.5%라는 말은 틀린 말이 아님을 알 수 있다.

다음세대가 위기를 넘어 셧다운되었다. 한국교회는 셧다운된 다음세대에 대해 깊은 고민을 해야 한다. 고민에 더해 대안을 마련해야 한다. 연구하고 분석해 적절한 대안을 제시하는 것이 시급하다. 만약 대안이 마련되지 않는다면 얼마 되지 않아 다음세대가 없는 교회는 50%가 넘을 것이다.

셧다운된 상태에서 다음세대 리부트를 기필코 해야 한다

셧다운된 다음세대를 어떤 일이 있어도 리부트 Reboot 해야 한다. 리부트는 '다시 시작하는 것'이란 뜻이다. 에러 등이 있을 때 컴퓨터를 껐다가 다시 켜는 것을 '리부팅'이라고 한다. 또는 한자 '두 재 再'자를 차용해서 '재부팅'이라고도 한다.

무너진 다음세대를 리부트하려면 원점으로 돌아가 다시 시작해야 한다. 과거의 방법을 버리고 새롭게 시작해야 한다. 다음세대 리부트의 핵심은 본질을 회복하는 것이다. 본질 회복이란 하나님의 방법으로 돌아가는 것이다. 인간의 방법이 아니라 하나님의 방식을 택해야 한다. 인간 정신의 무장이 아니라 십자가의 정신으로 돌아가는 것이다. 교회는 이번 기회에 본질만 남기고 신박한 정리를 해야 한다.[3] 본질을 붙들고 시대에 맞는 옷을 입고 넘쳐나는 세상의 다음세대에게로 나아가야 한다.

유행이 지난 옷을 입는 젊은이는 거의 없다. 교회는 말씀이라는 본질을 붙잡고 동시에 시대 변화의 속도를 따라가기 위해 피치를 올려야 한다. 다음세대와 관련해 변화의 중심에 있는 것이 '미디어'다. 교회는 미디어에게 다음세대를 빼앗겼다. 다음세대는 영상 미디어 시대를 산다. 2010년 이후 탄생한 알파세대는 디지털 기기와 상호 작용을 통해서 성장했다. 교회는 세상이 결코 줄 수 없고 세상에서는 보고 들을 수 없는, 세상과 차별화된 콘텐츠를 만들어 세상에 빼앗긴 다음세대를 주님께로 돌아오게 해야 한다. 이에 대해 「격차의 시대, 정(情)이 있는 교회와 목회」에서는 다음과 같이 서술한다.

'교회가 다음세대를 세상에 빼앗기는 주요 원인은 세상의 죄를 전파하는 인터넷 미디어의 영향이 큽니다. 사탄은 인터넷망을 통해 세상 죄를 전파하고 있습니다. 이러한 상황에서 교회는 다음세대가 볼 수 있는 영적인 메시지를 전할 복음적인 콘텐츠를 준비해야 합니다. 세상이 결코 줄 수 없고 세상에서는 보고 들을 수 없는, 세상과 차별화된 콘텐츠를 만들어 세상에 빼앗긴 다음세대를 주님께로 돌아오게 해야 합니다. 영상 미디어 세대인 다음세대를 전도하는 데는 영상 매개체를 사용하는 것이 효과적이기 때문입니다.'[4]

교회는 미디어 영상 이해로는 안 된다. 다음세대에 덕질해야 한다. 그러면 다음세대가 예수님께 입덕하기 때문이다.

'그들에게 돈과 시간, 열정을 쓰며 덕질을 해야 한다. 다음세대를 향한 진정한 덕후가 되어야 한다. 그럴 때 다음세대도 예수님께 입덕을 시작한다. 아이들이 예수님을 향한 방을 만들고, 그 방을 꾸미기 위해 시간과 열정을 쏟기 시작한다. 교회는 다음세대가 예수님께 입덕하도록 만들어야 한다.'[5]

교회는 다음세대를 위해 모든 것을 쏟아부어야 한다. 어느 교회는 교회 예산 전부를 다음세대에 쏟아붓겠다고 했다. 다음세대 리부트가 절실하다는 반증이다.

다음세대에 대안은 있는가?

대안은 결국 준비된 사람과 콘텐츠이다. 한국교회에는 건물, 재정, 사람이 있다. 팬데믹으로 멈춰진 교회는 팬데믹 이후를 리부트해야 하는 과제 앞에 서 있다. 그러나 한국교회는 건물, 재정, 사람이 있음에도 대안을 발견하지 못하고 있다.

셧다운된 다음세대를 향한 대안은 두 가지다. 즉 '사람과 콘텐츠'다. 하지만 한국교회에는 다음세대를 위해 준비된 사람이 보이지 않는다. 다음으로, 다음세대를 품어낼 콘텐츠가 없는 것 같다.

한국교회는 한국교회를 한마디로 보여줄 그 무엇이 없다. 한국교회를 대표할 만한 무엇이 없다면, 교회가 셧다운된 다음세대를 살릴만한 대안을 찾아내기도 쉽지 않으리라 생각된다. 불교나 천주교는 그 종교를 한마디로 정의할 것이 있다. 불교는 법정 스님의 '무소유'라는 말로 불교를 대변한다. 그리고 '템플스테이'가 있다. 천주교는 김수한 추기경의 '내 탓이요'가 있다. 한국교회는 이런 문구, 혹은 한마디로 개신교를 세상에 말할 수 있는 것이 없다.

책을 준비하면서 6명의 다음세대 지도자들과 인터뷰할 기회가 있었는데, 그들에게는 공통점이 몇 가지 있었다.

첫째, 본질을 강조한다. 그들은 다음세대에게 구원관을 심어주기 위해 불철주야로 뛰고 있었다. 말씀과 기도에 집중하며 다음세대를 살릴 수 있는 예배에 목숨을 걸고 있었다.

둘째, 삶을 강조한다. 말로 하기보다는 삶으로 보여주려 한다.

셋째, 마인드가 남달랐다. 즉 태도가 다른 목회자와 달랐다. 그들의 태도는 자신이나 자기 조직이 아니라 예수님을 드러내려 힘쓰고 있었다.

다음세대의 대안은 다음세대에게 눈높이 맞추기로 시작해야 한다

성경을 읽을 때 직분마다 다르게 읽는다. 설교자는 설교자의 눈으로, 교인은 교인의 눈으로 성경을 읽는다. 설교자는 설교자로서가 아니라 교인 눈높이에 맞추어 성경을 읽고 설교해야 한다. 그럴 때 청중과 소통하는 설교를 한다. 교회는 다음세대의 눈높이에 맞춰 다음세대 교육을 하는가? 그렇다고 말하는 것이 어렵다. 교회가 원하는 방향이나 처한 상황에 맞춰 교육한다. 다음세대를 위한 대안은 교회가 눈을 낮춰 다음세대의 눈높이에 맞추어 줄 때 가능하다. 전도할 때, 반드시 기억할 것이 있다. 불신자의 눈높이에 맞추는 것이다. 불신자의 눈높이에 맞춘다는 것은 전도 자체로 불신자들에게 거부감을 주지 않도록 해야 한다는 것이다. 그들이 좋은 반응을 보일 수 있도록 친숙하고 친근하게 맞추어야 한다.

한국교회에 대안이 보이지 않는 가장 큰 이유는 사람들의 눈높이 맞춤에 실패했기 때문이다.[6] 교회가 사람들이 원하는 것에 맞추는 데 실패했기 때문이다. 마찬가지로 교회는 다음세대를 리부트하기 위해, 다음세대가 원하는 것에 맞추는 데 실패하지 않아야 한다. 아마존의 제프 베이조스는 "우리의 경쟁자들이 우리를 이기려고 우리를 의식하고 우리를 바라볼 때 우리는 우리의 고객만 바라봤다. 그래서 우리는 이길 수밖에 없다"라고 했다. 우리도 다음세대를 리부트할 수 있도록 다음세대만 바라봐야 한다.

우리에게 대안이 없는 것이 대안이다

지금까지 교회가 다음세대를 위한 대안을 찾으려 노력했다. 세상적인 방법으로 대안을 고민했다. 그러나 대안을 찾지 못했다. 하나님 나라는 세상적인 방법으로는 대안을 찾기 어렵다. 하나님 나라의 원리, 즉 영적인 접근으로만 대안을 찾을 수 있다. 하나님 나라를 위한 일이니 인간이 아니라 하나님께서 대안을 주셔야 한다.

하나님의 방법을 선택한다면 교회는 대안을 마련하되, 대안을 갖고 있지 않아야 한다. 오직 하나님의 지혜를 구하는 것을 대안으로 삼아야 한다. 이 말인 즉, 하나님 나라의 원리는 대안을 갖고 있지 않을 때 대안을 찾을 수 있다는 것이다.

다음세대에 관한 대안은 모두가 하나님만 전적으로 의존할 때 찾아낼 수 있다. 세상에서 대안을 찾기 힘들다는 것은 하나님을 통해 대안을 찾으라는 하나님의 사인이다. 세상의 방법으로는 다음세대를 위한 대안이 없다. 세상에서 대안이 없다면 우리는 하나님만을 전적으로 의존해야 한다. 세상에 대안이 없음을 아는 사람은 하나님만 전적으로 의존한다. 아기는 엄마에게 절대적으로 의존적이다. 아기는 엄마밖에 의존할 수 없기 때문이다. 한국교회도 하나님만 의존해야 한다. 다음세대에 대한 과제에는 하나님 외에 대안이 없기 때문이다.

다음세대가 셧다운된 것은 하나님께 전적으로 의존하지 않았기 때문이라는 통렬한 반성을 먼저 해야 한다. 우리에게 대안이 없는 것이 대안이다. 우리는 하나님께 대안이 있음을 안다. 철저하게 하나님을 의존하는 시간을 가져야 한다. 하나님을 의존해야 하는 궁극적인 이유는 대안이 없는 다음세대를 위한 선한 결과는 오직 하나님이 만드시기 때문이다.

책은 3부로 구성되어 있다

이 책은 3부로 구성되어 있다. 1부는 '다음세대, 셧다운'이다. 작금의 척박한 위기 상태가 된 이유가 무엇인지를 살펴본다. 2부는 '다음세대, 리부트'로 어떻게 현재의 문제를 극복할 수 있을지 이야기한다. 교회사역부터 교회사역의 핵심축인 교사, 학부모 그리고 교역자의 바람직한 역할에 대해 제안한다. 또한 예배와 공간, 그리고 중독에 대한 대안 등도 담겨있다. 3부는 '다음세대, 온에어'로 김도인 목사, 이경석 목사가 김영한 목사의 적극적인 도움으로 6명의 사역자를 직접 만나 인터뷰한 내용을 담았다. 인터뷰를 통해 다음세대의 심각성을 더 깊이 체감함은 물론 동시에 희망도 볼 수 있을 것이다. 그리고 실제 사례를 통해 각자의 목회적 상황에 맞는 대안과 아이디어를 얻을 수 있다고 확신한다.

인터뷰한 지도자와 단체는 JDM 대표인 윤태호 목사, 주빛교회의 김광영 목사, Next 세대 Ministry 대표인 김영한 목사, 스탠드그라운드 대표인 나도움 목사, 예수이룸교회의 김진원 목사, 학원복음화인큐베이팅 대표인 최새롬 목사이다.

아무쪼록 목회트렌드연구소의 '목회시리즈' 첫 번째 책, 「다음세대 섯다운」을 통해 한국교회가 직면한 위기의 다음세대를 깊이 이해하게 되길 기대한다. 그리고 하나님께 온전히 의지해 그들을 다시 살리는 지혜로운 대안을 얻게 되길 소망한다.

1부

다음세대, 셧다운

바보야, 문제는 콘텐츠야
– 종교개혁이 일어나지 않는 결정적인 이유

종교개혁의 허와 실

지난 역사에서 가장 영향력 높은 인물을 꼽으라면 많은 역사가는 독일의 종교개혁자 마르틴 루터를 들곤 한다. 루터가 일으킨 역사의 변화들은 선명하다. 정치, 사회, 종교, 문화적으로 루터 이전과 이후는 결코 같을 수 없다.

사실, 루터 외에도 수많은 명사 名士 들이 역사에서 자신의 존재감을 과시한다. 그들은 '위인'이라는 이름으로 사람들로부터 추앙을 받기도 한다. 그렇지만 적어도 그리스도인들에게 루터와 칼뱅은 정복자 나폴레옹이나 정치가 링컨, 노예무역을 폐지했던 윌버포스보다 더 큰 존재감으로 다가온다. 그러나 이들이 존재감을 과시하는 이유는 다른 인물들보다 더 위대했기 때문은 아닌 듯하다.

종교개혁 500주년을 지나면서 루터와 칼뱅은 강대상에 자주 등장했다. 덕분에 이들은 '사도들'의 반열에 올랐다! 루터의 저작물들과 칼뱅의 「기독교 강요」는 사도들의 서신들만큼이나 막강한 권위를 갖고 있지 않았던가?

한국교회가 종교개혁에 그 뿌리를 두기에 이들의 위상을 모르는 바는 아니다. 그렇지만 우리가 '종교개혁'을 외칠 때마다 '허상'을 보게 되어 불편함을 느낀다. 종교개혁이 지금 다시 일어나야 한다고 소리를 높일 때마다 그 주장은 실체가 아니라 '솜사탕'처럼 보인다. 그래서 이 질문을 던지고 싶었다.

'어떻게' How 종교개혁을 하자는 것인가?

우리는 이 질문에 대답을 어떻게 할 수 있을까? 얼른 대답이 떠오르지 않는 까닭은 우리 속에 만연한 관행들이 뼈에 사무치기 때문일 게다. 그렇다면, '전통'이라는 이름으로 행해지는 인습 因習 과 구태 舊態 를 제거하면 종교개혁의 재현이 가능할까? 소위 '뜯어고치는 것'이 종교개혁의 핵심일까?

종교개혁의 시작은 단회적인 사건이었지만 역사 속에 그 존재감을 드러낸 종교개혁은 한 세대에 걸친 투쟁이었고 교육이었으며 진행형이었다. 그러나 우리가 생각하는 종교개혁은 마치 95개조 반박문을 붙였더니 저절로 그 세대들이 종교개혁을 지지하는 세력이 되었고, 다음세대가 루터교 신자들이 되었다고 생각하는 것과 다름없지 않은가?

95개조 반박문은 종교개혁의 불씨였고, 시작을 알리는 사건이었다. 그렇지만 루터가 95개조 반박문을 내걸면서 로마 가톨릭을 무너뜨리고 유럽을 루터교로 만들려는 생각은 '전혀' 없었다. 중세 스콜라 철학자들이 그러했듯이, 자신의 주장에 맞지 않으면 다른 사람들이 보는 곳에 '대자보'처럼 붙인 형식이 95개조 반박문이다. 그가 대자보를 붙일 때, 우리가 아는 '내 주는 강한 성이요'라는 찬송을 부르면서 결연하게 등장한 것이 아니다. 95개조 반박문을 민중이 읽을 수 없는 라틴어로 작성한 것만 봐도 그렇다. 반박문을 붙인 곳은 민중이 모였던 비텐베르크 시립교회 Stadtkirche 가 아니라 학자들이 참석하던 비텐베르크 성채교회 Schlosskirche 였다. 95개조 반박문을 내걸었던 종교개혁은 '혁명'이 아니라 '소심한' 대자보로부터 시작되었다. 심지어 루터는 반박문을 내건 이후 틀린 부분을 수정하려고까지 했다. 그러나 이미 엎질러진 물이 되었다. 그의 손을 떠난 것이다. 그렇게 종교개혁이 일어났다.

'메타버스' 시대를 열었던 구텐베르크

루터가 내걸었던 95개조 반박문은 붙이자마자 학자들에게 반향을 일으킨 것은 아니었다. 인쇄업자들의 손에 들어간 3주 만에 유럽의 끝이었던 아일랜드까지 확산되었고 그때서야 비로소 시민에게 큰 반향을 일으켰다. 후스, 위클리프, 사보나롤라 같은 이들이 종교개혁을 외쳤지만 그 뜻을 펼칠 수 없었던 이유는 그들의 사상이 확산될 수 없었기 때문이다. 루터의 생각이 빠른 시간 내에 유럽 전역에 확산되었던 비결은 바로 인쇄술 덕분이다.

1440년 무렵에 요하네스 구텐베르크가 금속 활판 인쇄술을 사용하면서 새로운 시대를 열었다. 구텐베르크 이전의 서적은 일반 대중이 구입하기에는 가격이 비쌌고, 필사하는 것은 오랜 시간이 걸렸다. 그런 까닭에 '지식'은 성직자들과 통치자들의 전유물이었다. 그러므로 구텐베르크의 인쇄술은 책과 인쇄물이 확산된 것이 아니라, 지식과 권력이 새로운 형태로 재편되었음을 알리는 시작이었다. 더 이상 권력자들이 지식을 독점할 수 없는 시대로 변한 것이다.

중세의 '성채'를 무너뜨린 인쇄술은 화약, 나침반과 더불어 르네상스의 3대 발명품이 되었다. 지식을 소통하는 방식과 한계가 무너지고, 누구든지 지식을 공유할 수 있는 시대, 즉, '메타버스' 시대를 구텐베르크가 연 것이다.

여기에서 흥미로운 점이 있다. 1440년대에 발명된 인쇄술은 서적, 신문, 화폐 등 다양한 인쇄물을 만들면서 세상을 변화시켰다. 1492년에 콜럼버스가 신대륙을 찾아다니도록 한 항해도, 에라스무스의 「우신 예찬」도 인쇄술을 통해 전파되었다. 그렇지만 구텐베르크가 가장 먼저 인쇄한 「구텐베르크 성서」는 민중의 삶을 바꾸지 못하고 현재 인류의 문화유산이 되어 박물관에 갇혀 있다. 라틴어 성서였기에 이것이 인쇄되었든, 필사되었든 이것은 중세 성직자들이 독점한 성경과는 큰 차이가 없었다.

'ChatGPT' 시대가 열렸지만, 인쇄술이 발명된 후 70-80년이 지난 1517년이 되어서야 종교개혁이 일어났다는 점이 흥미롭지 않은가? 인쇄술이 '플랫폼'이라면 그 안에서 유통되는 지식은 '콘텐츠'다. 신문과 서적이 발행되고, 유럽 곳곳의 소식들과 지식들이 하루아침에 소통되던 시기에 종교개혁의 '소심한' 시작은 한 세기를 기다려야 했다는 점은 생각해 볼 부분이다.

팬데믹이 시작되었을 때, 우리 사회에서는 '메타버스'라는 단어가 유행처럼 번졌다. 엄밀히 말해서 이 단어는 생소했던 것일 뿐, 우리는 스마트폰과 더불어 이미 메타버스 환경에서 살고 있었다. 대면이 아닌 스마트폰을 이용한 비대면 방식으로 이루어지는 모든 소통 방식을 김상균 교수는 '메타버스'라고 정의했다. 빅데이터 기반 위에 우리는 스마트폰이라는 도구로 메타버스 시대를 살아가고 있었다.

팬데믹은 우리의 삶을 송두리째 바꾸어 놓았다. 팬데믹의 흐름에 따라 변화된 기업과 단체는 살아남았지만 그렇지 못한 곳들은 역사의 무대에서 밀려났다. 넷플릭스와 디즈니의 '플랫폼' 전쟁의 승자는 콘텐츠를 독점한 곳이 되었다. 플랫폼 기업들은 콘텐츠를 선점하기 위해서 지금도 총성 없는 전쟁을 벌이고 있다. 교회도 마찬가지다. 콘텐츠에 따라 클릭률의 차이를 보인다. 콘텐츠는 격차를 초격차로 벌리는 시대로 만들었다.

콘텐츠 전쟁터는 16세기에 이미 시작되었다. 루터가 종교개혁을 일으켰고, 종교개혁자들은 엄청난 콘텐츠를 제작하면서 전선戰線을 구축했다. 로마 가톨릭은 논쟁을 시도했고, 파문으로 맞섰지만 이미 시대는 변하고 있었다. 결국 반反 종교개혁인 트리엔트 회의를 통해 반격에 나섰다. 가톨릭이 아무리 종교개혁을 이단으로 정죄하고, 관련 서적들을 불태웠어도 대세를 바꾸지는 못했다. 이미 메타버스상에서 '복붙 Ctrl + V'의 속도를 따라갈 수 없었다. 로마 가톨릭은 루터의 저서들을 태웠지만 유럽에는 숨겨진 루터의 책들이 60만 권이 깔려 있었다! 가톨릭은 트리엔트 회의 이후 교회마다 웅장하고 경건한 예술 작품들을 걸기 시작했다. 콘텐츠로 승부를 걸었다. 이 콘텐츠 전쟁은 르네상스와 바로크 예술을 탄생시켰고, 16세기 문화를 형성했다.

이제 다시 1517년으로 시선을 되돌려 보자. 루터의 종교개혁이 '이단'이라는 굴레를 벗은 것은 1555년 아우크스부르크 화의和議를 통해서이다. 마르틴 루터가 세상을 떠났던 1546년까지 종교개혁은 30년이 흘렀고, 1,500번의 주일이 지났다. 종교개혁을 다음세대에게 전달할 수 있었던 핵심은 95개조 반박문도, 인쇄술도 아니다. 이것은 도움이 되었을 뿐, 핵심은 1,500번 넘게 반복되는 콘텐츠였고, 이것이 게임체인저가 되었다. 루터와 종교개혁자들은 서적, 교리, 그림, 음악 등 다양한 콘텐츠를 통해 종교개혁의 가르침을 전했다.

팬데믹이 끝났다. 세상은 팬데믹에 맞서서 사활을 건 몸부림을 치고 있었지만, 교회는 코로나 이전으로 되돌아가게 해 달라고 기도하고 있었다. 코로나 이전에도 통하지 않던 교회교육이었는데, 팬데믹 이후에 '먼지를 털고' 다시 가르치고 있다! 그러면서 우리는 여전히 종교개혁을 부르짖고 있다. 이즈음에서 이 질문을 던지고 싶다.

우리의 교육은 종교개혁과 중세교회 중 어디에 더 가까운가?

'오직 성경'의 공허함

　종교개혁의 유산 중 가장 대표적인 것은 '오직 성경 Sola Scriptura'이다. 그래서 "본질로 돌아가야 한다"고 말한다. 교회교육에서는 '오직 성경'을 금과옥조로 받든다. 교회교육은 비단 교회학교에 국한되지 않는다. 교회학교는 물론, 소그룹과 세미나를 포함해서 설교에 이르기까지 교회 사역의 핵심은 교육이다. 교회는 교회교육을 가르치는 공동체다. 그래서 다시 질문을 던진다.

본질로 돌아가는 구체적인 방법은 무엇인가?
'오직 성경'의 구체적인 콘텐츠는 무엇인가?

　이 질문에 대한 답이 부디 '성경 통독', '성경 암송'이 아니기를 바란다. 종교개혁자들, 특히 루터와 칼뱅이 주력했던 콘텐츠를 기억하는가? 루터의 「대교리-소교리문답」, 칼뱅의 「기독교 강요」를 생각해 보자. 그리고 16세기에 칼뱅주의의 교리를 세우기 위해 만들어졌던 「하이델베르크 교리문답」을 살펴보자. 뚜렷한 공통점을 발견할 수 있다. 사도신경, 십계명, 주기도문이 이 교리들의 핵심을 이루고 있다. 역사상 가장 많은 인력과 시간, 비용을 들여 만들었던 「웨스트민스터 신앙고백문」 역시 사도신경, 십계명, 주기도문으로 구성되어 있다. 이런 교리들은 매년 성도를 가르치기 위해 종교개혁자들이 심혈을 기울이면서 만들었던 콘텐츠였다.

종교개혁자들과 우리가 접하는 사도신경, 십계명, 주기도문은 내용이 다르지 않다. 같은 신앙고백을 하기에 한국교회가 종교개혁을 뿌리로 두는 이유다. 그러나 그들이 가르쳤던 내용과 방식을 비교했을 때, 우리의 교육은 그들보다 더 낫다고 말할 수 있을까?

1555년 아우크스부르크 화의가 있었을 때까지 개신교도는 공식적으로 이단으로 분류된 자들이었다. 1648년 베스트팔렌 조약이 체결될 때까지 칼뱅파는 이단으로 낙인이 찍혔다. 프랑스의 칼뱅파였던 위그노 교도는 목숨을 지키기 위해 영국과 독일로 피난을 했다. 무엇이 이들로 하여금 신앙을 위해 삶의 터전과 사회적 기반을 포기하게 했는가? 1620년에 신앙의 자유를 찾아 신대륙으로 건너간 청교도가 인생을 걸었던 이유는 무엇인가? 그들이 '배워 왔던' 콘텐츠와 무관하다고 말할 수 있을까?

우리의 교육 방식은 종교개혁자들과 가까운가, 아니면 중세교회와 가까운가? 교회교육 현장을 보면, 안타깝게도 우리의 교육은 중세교회를 닮았다. 중세교회는 '오직 성경'을 문자 그대로 주입했다. 아무도 이해하지 못하는 라틴어 성서를 그대로 낭독했다. 우리가 가르치는 방식은 낭독, 암송, 주입으로 일관하고 있다. 우리는 '본질', '오직 성경'이라는 이름으로 성경을 가르치지만 자세히 살펴보면 중세교회의 방식과 무엇이 다른지 모르겠다.

루터는 지식인들과 소통하기 위해서 많은 저작물을 집필해서 유통시켰다. 칼뱅 역시 부지런히 연구하고 글을 써서 「기독교 강요」라는 불멸의 콘텐츠를 만들었다. 루터는 저작물에 그치지 않고 문맹자들을 위해 '미디어'를 적극 활용했다. 민중이 이해하기에 어려운 성경의 내용을 쉽고 단순하게 만들어서 '찬송가'로 따라 부르게 했다. 루터는 직접 수많은 찬송가를 자작곡했고, 교회에서 함께 불렀다. 대표적인 것이 '내 주는 강한 성이요'라는 찬송가다. 목숨이 위태로운 순간에 설교 강연이나 저작물보다 함께 찬송을 부르는 것은 탁월한 교육의 효과를 발휘했을 것이다.

내 주는 강한 성이요, 방패와 병기되시니.
큰 환난에서 우리를 구하여 내시리로다.

이 땅에 마귀 들끓어 우리를 삼키려 하나.
겁내지 말고 섰거라. 진리로 이기리로다.

이것이 우리가 아는 루터의 찬송가 가사다. 환난, 마귀 같은 명칭은 이 당시에 추상적이고 관념적인 단어가 아니었다. 환난은 실제로 목숨을 위태롭게 했던 종교적인 박해이고, 마귀는 로마 가톨릭이다. 루터는 이런 '미디어'를 통해 전선戰線을 분명히 제시한다. 뿐만 아니라 루터는 문맹자들을 위해서 '보이는 말씀'인 성만찬을 강조한다. 이런 '보이는 말씀'을 강조하기 위해서 다양한 콘텐츠를 제작한다. 루터의 동역자였던 루카스 크라나흐는 루터의 가르침을 그림으로 표현한다. 특히, 크라나흐의 '십계명'을 포함한 많은 그림에서는 '오직 성경'의 본문text을 16세기의 현실context에 접목시키려는 뚜렷한 흔적들을 볼 수 있다.

필립 멜란히톤은 루터의 종교개혁 가르침을 체계적이고 조직적으로 교육하고, 변론할 수 있는 '교리'라는 콘텐츠로 제작한다. 이것이 1530년에 제작된 「아우크스부르크 신앙고백문」이다.

우리의 시선은 1517년 10월 31일이라는 단회적인 시점에 고정되어서는 안 된다. 1517년부터 1555년 사이에 일어났던 시대적인 변화와 몸부림을 관찰해야 한다. 그래야 종교개혁의 본질을 이해할 수 있다. 우리는 종교개혁 시대와 무엇이 같고, 무엇이 다른가?

'트렌드'보다 중요한 것은 '브랜드'다

김상근 교수는 카라바조의 그림이 루터의 종교개혁의 가르침을 잘 반영했다고 말한다. 카라바조는 로마 가톨릭이 트리엔트 회의 이후, 로

성 마태오의 소명, 카라바조, 1599-1600년, 340x322cm

마교회가 의뢰했던 화가이다. 카라바조는 로마에서 활동했고, 그는 가톨릭 예술 작품들을 생산했다. 그렇지만 그 내용은 놀라우리만큼 종교개혁과 닮아 있다.

위의 그림은 카라바조가 이해한 '하나님 나라'가 반영이 되어 있고, 동시에 루터가 로마를 방문했을 때 루터의 마음을 엿보게 해 준다. 이 그림은 카라바조가 1599-1600년에 그렸다. 예수는 손을 뻗어서 마태를 부르신다. 마태가 앉아 있는 곳은 세금과는 관련이 없는 장소다. 그는 지금 도박판에 앉아 있다. 예수께서 마태를 부르시지만 마태는 오히려 옆에 있는 노름에서 돈을 잃고 실망한 사람을 향해 손가락을 가리킨다.

카라바조의 정식 명칭은 '미켈란젤로 메리시 다 카라바조'다. 그의 이름에 미켈란젤로의 흔적이 남아 있다. 부모의 마음이 고스란히 카라바조의 이름에 영향을 주었으리라. 실제로 예수와 마태의 손은 미켈란젤로의 '아담의 창조'의 손을 닮았다. 흥미로운 것은 미켈란젤로의 '아담'의 손과 카라바조의 예수의 손이 똑같다는 것이다. 이것은 예수께서 우리를 어떤 마음으로 부르시는지 짐작할 수 있게 한다. 면죄부, 순례, 선행이 구원의 화두가 되던 시절에 루터가 외쳤던 은혜와 믿음을 이 손은 반영하고 있다!

왜 마태를 세금과는 무관한 도박판에 앉게 했을까? 당시 로마교회는 유대인, 집시, 노름꾼, 노숙인, 빈민들, 매춘부, 동성애자들을 혐오했다. 이것은 카라바조의 '반박문'이다. 예수님이 세리와 창녀의 친구라면, 왜 로마교회는 노름꾼과 매춘부의 친구가 될 수 없는가? 로마교회는 이런 자들을 '구원'의 영역에서 배제시켰다.

루터는 종교개혁을 일으키기 5년 전 로마를 방문했다. 루터가 경험했던 로마교회는 카라바조의 이 그림과 같았으리라. 로마교회는 빈민들과 약자들을 혐오했고, 면죄부를 팔아서 성 베드로 성당을 건축하고 있었다. 그런 까닭에 카라바조는 베드로가 예수님을 완전히 가리고 있는 모습으로 이 그림에 표현을 한 것이다. 루터가 보기에도 동일했다. 성 베드로 대성당을 위해 '등장한' 베드로는 예수님을 가리고 있었다. 교회의 머리는 베드로가 아니라 예수 그리스도이어야 했기 때문이다.

만약 루터가 로마를 방문하던 이 시기에 로마교회 '트렌드'를 들여다본다면 어떤 통계와 분석이 나올까? 이때는 요람에서부터 무덤까지 교회의 지배를 받던 시기였고, 이에 설문조사를 하면 압도적인 다수가 교회에 출석하던 기독교인들이었다. 이 시기의 트렌드는 종교개혁이 일어날 것을 예측했을까? 아니다. 트렌드가 중요한 것이 아니라 브랜드 가치가 사라졌기 때문에 종교개혁이 일어난 것이다. 수많은 콘텐츠로 인해 그 시대의 브랜드가 높아졌던 점을 기억해야 한다. 루터와 종교개혁자들의 콘텐츠들은 시대를 변화시켰고 종교개혁을 성공시켰으며 지금까지 그 흔적이 우리에게 남아 있다. 트렌드가 아니라 브랜드를 높이는 콘텐츠에 앞으로의 종교개혁이 달려 있다. 우리가 바로 종교개혁의 후예라고 부르짖는다면 이것을 간과해서는 안 된다.

우리는 종교개혁의 유산을 물려주기 위해 어떤 콘텐츠를 가르치고 있는가?
정말 우리의 교육은 종교개혁자들을 닮아 있는가?

이 질문에 명확한 답을 할 수 없다면 우리의 교육은 중세의 교육과 다르지 않다.

결론, 핵심은 '번역'이다

끝으로, 우리의 가르침을 점검해 보자. 강대상이나 교회에서 외치는 용어와 일상에서의 용어는 다르다. 우리의 가르침은 교회 안에 갇혀 있다. 종교개혁자들은 언어와 관념에 갇힌 것이 아니라 일상으로 확대하기 위해서 자국어 성경을 번역했고 예술로 표현했으며 교리로 가르쳤다.

교육의 핵심은 번역에 달려 있다. '번역'이란 한 언어를 다른 언어로 바꾸는 것에 국한된 것이 아니다. 성경의 언어를 일상의 언어로 바꾸는 것에서부터 '오직 성경'의 가르침이 나타나기 시작한다. 과연 우리는 번역을 하고 있는가? 종교개혁의 성패는 여기에 달려 있다.

● ● ● ● ● ● ● ●

박양규 목사

교회교육연구소 소장으로 총신대학교와 동대학원에서 신학을, 고려대학교 서양사학과에서 석사 과정을 마쳤다. 영국 애버딘대학교에서 중간사 분야로 박사 과정을 수료했으며, 삼일교회에서 교회학교를 총괄했다. 아신대학교 외래교수, 소명중고등학교 성경교사이다.

저서로는 「유럽비전트립 1, 2권」(두란노), 「중세 교회의 뒷골목 풍경」(예책), 「동화 속 성경이야기」(큐리북), 「청소년을 위한 하이델베르크 교리문답」(새물결플러스), 「인문학은 성경을 어떻게 만나는가」(샘솟는기쁨), 「목회트렌드 2023」(글과길) 등이 있다.

꼰대(?)가 아닌지?

"목사님 때문에 2천 원 비싸졌네요."

순간 이 말뜻을 알아듣지 못했다. 분명 한국말인데 무슨 뜻일까? 무심히 지나쳤지만 궁금해졌다. 부목사님께 물었더니 정확한 뜻을 모른단다. 대신 "목사님 말씀 듣고 좋았다는 이야기 아닐까요?"라는 답이 돌아온다. 담임목사의 물음에 이런 답을 내놓는다. 답정너가 된 것 같았다. 생각이 여기까지 미치자 난 그렇게 꼰대 목사는 아닌데 순간 꼰대가 된 것 같아 스스로에게 부끄러움이 들었다. 그래서 나름 이렇게 되물었다.

"저랑 대화한 가치가 2천 원이란 뜻이 아닐까요?" 하지만 이렇게 말한 뒤에 궁금증은 더욱 커졌고 금요일이 되어 교회에서 다시 만나 나름 용기 있게 그 말뜻을 물었다.

"목사님 그걸 몰라요?"라는 대답과 함께 그때 그 말의 뜻은 '목사님 할아버지 꼰대 같아요' 라는 것을 결국 알게 되었다. 이는 아직 50대 초반인데 할아버지란 소리를 듣고 얻은 귀한 답이다.

누군가의 조언이나 대화에서 자신들이 반박할 수 없는 정확한 팩트를 '뼈 때리는 소리'라고 한다. 다시 말해 '뼈 때리는 소리'란 '부서진 뼈가 없어질 정도의 충격을 받았다'는 뜻이다. 결국 누군가의 대화에서 자신에게 강한 임팩트가 남겨졌다는 뜻이다. 어느 부분에서 임팩트가 있었는지 알 수 없었지만 결과적으로 자신과 대화와 소통이 되었단 뜻이다. 그런데 왜 '2천 원 더 비싸진걸까?' 설명인즉, 뼈 없는 순살 치킨 튀김이 일반적으로 2천 원 더 비싸기에 '2천 원 더 비싸졌다'는 뜻이 된단다. 아버지가 퇴근 중에 사 들고 오신 통닭 튀김에 익숙한 세대라면 도무지 이해할 수 없는 언어의 유희다.

알파세대를 이해하는 열쇠, 언어의 변화

MZ세대를 지나 알파세대의 두드러진 특징이 있다면 사용하는 언어의 변화다. 다음세대의 변화와 삶의 구조를 이해하려면 그들의 언어에 익숙해져야 한다. 그들의 언어에 익숙해지지 않고서는 다음세대를 이해할 수 없다. 언어는 빠르게 변화하는 세상에서 가장 빠른 변화를 보여준다. 언어는 그 세대의 의식과 변화의 속도를 이해할 수 있는 가장 중요한 척도 가운데 하나다.

"'강남 3구, 스카이, 조중동, 에루샤, 네카라쿠배'와 같은 단어에서 익숙한 단어가 곧 우리가 살아온 세대의 언어다. 우리가 어떤 세대인지 보여주는 척도가 된다."

"여의도 더 현대에는 에루샤가 없대. 에루샤 쇼핑하려는데 현본에는 에루샤

에르메스, 루이비통, 샤넬 **가 다 있나? 한 번에 쇼핑하고 싶은데."**

분명 한국말인데도 선뜻 이해하기 어렵다면 이는 다음세대가 사용하는 언어의 변화를 아직 따라가지 못하고 있다는 증거다. 다음 문장을 읽고 어떤 뜻인지 헤아려 보시기 바란다.

"목사님, 전 공부 열심히 해서 네카라쿠배 같은 곳에서 일하고 싶어요."

무슨 말일까? 다음에서 골라 보라.

1) 일본 기업에 취업하고 싶다(한국에서 취업이 어려우니 해외)

2) 유명한 요리사가 되어 식당에 취업한다

3) 성공한 스타트업 기업에 취업하고 싶다

정답은 3번이다. '네이버, 카카오, 라인, 쿠팡, 배달의민족'과 같은 성공한 스타트 기업의 앞 글자만 따서 만든 단어가 '네카라쿠배'다. 이는 알파세대의 언어로 자녀들에게는 매우 친숙한 표현이다. 여기에 업데이트되어 최근에는 '네카라쿠배당토'라고도 한다. 이는 당근마켓과 토스가 추가된 것으로 미국의 성공한 IT 기업을 뜻하는 FAANG 페이스북, 아마존, 애플, 넷플릭스, 구글 처럼 쓰인다. 취업 사이트나 다음세대 자녀들이 일하고 싶은 기업을 물을 때 흔히 사용되는 언어이며 '네카라쿠배당토를 지원 준비하는 학생들의 자소서는 어떻게 써야 하나요?'와 같은 질문은 포털 사이트에서 쉽게 찾아볼 수 있다.

사용하는 언어의 변화와 함께 세상의 변화와 흐름을 재빠르게 읽어내고 받아들이는 특성이 다음세대, 즉 알파세대의 독특한 문화현상이다. 시대의 변화에 뒤처지지 않으려는 그들 나름의 노력의 결과물인 것이다. 이처럼 사용하는 언어의 변화를 통해 그들만의 세대 의식의 흐름을 엿볼 수 있다. 단순히 말을 줄이거나 언어의 유희가 아니라 그 세대가 표현할 수 있는 표현의 존재로 사용된다. 표현의 존재로서 대화와 소통이 가능한 집단을 통해 세대가 구분된다. 이처럼 언어를 통한 의식의 흐름이 세대를 구분하고 공동체를 구분해 주는 척도가 되었다.

K-Pop과 한류문화의 변화를 통해 다음세대를 이해해야

알파세대를 대변하는 K-Pop과 한류문화 역시 재빠르게 변화하고 있다. 지금 자녀들 세대의 K-Pop은 3세대 아이돌 그룹이라고 할 수 있는 '엑방원'이 그 시작이란 것이 정설이다. '엑방원'은 '엑소, 방탄소년단, 워너원'의 합성어 조합인데 이들 단어를 통해 언어의 변화와 조합에 대한 이해가 필요하다. 지금은 팬덤층의 변화에 따라 그 조합이 조금씩 달라지기도 하고 변화되기도 한다. '세븐틴'이란 그룹이 추가되면 '엑방원셉' 혹은 '엑방셉' 등으로 팬덤층에 따라 단어가 바뀌기도 한다. 이런 단어들의 조합을 통해 우리는 자녀들 세대의 문화현상이 얼마나 민감하게 급변하고 있는가를 알 수 있다. 코로나 이후 지금은 4세대라고 할 수 있는 '즈 즈즈' 더보이즈, 스트레이 키즈, 에이티즈 와 여자 아이돌 그룹 '트레블' 트와이스, 레드벨벳, 블랙 핑크 에 이어 '에스아' 에스파, 스테이씨, 아이브 가 등장하여 대세를 이루고 있다.

외래어나 외계어가 아닌데도 사용되는 언어의 조합과 세대를 이해 하지 못하면 빠르게 변화하고 있는 알파세대를 이해할 수 없다. 알파세 대는 이렇게 말을 줄이거나 새로운 단어의 조합을 만들어 소통을 시도 하면서 친구와 공동체를 만들어 간다. 자신들의 관심사에 해시태그를 사용하여 비슷한 언어 의식의 흐름을 가진 사람들이 친구가 되거나 정 보를 공유하게 된다. 이는 소셜미디어 WEB 2.0 시대에 나타난 문화현상으 로 자녀들에게는 가장 친숙하고 익숙한 세계다.

해시태그는 알파세대 이해의 통로

알파세대의 변화 속도와 그 흐름을 이해하려면 SNS를 통해 사용하 는 해시태그#의 단어들을 면밀히 살펴봐야 한다. 그들이 SNS에서 주로 사용하는 단어들을 몇 가지 소개하면 다음과 같다.

답정너 : 답은 이미 정해져 있고 너는 대답만 해

자만추 : 자연스러운 만남 추구

스불재 : 스스로 불러온 재앙

갑분싸 : 갑자기 분위기 싸해짐

고답이 : 고구마 답답이

금사빠 : 금방 사랑에 빠지다

핵인싸 : 무리 속에서 아주 잘 지내는 사람

닥눈삼이 : 닥치고 눈팅 삼 개월

삼귀다 : 아직 사귀는 사이는 아니지만 서로 친하게 지내는 사귀기 직전의 상황

이밖에 덕질, 입덕, 밈 등 신조어는 매년 증가하고 있다. 알파세대는
이처럼 언어에 해시태그를 붙여 그 단어에 생명을 불어넣어 자신들의
표현을 거침없이 드러낸다. 이런 단어들은 국립국어원에서 결코 표준
어로 채택될 수 없다. 하지만 소셜미디어의 발전과 함께 누군가에 의해
표현된 한 단어가 각 세대의 공감을 얻는 순간, 가장 강력한 표현과 소
통의 수단이 된다. 동시에 가장 빠르게 확산되고 전파되는 특성이 있다.
자녀들 세대는 이런 변화를 자연스럽게 받아들인다. 또한 알파세대는
이 변화에 뒤처지지 않으려고 노력한다.

알파세대는 이런 변화를 '맘' 몸과 마음을 한 단어로 줄인 말 으로 받아들일 준비
가 되어 있다. 결국 맘이 통하지 않으면 알파세대는 그것을 자신의 것으
로 받아들이지 않는다. 한마디로 맘이 통하는 사람이 친구다. 부모가 자
녀들과의 소통에 어려움을 느끼고 있다면 한마디로 맘이 통하지 않기
때문이다. 교회에 가기 싫은 것도 맘이 통하지 않아서다. 목사님의 설교
가 맘에 와닿지 않기 때문이다.

정유라 작가는 언어의 재탄생이 결국 세대와 문화를 표현하여 소통하는 가장 기초적이고 중요한 현상임을 다음과 같이 설명하고 있다. 특별히 정유라 작가가 주목한 것은 온라인상에서 일어나고 있는 언어 표현의 변화다.

'일상생활에서 빈번하게 쓰고 있지만 사용하는 상황과 결이 완전히 다른 두 단어가 결합하면 시너지를 일으킨다. 밋밋한 단어에 반짝하고 불빛이 켜지는 순간 사람들은 낯선 반향에 빠른 안심을 함께 느낀다. 이처럼 상식을 깨고 표현의 새로운 지평을 여는 언어 조합은 온라인 공간에서 더 자유롭게 전파된다.'[7]

알파세대는 낯선 것에 대한 두려움이 없다. 상식으로 여겨졌던 삶의 방식들도 스스럼없이 깨고 표현의 자유를 마음껏 누린다. 이런 현상이 가능했던 것은 인터넷의 발전과 함께 온라인이라는 새로운 환경을 어려서부터 자연스럽게 경험한 유일한 세대이기 때문이다. 알파세대는 인터넷 온라인 공간에서의 새로운 환경을 받아들이는 것이 자연스럽다. 익숙함과 편리함에 기대어 변화에 민감하지 않던 세대들에게 온라인이란 공간에서 일어나는 변화는 일상의 진부함을 깨트렸다. 알파세대는 유일하게 자신들이 태어나면서부터 자유롭게 핸드폰을 사용할 수 있다. 어디에서든지 자유롭게 와이파이에 접속할 수 있다. 코딩을 일상적으로 사용한다.

알파세대는 MBTI로 인간관계를 형성

알파세대는 인간관계를 맺어 가는 방식도 다른 세대와 다르다. 지금의 부모세대는 동아리, 동호회, 로터리클럽처럼 소속감과 희생을 강조하는 문화에서 공동체를 만들어 왔다. 이런 인간관계는 가입과 탈퇴의 기준이 엄격하며 소속감을 갖는 회원자격을 얻거나 빼앗기는 것을 통해 관계를 형성한다. 그래서 자유로운 소속감보다는 경직되고 제한된 방식으로 공동체가 형성되었다.

교회 역시 비슷한 상황에서 공동체가 형성된다. 하지만 소셜미디어에서 만들어지는 공동체는 전적으로 나의 참여 의사와 의지에 의해 소속감이 형성되는 경우가 대부분이다. 근본적으로 교회와 자녀들이 공동체에서 소속감을 맺어 가는 시작점 자체가 다르다. 온라인상에서 예배와 교회가 공개되었을 때, 많은 성도가 출석하는 교회와 함께 또 다른 교회에 접속하기 시작했다. 알파세대는 이런 접속으로부터 이미 공동체로 인식하기 시작한다.

또한 알파세대는 공감하고 공동체를 형성하는 방식으로 MBTI를 선호한다. MBTI 이전에는 혈액형으로 공감을 이끌어 냈다. 각 혈액형을 기준으로 부여된 개인의 성격과 캐릭터는 과학적인 근거를 통해 만들어진 것은 아니다. 성격이란 단순히 혈액형 타입으로만 결정되는 것은 아니기 때문이다. 혈액형을 기준으로 한 캐릭터 분석은 다만 오랫동안 이어진 사회적 경험이 토대가 된 대중심리학일 뿐이다. 이마저도 상용하는 국가는 한국과 일본뿐이다. 과학적 근거가 없음에도 혈액형으로 대표되는 개인의 성격에 대한 견해는 오랫동안 유지되어 왔다.

B형이라는 이유로 나쁜 남자로 평생 살아왔다. 다혈질이라고 믿고 살았고 뒤끝이 없다고 생각하며 살아왔다. B형 캐릭터가 아닌 또 다른 나를 받아들이거나 변화를 생각해 볼 수 없었다. 통상적으로 혈액형 캐릭터는 '국룰'이었다.

혈액은 같은 혈액형이 아닌 이상 섞일 수 없다. 다른 혈액이 섞인다는 것은 죽음을 초래하기에 다른 혈액형을 받아들일 수 없다. 이것이 B형인 내가 A형이나 O형의 캐릭터를 쉽게 받아들일 수 없는 이유다. A형으로부터 수혈을 받을 수 없는 까닭에 다른 캐릭터 역시 쉽게 받아들일 수 없다. 혈액형별 성격 유형에 익숙한 세대는 다른 유형을 받아들이는 데 폐쇄적일 수밖에 없다.

MZ세대를 시작으로 열풍이 불기 시작한 MBTI를 통해 알파세대는 관계를 만들어 간다. 혈액형이 4개의 조합으로 남녀의 캐릭터를 통해 관계공동체를 만들어 갔다면, MBTI는 객관적인 데이터베이스를 근거로 열여섯 가지의 캐릭터를 분석한 후 나오는 결과라는 점에서 알파세대는 객관성을 확보했다고 믿는다. 이처럼 MBTI로 관계를 만들어 가는 알파세대는 자신들과 공통의 유형별 범주를 통해 객관성 있는 공동체를 형성한다고 믿는다. 알파세대가 관계를 맺는 데 있어 '캐해'캐릭터 해석 라는 단어를 사용하는데, 그 근거가 되는 것이 바로 MBTI다.

캐해라는 단어를 통해 이들은 자신이 어떤 유형의 사람이라는 것을 어필하고 다른 사람들을 어떻게 이해하고 있는가를 암시한다. 자신의 캐릭터와 유사하지 않거나 공감되지 않는 부분이 있는 사람과의 관계를 맺을 때 알파세대가 주저 없이 부캐를 만드는 이유가 여기에 있다. 알파세대는 자신에게 필요한 관계와 공동체를 만들기 위해 새로운 자신을 만들어 내는 데 주저하지 않는다.

알파세대가 MBTI와 함께 자신들의 정체성을 드러내는 데 사용하는 것으로는 '민초와 반민초' 민트초코 에 대한 자신들의 선택이 있다. 이것은 '부먹 대 찍먹' 소스를 부어 먹는지, 찍어 먹는지, '팥붕 대 슈붕' 팥붕어빵과 슈크림붕어빵, '얼죽아인지 아닌지' 얼어 죽어도 아이스아메리카노, '얼죽코인지 아닌지' 얼어 죽어도 코트 와 같은 것으로 확장되어 간다. 온라인상에서 자신의 MBTI는 물론 민초와 반민초 같은 자신의 취향에 맞는 관계들이 공동체가 되어 지지자들을 만들고 몰입하게 된다.

알파세대는 부캐를 만들어 공존을 추구

알파세대는 유연한 확장성을 가지고 있다. MBTI가 다르더라도 부캐를 통해 같은 캐릭터를 공유하고 '민초와 반민초', '아아와 뜨아' 아이스아메리카노와 뜨거운 아메리카노 같은 이슈를 통해 동질성을 부여하는 이유는 이기기 위함이 아니라 공동체를 형성하기 위한 방법이다. 그들의 이와 같은 확장성은 교회와 기성세대는 꼰대라는 입장을 공고하게 만든다.

꼰대란 간단하게 '권위적인 사고를 가진 어른이나 선생님을 매우 비하하는 학생들이 사용하던 단어'라고 정의할 수 있다. 여기서 '권위적인'이란 뜻은 자신의 생각과 행동만 옳다고 주장하며 입장을 바꾸지 않는 태도이다. 애초에 꼰대는 학생들이 학교 선생님들을 폄하하는 단어였다. 하지만 지금은 시대의 변화에 적응하지 못하고 거부하며, 심지어 공격까지 하는 사람을 통칭한다. 내가 경험한 것만이 옳고 새로운 변화를 받아들이지 않는 모든 것은 꼰대 근성에 해당된다. 그런 의미에서 알파세대는 교회와 목회자들을 21세기 대표적인 꼰대 집단으로 인식하고 있다.

코로나 시대에 대면예배를 고집하며 집단적인 감염의 온상이라고 지목된 교회와 목회자들은 새로운 꼰대공동체로 인식되었다 물론 교회가 미디어의 희생양이 된 부분도 무시할 수는 없다. 적어도 알파세대의 눈에 교회는 변화를 싫어하고 이기적이며 무분별하고 이기적인 집단이라는 인식이 더 커졌다.

알파세대가 MBTI로 공동체를 만들고 민초와 반민초로 밈을 만드는 이유의 본질은 공존이다. 서로 맞지 않는 부분도 부캐를 통해 맞추어 가는 공존의 노력은 스스로의 변화에 민감한 세대이기에 가능하다.

교회는 꼰대를 버리고 유연함을 갖춰야

알파세대는 부캐를 만들어 유연함을 갖추어 공존을 모색한다. 교회는 꼰대처럼 유연성을 갖추지 못하고 있다. 교회는 언어조차도 여전히 변함이 없다. 형제님, 자매님, 목사님, 당회장님, 권사님과 같은 교회의 직분은 교회공동체 안에 권위적인 지위로 인식된다.

개신교회는 500년 전 교회의 시스템 형태와 신학과 권위 체계를 지금까지 유지해 오고 있다. 시대마다 예배의 형태와 형식의 변화가 전혀 없었던 것은 아니지만 교회는 여전히 변화되기 어려운 공동체로 인식되고 있다. 진리의 문제는 절대적으로 타협할 수 없는 문제다. 그러나 비진리에 해당되는 부분들을 유연하게 받아들이고 공존하고 있는 건 아닌지 심각하게 생각해 봐야 한다.

'공존하기 위한 자기 객관화 준비가 스스로 마련되어 있는지 살펴보자. 자기 객관화라는 말이 어렵게 들릴 수도 있으나 쉽게 말하면 성찰, 즉 자기인식으로 무엇을 알고 모르는지를 잘 아는 것 정도로 이해하면 된다.'[8]

지난 코로나 사태 이후 알파세대는 가장 손쉽게 세상의 변화에 유연하게 대처한 세대다. 인터넷에 가장 최적화된 세대다. 가상공간에서 이루어지는 캐릭터에 익숙한 세대다. 신인류와 새로운 시대가 시작되었다는 것을 가장 먼저 인식한 세대다. 알파세대는 자기 객관화의 공간을 가상의 공간과 온라인의 공간에서 자유롭게 인식하는 세대다.

코로나19를 거치며 달라진 세상에서 교회는 지금까지 고수해 온 교회 질서에서 정체성만을 객관화하는 데 주력하고 있다. 교회공동체를 벗어난 기독교 신앙을 객관화하는 것을 교회에 대한 도전이라고 생각한다. 교회공동체가 아닌 가상의 공간과 온라인에서의 객관화 작업을 준비해 본 적이 없다. 온라인과 가상공간 메타버스 은 교회의 본질이 아닌 임시방편이나 대안 정도로만 생각한다. 하지만 알파세대는 오프라인뿐만 아닌 가상의 공간에서의 교회와 온라인으로 만나는 공동체에서 관계를 맺어 간다. 교회는 대면예배의 자리로 돌아오지 않는 세대들이 교회를 떠났다고 생각한다. 그런 이들을 향해 가나안 성도라고 말한다. 하지만 MZ세대와 알파세대는 온라인상의 새로운 공동체로 자신들을 객관화했을 뿐 교회를 떠난 것도, 신앙을 버린 것도 아니다.

코로나는 서서히 진행될 것 같던 가상세계로의 진입을 단기간에 진입하도록 만들었다. 미래세계 언제쯤 마주하게 될 것 같던 가상의 세계가 온 인류 앞에 성큼 다가왔다. 코로나로 인해 빛의 속도로 세상은 변화되었다.

1997년 체스 세계 챔피언 가리 카스파로프는 IBM의 슈퍼컴퓨터 '딥블루'와 체스 경기를 벌였다. 1년 전 승리의 경험이 있었기에 이번에도 승리를 예견했지만 결과는 충격적인 패배였다. 이것은 인공지능 AI 시대가 도래했음을 알리는 서막이었다. 이로부터 19년이 지난 후 세계 최고의 프로 기사 이세돌은 구글 '알파고'와 바둑 대결을 벌인다. 이세돌이 한 경기를 이겼지만 알파고와의 바둑 경기를 통해 이미 세상은 인공지능이 사람의 능력을 뛰어넘는 시대가 됐음을 알았다. 인공지능에 대해 비관적인 생각을 가진 사람들은 인공지능으로 인해 인간의 직업군에 큰 문제가 생길 것을 염려한다. 이미 인간의 감정까지 느낄 수 있는 인공지능이 연구되고 있어 앞으로 펼쳐질 세상의 변화는 어디까지 일지 궁금하다.

현시점에서 가장 뜨거운 관심은 'ChatGPT'다. 대화형 인공지능으로 개발된 ChatGPT는 WEB 2.0 시대가 저물고 새로운 WEB 3.0 시대가 도래하고 있음을 보여준다. 인공지능으로 훈련된 프로그램이 언어와 정보를 처리하는 과정에서 학습된 결과를 보여주는 것이 ChatGPT이기 때문이다. 구글이 간단한 기본 정보 언어로 필요한 정보를 공유하고 제공하는 역할을 해 주었다면, ChatGPT는 기본 정보 언어로 창의적인 정보를 생성해 주는 인공지능의 영역이다.

　미국 대학가에서는 이미 ChatGPT를 이용한 논문 제출과 시험, 그리고 과제 제출을 금하고 있으며 앞으로 ChatGPT를 악용하는 사례를 막을 대책이 시급한 상황이다. 지금은 초보 단계이기에 정확한 정보와 논리적 설명에서 있어 다소 부족함이 있지만 이는 인공지능의 딥러닝 기술로 얼마든지 개선될 수 있는 수준까지 올라와 있다.

　ChatGPT를 이용해 설교문을 작성해도 양질의 설교문을 작성할 수 있다. 그 정확성에서도 지금의 목회자들의 설교문에 비해 뒤지지 않는다. 이런 추세라면 AI 로봇에 인간의 감정을 학습시켜 ChatGPT로 설교문을 작성하고 AI 로봇을 선택해 듣고 싶은 설교를 선별하여 들을 날도 상상해 볼 수 있다.

　인기 강사로 알려진 김미경은 앞으로 도래하게 될 WEB 3.0 시대의 변화는 예측 불가능한 상황이 될 것이라고 예견하며 한국 최고의 WEB 전문가들과 함께 WEB 3.0 시대를 대비해야 한다고 경고하고 있다.

'웹 3.0 생태계에 대해 알면 알수록 경이로움과 공포감이 동시에 밀려왔다. 하루가 다르게 상용화되고 있는 엄청난 기술들이 웹 2.0 시대가 끝나 가고 있다는 신호를 보내 왔다. 코로나19로 이미 세상이 10년 이상 앞당겨졌는데 웹 3.0은 그보다 세배 더 빠르게 성큼 다가왔다. 그런데도 나와 같은 대다수 평범한 사람들은 그 사실을 인지조차 하지 못하고 있다.'[9]

이미 세상은 급속한 변화가 시작되었음에도 변화를 인식하지 못하는 교회와 사역자들이라면 다음세대를 위한 사역의 준비 역시도 제대로 할 수 없다. 교회가 새로운 세상의 변화와 질서를 대비하지 못하면 자녀 세대와 벌어진 격차를 영원히 줄일 수 없는 때가 올 수도 있다. 지금이라도 알파세대가 교회로 발걸음을 되돌릴 수 있도록 뼈를 깎는 노력이 필요하다.

· · · · · · · · ·

박종순 목사

미국 제자들교회 담임이며 풀러신학교에서 교회성장학과 신학을 전공했다. 게이트웨이신학교(구 골든게이트)에서 독서가 건강한 교회, 건강한 공동체, 건강한 목회에 미치는 영향에 대해 연구하며 목회학 박사 과정 중이다. 저서로는 「열혈독서」(나침반), 「메타씽킹-생각의 생각」(강건), 「목회트렌드 2024」(글과길)가 있다.

지금도 우리는 전쟁 중

아이들 미래는 '오리무중'

　기성세대가 살던 시대의 입시는 지금에 비하면 낭만이다. 고등학교 3학년이 되면 선생님들이 "이제 대학 학력고사 준비해야지, 너희 수험생이야"라고 하셨다. 그제야 학생들은 그동안 막연하게 생각했던 대학입시에 대해 떠올린다. 그리고 어느 대학을 갈지, 무슨 전공으로 결정할지 고민했다. 3월 모의고사를 보고 성적표를 받고 나서야 대학입시가 현실로 다가왔다. 하지만 요즘은 초등학교부터 입시를 준비한다. 중학교 3학년이 되면 어느 정도 자신의 미래를 결정해야 한다. 고교학점제[10]가 시행되면서 고등학교 1학년이 되면 자신의 전공 예정 과목을 중심으로 수업을 듣고 생활기록부를 작성한다. 이때 체계적으로 준비하는 학교와 학생이 있다. 반면 상대적으로 자료 부족과 진로 결정이 늦으면 뒤따라가야 한다. 그래서 그런 친구들과 부모님들을 만나면 조바심을 내서 더 급하게 자신의 미래를 결정한다. 이런 입시제도의 변화로 인해 사교육 현장은 입시체제로 돌아간다. 입시 사교육의 증가로 인해 부모들의 부담이 많다. 자녀가 몇 개의 학원을 다녀도 항상 부족한 것 같다. 주변 돼지엄마[11] 이야기를 들으면 우리 자녀는 뭔가 부족한 것 같다. 부모로서 더 많이 해 주지 못하는 마음에 부모도 마음이 편하지 않다. 그래서 아이들이 조금만 성적이 나오지 않으면 과감하게 학원을 바꿔 버린다. 그런데 문제는 생각만큼 아이들의 성적이 향상되지 않는다는 것이다.

이는 비단 사교육만 그런 것이 아니다. 공교육 역시 이전보다 더 다양하고 세분화되었다. 이전에는 열심히 공부해서 학력고사나 수능을 보고 난 후 점수에 맞추어 대학을 갔다. 하지만 지금은 입시 종류만 해도 전형에 따라 학생부 종합전형, 교과 전형, 논술 전형 등으로 나뉘고 시험 시기에 따라 수시와 정시로 구분한다. 그래서 결정하기 어렵고 결정해도 다른 전형이 더 좋아 보이곤 한다.

학교 성적 평가도 이전에는 중간고사와 기말고사 점수를 평균 내서 산출하면 됐다. 하지만 지금은 중간고사, 기말고사, 수행평가, 과목별 세부능력 특기 사항, 자율, 동아리, 봉사와 진로 및 독서 등을 포함한 비교과 활동 점수로 전체 평가를 하게 된다. 이것도 입시 제도에 따라 변한다. 2024년 입시부터는 기존의 자율동아리 활동과 개인 봉사활동 실적 및 수상경력 등은 반영하지 않는다. 이렇듯 자주 바뀌는 입시제도의 항목과 변화로 인해 교사건 학생이건 혼란스럽다. 전부 다 잘해야 한다는 압박감 때문에 어느 부분이 부족하면 그 부분 때문에 입시에 실패할 것 같은 느낌이 든다. 더군다나 한 번 기록된 생활기록부 이하 생기부 내용은 수정이 불가하니 지나간 기록 내용이 발목 잡으면 어떻게 하나 낙심한다.

점수 평가로 인해 학생도 피곤하고 교사들도 스트레스를 받는다. 지필고사 및 학교 수행평가, 그리고 다양한 활동 종류도 많다. 그리고 그

과정에서 학생들이 서로 경쟁하고 비교하여 나온 점수를 평가하여 생기부에 기록한다. 부모들은 평가 산출 방법에 대해서 모르니 그저 등급이 좋으면 좋은 대학에 갈 수 있다고 생각하지만 입시제도가 그렇게 단순하지 않다. 자주 바뀌는 입시정책과 평가항목의 변화는 교사들과 수험생들도 혼란스럽다. 오죽하면 입시컨설팅 업체는 웬만해서 망하지 않는다고 할까?

이렇게 분주하게 입시를 따라가니 정작 중요한 자신의 미래를 계획하고 꿈꾸며 성찰할 시간이 없다. 오히려 공부와 입시에 스트레스가 쌓여 틈만 나면 게임이나 스마트폰에 자신의 시간을 낭비한다. 많은 청소년이 게임중독 혹은 스마트폰 중독에 걸렸지만 사실상 중독인 줄 모른다. 그저 그들에게 게임과 스마트폰은 수업시간에 엎드려 자는 잠과 함께 위안과 즐거움을 주는 분신과도 같다.[12] 자신의 미래를 통찰할 시간이 없고 주어진 현실을 성찰할 시간이 없다. 그래서 아이들의 미래는 '오리무중'이다.

명문대 진학에 목매는 중

이런 입시 위주의 학교 분위기 속에서 어쩔 수 없이 학생들과 학부모들은 아이의 인생을 결정짓는 첫 단추인 대학입시에 지대한 관심을 표현한다. 대학교 입시 현장은 인 IN 서울 이하 인서울 과 지방대라는 구조로 나뉜다. 입시에 대한 자료나 분석은 거의 대부분 인서울을 기준으로 한다. 많은 부분은 SKY 서울대, 고려대, 연세대 혹은 서성한중 서강대, 성균관대, 한양대, 중앙대을 언급한다. 이렇게 대학을 줄 세워서 서열화한다. 대개 학생들은 처음에 상위권 대학을 목표로 한다. 아무리 학령인구가 줄어들었다 하더라도 경쟁은 불가피하다. 그래서 처음에는 상위권 대학 이외에는 관심 밖이다. 오죽하면 농담으로 서울우유나 연세우유만 먹는다고 하겠는가. 하지만 경쟁과 비교 속에서 입시전쟁을 부딪쳐야 한다. 결국 인서울 정원은 한정되어 있고 사회적 분위기는 인서울이라는 대학의 패러다임에 갇혀 있다. 그래서 대학을 서울과 수도권, 그리고 지방으로 나누는 인식은 무시하기 어렵다. 평생을 꼬리표처럼 달고 다닌다고 생각한다. 그래서 반수나 재수를 해서라도 서열이 높은 대학에 진학하기를 원한다. 그러다 보니 이런 입시에 관한 자료들은 수도권 대학과 4등급 이내 자료들이 주를 이룬다. 입시 관련 자료나 데이터에서 4등급 이하의 학생들은 별로 주목받지 못한다. 그들을 위한 자료나 전략은 발품을 팔아야 볼 수 있다.

왜 그런가? 좋은 대학을 나와야 사회에서 성공할 수 있다는 신화를 아직도 믿고 있기 때문이다. 아니, 사회가 그런 것을 요구한다. 이전에 어떤 독서 강사의 이야기를 들었다. 서울의 고등학교에 독서 논술 강사를 지원해서 면접을 보러 갔단다. 그런데 학교에서는 많은 경험보다 학벌과 학위를 평가했다는 것이다. 그래서 결국 입시 논술에 전혀 경험도 없는 명문대 출신의 젊은 강사에게 그 자리가 주어졌다며 씁쓸해하던 그분의 얼굴을 잊을 수 없다.

이런 명문대 진학에 대한 환상을 뛰어넘는 끝판왕이 있다. 바로 의대 진학에 목매는 사람들이다. 해마다 SKY대학에서 등록을 포기하거나 자퇴를 하는 학생들이 있다. 2022년 공시된 서울대, 연세대, 고려대의 자퇴생 1,874명 중 무려 1,421명 75.8% 이 자연계열이었다. 3개 대학의 자연계열 자퇴생 비율은 2020년에는 66.8% 총 1,337명 중 893명, 2021년에는 71.1% 총 1,542명 중 1,096명 였다. 지난 3년 사이 자연계열 자퇴생 비율이 점점 증가한 것이다.[13] 이 중 많은 학생이 의대에 진학하고자 재수를 한다. 하지만 더 놀라운 것은, 의대 역시 서열화로 인해 의대에 들어간 학생들이 다시 입시를 준비해서 그들이 생각하는 더 레벨이 높은 의대로 가기 위해 다시 시험을 본다. 2020년 기준으로 의대 자퇴율은 6% 내외다. 그중 10명이 자퇴하면 7명이 비수도권 의대생이다. 이들은 수도권의 의대, 혹은 상위권 의대에 가기 위해 자퇴를 한다.[14] 이처럼 학벌과 학력의 서열화는 사회 곳곳에 깊이 뿌리내리고 있다.

이런 분위기 속에서 아이들은 어떤 마음을 가지고 무엇을 생각하고 있을까? 어린 시절부터 자신을 성찰하고 꿈꾸면서 미래를 설계하고 준비해야 할 시기에 너무 빨리 인생의 쓴맛을 보고 일찍 절망감을 맛보며 산다. 대학입시가 아이들에게 사회의 계급과 신분을 나타내는 분위기라서 희비가 엇갈린다. '공부가 인생의 전부는 아니야'라고 말하지만 사회는 입시가 인생의 전부인 것처럼 여긴다. 그래서 아이들은 공부가 즐겁지 않다. 마치 아이들에게 학교는 시시포스 신화와 같다.

낙오자(?)는 열외 중

　대학입시를 준비하는 학생들만 학생인가? 사회적 관심과 부모들의
희망이 대학입시지만, 한편 공부에 흥미를 느끼지 못하는 학생들은 인
문계보다 다른 학교로 진학한다. 마이스터고나 특성화고가 주를 이룬
다. 간혹 인문계 학교보다 중학교 성적이 더 좋아야 가는 특성화 고등학
교도 있지만 사회적 인식은 실업계 관련 학교의 학생들을 낙오자 취급
한다. 여기서 말하는 낙오자는 공부 못하는 아이 아니면 공부 머리가 없
는 아이나 공부하고 담을 쌓은 아이로 취급한다는 뜻이다. 그들은 자연
스럽게 취업 이야기가 나오지만 현실에서 취업은 쉽지 않다.

　고등학교를 나와 직장에서 하는 일은 단순 업무가 많다. 그래서 월급
도 적다. 작업 환경도 열악한 경우가 많다. 게다가 그런 일도 외국인 노
동자들이 차지한다. 직업에 귀천이 없다고 말하지만 그건 책에 나오는
이야기지 현실은 그렇지 않다.

　또 학교 밖 청소년도 있다. 비공식 통계로 약 40만 명의 청소년들
이 학교 밖에 머문다.[15] 그들이 학교를 그만두는 대부분의 이유는 학교
에 다니는 것에 의미가 없기 때문이다. 고등학교 때 그만두는 비율이 가
장 많았고 그다음으로 중학생이며 초등학생 때 그만두는 학생도 증가하
고 있다. 이들이 겪고 있는 가장 큰 불편함은 공교육의 내용을 제공받지

못하는 것이 아니다. 그들이 겪고 있는 가장 큰 어려움은 학교를 다니지 않는 것에 대한 사람들의 선입견, 편견, 무시였다. 따가운 시선으로 낙오자 혹은 패배자의 프레임이 씌워진다. '기술이나 배워서 먹고살아야지'라고 하는 말들은 마치 자신들을 사회의 실패자처럼 여기는 것 같다. 이런 분위기가 학교 밖 청소년들에게 가장 힘들다.

공부 상처는 덧나는 중

공부는 싫지만 그렇다고 학교를 그만두지 못하고 어쩔 수 없이 학교에 머무는 아이들이 있다. 이런 아이들은 대개 현실과 이상 사이에서 괴리감을 느끼기 마련이다. 그런데 입시 위주의 공부와 학교 수업이 진행되다 보니 공부 상처가 속출한다. '수포대포! 영포인포'라는 말이 있다. 이는 '수학을 포기한 것은 대학을 포기한 것이고 영어를 포기한 것은 인생을 포기한 것이다'라는 뜻이다. 아이들 입장에서는 자조적인 넋두리지만 사회가 그렇게 만들었다. 그러다 보니 수학 수업시간에 소수의 아이를 제외하고는 엎드려 자는 학생들을 보는 것은 자연스럽다. 아이들의 자존감은 성적에 따라 춤을 춘다. 성적이 곧 정체성이자 미래다.

미래 사회는 위협 중

이렇게 공부에 목매지만 정작 우리 아이들에게 다가오는 미래는 불투명하다. 4차 산업혁명이 시작되면서 인공지능 AI부터 가장 최근의

ChatGPT[16])까지 과학기술의 발전 속도는 따라가기 힘들다. 마치 자고 일어나면 지형이 바뀌는 사막과 같다. 어디로 가는지, 어디로 가야 할지 모른다. 결국 인간이 과학기술을 이끄는 것이 아니라 과학기술이 인간을 이끄는 세상이 올 수도 있다고 염려한다. 유토피아가 될 수도, 디스토피아가 될 수도 있다.

인공지능의 발전은 사람들에게 편리함을 제공하지만 한편으로는 인간의 설 자리를 위협한다. 대표적으로 직업이 인공지능으로 대체될 확률이 높고 인간의 이기심으로 인해 소득분배의 불균형을 가져올 수도 있다. 자본을 가진 선진국과 열악한 후진국의 경제 소득의 격차는 더 벌어질 것이다. 선진국 역시 인공지능 기반의 소수 자본가만이 더욱 부를 축적할 것이다. 전 세계적으로 실업률이 높아지고 있다. 그러므로 이에 대한 정책 대비를 하지 않는다면 인간이 꿈꾸는 유토피아로의 진입이 아닌 인간소외 현상 속에 다수의 인간은 세계의 변두리로 몰릴 것이다. 과학기술의 명암을 제대로 이해하며 인간의 존엄성을 유지하지 않으면 오히려 인간은 궁지에 몰릴 확률이 높다. 과연 현재 학교 교육은 전인적 인간 존엄성과 인간의 가치를 존중하는 교육인가? 아니면 입시를 위한 수험생 양성소인가? 과학기술의 발전을 컨트롤할 수 있는 세대로 키울 수 있는지, 아니면 자신의 욕망을 위해 기계로 타인을 희생시킬 수 있는 사람으로 성장할지, 희망보다는 절망이 더 우세한 것 같다.

인성교육은 무너지는 중

아무리 미래 사회가 과학기술 발달로 인해 우리 아이들의 내일을 위협하고 그들이 오리무중에 빠진다 하더라도 결국 남는 것은 인간의 존엄성이다. 하나님의 형상으로 창조된 인간에게 하나님의 속성 중 '창의성'과 '관계성'은 변하지 않는다. 특히 인간은 타인과의 관계 속에서 사랑으로 사는 것이 인간답다. 하지만 학교에서는 이런 부분에 대한 교육이 어렵다. 학력 인플레이션 현상에 대한 사회적 분위기는 그 어느 때보다 관심이 많지만 아이들의 인성은 점점 무너지는 중이다. 인성교육진흥법[17]으로 인성교육에 심혈을 기울이지만 학교 현장의 현실은 점점 탄식 중에 있다.

대표적인 것이 학교폭력이다. 그중 대부분을 차지하는 것이 언어폭력[18]이다. 아이들이 온라인과 미디어의 영향을 받으면서 언어생활이 달라졌다. 언어는 인간관계에서 대단히 중요한 덕목이다. 말 한마디로 사람을 죽이기도 하고 살리기도 한다. 하지만 경쟁과 비교의 정글 같은 학교 현장에서 성적으로 서로를 제압해야 하는 관계 속에서 아이들의 언어는 서로를 비난하고 비하하며 정죄한다. 대표적인 것이 욕이다. 하지만 아이들은 욕을 나쁘다고 생각하지 않는다. 그저 대화 속에서 자연스레 들어가는 단어라고 여긴다. 그냥 이유가 없다. 욕을 포함한 언어폭력은 아이들에게는 자연스럽다고 생각하는 가치관이 문제다. 실제로 학교폭력 10건 중 7건이 '언어폭력'[19]이다. 가해자 61%는 '장난이나 특별한 이유 없이' 친구를 괴롭히고, 피해 학생의 20-32%는 거의 매일 학교폭력을 당한다. 이때 가해 학생의 68%가 같은 반 친구다. 공부로 인한 성적 스트레스로 지친 아이들은 언어폭력으로 인해 영혼까지 지쳐 버린다.

공동체생활을 통해 어려움을 극복하고 미래를 향해 서로를 도우며 함께 성장해야 할 친구들을 만나는 곳이 학교다. 서로를 위해 격려하고 용기를 주는 말을 해도 어려운 학창시절이다. 경쟁과 비교의 대상이며 서로를 이겨야 하는 관계 속에서 언어폭력은 그들의 학교생활의 일부가 되어 버렸다. 그런 환경에서 아이들은 인간의 존엄성에 대해 무엇을 느낄까?

신앙은 영적 전쟁 중

학교 안의 무너져 가는 인성교육만 걱정할 시간이 없다. 이런 과정에서 아이들의 신앙은 어떤가? 하나님의 관점으로 자신을 찾아가야 하는 청소년 시기에 입시전쟁에 내몰린 아이들은 신앙 역시 영적 전쟁을 치르고 있다.

부모가 물려줘야 할 신앙의 유산은 왜곡된 경우가 종종 있다. 아이들이 어릴 적에는 교회 안팎으로 신앙 관련 활동을 하다가도 입시에 관심을 갖기 시작하면 아이들 눈에 들어오는 것은 기독교보다 대학교를 믿는 부모님들의 모습이다. 입시가 신앙보다 더 강한 종교가 되었다.

입시로 인해 학교와 학원에 투자하는 시간이 많아 교회에 나오는 시간이 절대적으로 부족한 실정에서 본격적으로 입시에 관심을 갖기 시작하면 그 시간마저 빼앗긴다. 부모들은 아이들이 대학만 들어가면 된다는 식으로, 즉 나중에 대학 들어가서 열심히 신앙생활 하면 된다고 생각한다. 하지만 그것이 과연 부모 마음대로 되는가? 그저 입시를 앞두고 부모가 대신 열심히 기도한다고 아이들의 신앙이 자라는가? 교회마다 고등부는 예배 출석률이 떨어지고 수련회조차 아이들 학원 스케줄에 맞추어 시간을 계획해야 한다. 하지만 이로 인해 고등학생 때 신앙이 약해지고 결국 입시가 끝나면 소수만 청년부에 올라간다.

이제는 해외만이 선교지가 아니라 한국교회의 다음세대가 선교지가 되었다. 교회마다 다음세대에 대한 구호는 넘치지만 실제로 과연 다음세대를 위해 시간과 장소와 인적 자원을 전심전력으로 투자하는가? 이전에 부모들은 논밭과 소를 팔아 자녀를 교육시켰다. 그러나 교회 안의 다음세대 교육은 구호는 무성하나 실제로 다음세대를 위해 투자하는 것은 찾아보기 어렵다.

과연 이런 상황 속에서 교회는 다음세대 교육을 위해 무엇을 해야 하는가? 부모는 자녀들이 세상에서 예수님의 제자로 살아갈 수 있게 하기 위해서 무엇을 가르쳐야 하는가? 또한 아이들은 교회와 부모의 모습에서 무엇을 보고 있을까?

김민철 목사

타인을 빛나게 하는 삶이 인생의 사명이다. 중고등학교와 대학교에서 진로와 리더십을 강의하고 한국코치협회 전문코치로(KPC/KPCC) 커리어 및 라이프코칭을 주로 하고 있다. 한국코치협회 기독교 코칭센터 인증 프로그램인 임마누엘 코칭 프로그램 공동개발자다.

서울신학대학교 신학대학원에서 신학을, 국민대학교 경영대학원에서 리더십과 코칭을, 국민대학교 일반대학원에서 문화교차학으로 박사학위를 취득했다. 공저로 「나를 아세요?!」(아르카), 「목회코칭 리더십」(좋은땅) 등이 있으며, 현재 크리스천코칭 관련 책을 집필 중이다.

2부

다음세대, 리부트

교회교육 리부트
– 단절에서 소통의 콘텐츠로(종교개혁을 가능하게 했던 비결, '번역')

종교개혁자들의 공통점

종교개혁자들이 외쳤던 슬로건은 '오직 성경'이었다. 그들은 하나님의 말씀을 민중에게 돌려주자는 열망으로 목숨을 걸고 종교개혁을 외쳤다. 그러나 엄밀히 따져 보면 중세교회에도 성경은 있었다. 요람부터 무덤까지 교회가 지배하는 시대였고, 압도적 다수의 사람들이 세례를 받았던 시대였다. 예배 시간에는 성경말씀이 성직자를 통해 전파되었다. 구텐베르크가 인쇄술을 발명하자 가장 먼저 인쇄한 것이 「구텐베르크 성서」이다. 그렇다면 중세교회에는 바른 성경이 없었는가?

중세시대는 라틴어 성경을 사용했다. 그런 까닭에 이것을 읽는 성직자도, 듣는 민중도 이해할 수 없었다. 예배 시간에 울리던 타종 소리는 경건함의 상징이 아니라 예배 순서가 바뀐다는 신호일 뿐이었다. 성서의 시기에 종교개혁자들이 외치는 '오직 성경'의 실체는 무엇인가?

루터는 종교개혁을 일으킨 후 4년이 지나서 파문을 당했다. 목숨이 위태롭던 시절에 루터를 추종하던 사람은 프리드리히 3세였다. 루터는 1521년에 바르트부르크 성에 약 1년간 숨어 지내면서 독일어 성경을 번역했다. 개인적으로는 루터는 독일어 성경이 필요하지 않았다. 비텐베르크대학교의 교수였기에 라틴어 성경을 읽을 수 있었고, 95개조 반박문도 라틴어로 작성했다.

독일어 성경은 수많은 자국민이 성경을 읽을 수 있도록 눈을 열어주었다. 루터는 성경을 자국어로 번역했고, 문맹자들을 위해서 예술로 '번역'했다. 이것이 종교개혁자들이 '오직 성경'을 가르쳤던 핵심이다. 번역은 외국어를 자국어로 변환하는 것에 국한되는 것이 아니다. 성경을 상대방이 이해할 수 있는 방식으로 변환하는 것이다.

번역의 기본적인 공식

'번역'은 상대방이 이해할 수 있도록 하는 소통의 과정이다. 교육의 효과는 소통을 통해 나타난다. 성경이 소통되는 '교육'은 다음과 같은 과정을 통해 나타난다.

'오직 성경 → 번역 → 대상자'

문맹이던 독일 농민들에게 아무리 독일어 성경을 제시한다고 해도 그것은 라틴어 성경과 큰 차이는 없다. 이에 '번역'을 위해서 루터는 농민들도 이해할 수 있도록 예배당 곳곳에 그림으로 표현했다. 복잡한 교리를 농민들과 소통하기 위해서 찬송가를 만들어서 함께 불렀다. 그림과 찬송가는 '오직 성경'이라는 번역의 또 다른 형태였다.

성경은 여전히 번역되어야 한다. 우리는 번역의 기본적인 기능을 간과했기에 교육이 중세교회로 회귀하고 있다. 변환되지 않은 언어로 하는 교육은 가르치는 사람의 만족에 불과하다. 변혁을 위해 종교개혁자들이 붙잡았던 것은 번역이다.

교회는 성경을 가르치는 곳이어야 한다. 그러나 가르치는 방편은 스피치 speech 만 있는 것은 아니다. 이것이 종교개혁이 다양한 콘텐츠로 표출될 수 있었던 원리였다. 이제 종교개혁 시대를 조망하면서 이 번역이 어떤 과정으로 구체화되었는지 생각해 보자.

성경과 「천로역정」 사이에서

루터가 독일어 성경을 번역했을 때, 영국에서는 윌리엄 틴들이 영어 성경을 번역했다. 독일어 성경은 독일의 영주들에게 큰 영향을 주었고, '프로테스탄트'라는 명칭이 역사 속에 등장할 수 있었다. 영어 성경은 청교도 지도자들을 배출했고, '청교도'라는 흔적을 우리에게 각인시켰다.

문제는 독일의 농민들이나 영국의 민중에게 이런 독일어나 영어 성경은 라틴어 성경과 크게 다르지 않았다는 점이다. 그래서 루터는 다양한 '번역'을 시도했다. 그림과 음악은 물론 소통할 수 있는 형태로 번역을 했다.

'보이는 말씀'이었던 성만찬이 대표적인 예다. 떡과 잔을 받은 농민들에게는 그것이 성경이었고 복음이었으며 하나님 나라였다. 같은 성만

찬이라고 하더라도 가톨릭에게 이것은 주입이었고 화체설, 민중에게는 '경건한' 예식이었다.

청교도였던 존 번연은 땜장이 출신의 비국교도 설교가였다. 그와 비슷한 처지의 민중에게 케임브리지 출신의 틴들이 번역한 성경은 여전히 높은 지적인 장벽이었다. 읽는다고 하더라도 이해하는 것은 또 다른 문제였다. 존 번연은 12년간 감옥에 있는 동안 불멸의 작품인 「천로역정」을 기록했다. 성경을 '우화'로 표현한 「천로역정」은 지금까지 믿음의 유산으로 밝게 빛나고 있다.

「틴들 성경」은 성스럽고, 우화인 「천로역정」은 우화이므로 상스럽다고 말할 수 있을까? 성경이 '저잣거리'에서 통용되던 상스러운 코이네 헬라어로 기록되었다는 점을 기억해야 한다. 헬라어 성경이 밀라노 칙령 이후 성직자들의 '성스러운' 전유물이 되었을 때, 405년에 제롬 347-420 이 '상스러운' 라틴어 성경으로 번역했다. 이것은 종교개혁 시대에 '성스러운' 라틴어 성경이 되었고, 종교개혁자들은 상스럽게 번역했다.

상스러움이 결여된 성스러움은 결코 성스러울 수 없다. 이런 점을 기억한다면 '상스러운' 번역이었던 「천로역정」이야말로 '오직 성경'의 구체적인 교육 형태가 아닐까?

루터는 찬송가를 만들어서 모진 박해의 시대를 견뎌냈다. 그가 선택한 찬송가의 단어들에는 신학적이거나 철학적인 어휘들이 없다. '내 주는 강한 성이요, 방패와 병기 무기 되시니'라는 가사에 그대로 드러난다.

이런 단어들은 농민들에게는 가장 확실한 복음이었고, 능력이었다. 만일 루터가 "내 주는 의義로우시고, '성육신'하시고, '임재'하셔서 우리를 도우신다"라는 가사를 썼다면 어땠을까? 성스러운 효과를 발휘했을까? 만일 그랬다면 라틴어 찬미가와 아무런 차이가 없었을 것이다.

루터교의 찬송가를 '코랄'이라고 부른다. 바흐는 수많은 '코랄'을 만들었던 루터교 신자였다. 바흐는 성경을 바탕으로 음악을 작곡했기에 지금까지 바흐의 작품들은 예배의 메시지를 전하는 용도로 활용되었다. 루터가 만든 '내 주는 강한 성이요'는 찬송가이기에 성스럽고, 바흐의 '코랄'은 클래식 음악이기에 세속적이고 상스럽다고 할 수 있을까? 이런 분리가 우리로 하여금 세상으로부터 격리되게 한 것은 아닐까?

영국의 감리교 창시자 존 웨슬리는 영국 전역을 18회 이상 돌면서 광부들과 빈민들에게 복음을 전했다. 그러나 부흥의 역사에서 존 웨슬리의 동생 찰스 웨슬리가 없었다면 웨슬리의 전도는 반감되었을 것이라는 견해가 지배적이다. 옥스퍼드 출신인 존 웨슬리의 설교를 탄광촌의 빈민들이 쉽게 이해하기는 어려웠기 때문이다. 존 웨슬리의 '성스러운' 설교를 단조로운 운율로 찬송시를 써서 보급했던 인물이 찰스 웨슬리였다. 찰스 웨슬리의 '상스러운' 찬송시는 성스러운 결과를 만들어 냈다. 그의 번역은 운율이 달린 교리였고, 쉬운 복음이었다. 찰스 웨슬리의 찬송가는 '오직 성경'의 또 다른 형태다.

탄광 마을의 광부들과 빈민들을 찾아다니며 복음을 전했던 웨슬리의 전도 방식은 19세기의 네덜란드의 화가 빈센트 반 고흐를 연상시킨다. 그는 네덜란드 칼뱅주의 개혁파 목회자의 아들로 태어났다. 젊은 시절에 그림을 팔던 화상 畵商으로서 이미 십대 시절에 노동자의 세 배의 소득을 벌었다. 그는 젊은 시절 네덜란드에서 영국의 런던으로 거처를 옮기면서 복음의 능력을 경험했다. 찰스 스펄전 목사의 설교를 들으며 복음 전도자의 길을 가고자 했다. 그는 런던 빈민들에게 '스피치'로 복음을 전했다. 반 고흐는 런던을 떠나 벨기에 탄광 마을로 가서 그들에게 '성스러운' 복음을 전했다. 그러나 아들의 '상스러운' 행위를 못마땅해 하던 부모의 반대로 인해 복음 전도자의 길을 포기하게 되었다. 그럼에도 그는 죽을 때까지 복음을 전했다. 그의 그림에는 선명한 복음의 시선이 녹아있다. 그는 '스피치'가 아닌 '그림'으로 복음 전도자의 길을 이어간 것이다. 그의 그림이 불멸의 작품이 된 이유는 그 속에 '성스러움'이 빛나기 때문이다.

우리는 '오직 성경'을 외치는 종교개혁에 뿌리를 두고 있다. 그러나 '오직 성경'이라는 문자에 함몰되었고, 종교개혁자들과 신앙인들이 표현했던 '오직 성경'의 결과물들을 세상에 내주고 말았다. 16세기 그림들과 바흐의 음악, 미켈란젤로와 반 고흐의 그림들은 태생적으로 교회에서 가르쳐야 하는 콘텐츠들 아닌가? 우리는 성경을 어떻게 번역할 수 있는가? 이것이 종교개혁의 교육이었고, 그 시대를 변화시켰던 결과물이었다.

종교개혁으로 교육하라

우리는 중요한 점검을 하려고 한다. '성경'의 내용을 16세기의 사람들에게 소통하기 위해 '번역'했던 결과들이 우리가 지금까지 살펴본 종교개혁의 콘텐츠들이었다. 루터의 「대교리-소교리문답」, 칼뱅의 「기독교 강요」, 멜란히톤의 아우크스부르크 「신앙고백문」, 「하이델베르크 교리문답」, 「웨스트민스터 신앙고백문」 등 다양하다. 그렇다면 이 내용들이 왜 우리에게는 효과가 없을까? '번역' 없이 그대로 차용했기 때문이다. 다음의 내용을 살펴보자.

「웨스트민스터 소요리문답」

제1문 : 사람의 제일 되는 목적은 무엇입니까?

답 : 사람의 제일 되는 목적은 하나님을 영화롭게 하고, 하나님을 영원토록 즐거워하는
    것입니다.

이 내용은 대부분의 성도가 세례를 받을 때, 문답으로 활용된다. 「웨스트민스터 소요리문답」은 17세기에 만들어졌다. 문제는, 우리는 이 내용을 우리 시대의 언어로 번역을 하지 않는다는 것이다. 이 용어는 성경을 17세기의 대중에게 번역한 언어다. 이것을 문자 그대로 다시 사용한다는 것은 조선 시대의 언어를 번역 없이 가르치는 것과 다를 바 없다. 위의 내용에서 하나님을 '영화'롭게 하는 것이 도대체 무엇인가? '영원

토록 즐거워하는 것'은 구체적으로 무엇인가? 그렇다면 이 내용을 다음세대와 소통할 수 있도록 번역해야 하지 않은가? 그래야 교육의 효과가 나타나지 않을까?

우리는 다음세대에게 다음과 같은 내용을 어떻게 가르치는지 점검해 봐야 한다.

'구원의 확신을 어떻게 가르치고 있는가?'
'어떻게 그리스도인으로 성장하도록 교육하고 있는가?'
'어떻게 종교개혁의 가르침을 전할 수 있는가?'

위의 세 가지 교육을 교회는 반드시 다음세대에게 가르쳐야 한다. 필자는 이런 교육 콘텐츠를 위해 10년이 넘는 시간 동안 교회교육 현장에서 보내고 연구했다. 1만 시간을 교육 콘텐츠 계발에 투자했고, '번역'된 언어로 다음세대들과 소통하고 있다. 이에 위의 질문들에 대해 하나씩 답해 보고자 한다.

1) 구원의 확신을 어떻게 가르칠 것인가?

요즘 아이들은 '구원의 확신'의 개념을 정확하게 이해하고 있는가? 필자가 경험한 아이들 대부분은 '교회 출석'을 구원으로 인식하는 경우가 대다수다. 종교개혁자들에게 구원이란 목숨을 걸었던 문제였다. 가톨릭에서 제시한 구원을 성경으로 다시 수정해야 했기 때문이다.

우리가 알고 있는 '사영리'를 생각해 보자. 사영리에는 '창조, 타락, 구원'의 개념이 포함되어 있다. 이것을 포함할 때, '구원'이라고 부를 수 있다. 과연 우리는 이런 개념들을 정확히 가르치는가? 성육신, 속죄, 칭의를 명확하게 제시하고 있는가? 이에 대한 이해와 믿음 없이 구원의 개념이 성립할 수 있는가?

어린아이들이 이것을 이해하지 못하는 것은 아니다. 다만 '번역'에 실패했을 뿐이다. 아이들이 이해할 수 있는 방식으로 접근하면 어떨까? 사영리의 구조 위에 종교개혁자들처럼 '번역'을 시도한 책을 다음과 같이 소개한다.

「동화 속 성경 이야기」 큐리북

이 책은 '구원'의 개념을 구성하는 네 가지 요소를 네 개의 이야기와 네 개의 그림으로 설명하는 콘텐츠로 제작했다. 스토리텔링과 그림을 통해 개념을 이해한 아이들은 '구원'을 어렵지 않게 이해할 수 있었다.

'보이는 말씀'인 그림을 통해 구원의 확신을 이렇게 받아들일 수 있다. 성경구절을 그대로 주입하는 것이 아니라 '번역'을 고민한다면 스피치가 아닌 다양한 방법으로 제시할 수 있다. 인간의 타락과 자유의지를 어떻게 설명할 수 있을까? 그리스도의 성육신을 어떻게 이해할 수 있을까? 구원의 핵심인 '칭의'를 어떻게 번역해서 설명할 수 있을까? 이 책 속에는 이런 개념을 정확하게 번역해서 제시해 놓았다.

2) 어떻게 그리스도인으로 성장하도록 교육할 것인가?

구원의 확신이 단기간이라면, 성장은 장기간에 걸쳐 이루어진다. 회심은 순간이지만, 성화는 평생 이어지는 과정이다. 종교개혁의 성공은 '성화와 성장의 성공'이었다고 볼 수 있다. 이 목적을 위해서 사도신경, 십계명, 주기도문은 종교개혁 콘텐츠의 핵심을 이루고 있다. 그렇다면 이 내용을 어떻게 '번역'해서 가르칠 수 있을까?

하나님이 자신을 이 세상에 드러내시기 위해서 우리에게 주신 것이 십계명이다 출19:6. 십계명은 천국에 가기 위한 수단이 아니고, 지키지 못했을 때 지옥에 가는 것도 아니다. 심지어 구원은 믿음으로 받기 때문에 폐기해야 하는 것도 아니다.

루터는 십계명을 알면 성경을 알게 된다고 말했고, 종교개혁자들은 그 시대에 하나님을 드러내기 위한 방편으로 십계명을 교육했다.

문제는 십계명의 각 항목들을 구체적으로 어떻게 적용할 수 있을까? 이것은 결코 쉽지 않다. 유대인들조차도 이것이 쉽지 않았기에 십계명을 613가지의 세부 항목을 나열해서 제시했다. 이에 십계명에 '번역'을 시도한 도서를 아래와 같이 소개한다.

「셜록 홈즈와 떠나는 십계명 여행」 글과길

아이들의 생각과 믿음을 구체적으로 적용하기 위해서 십계명과 영국 문학을 접목한 교리 교재를 제작했다. 책을 읽고, 사고하면서 십계명을 고민하는 아이들이 변화하기 시작했고, 삶 속에 적용하는 결과를 볼 수 있었다. 십계명을 이해하기 위해서 11개의 작품을 동원했다. 100개의 작품을 통해 성경을 가르치는 콘텐츠를 만든다면 2년간 교육할 수 있는 셈이다. 10년이면 500번 주일을 지나게 된다! 이것이 우리가 반드시 쌓아 나가야 하는 핵심 가치이고, 다음세대에게 물려줄 종교개혁의 유산이다. 뿐만 아니라 다양한 그림, 음악, 책 등의 콘텐츠를 통해 종교개혁자들의 방식으로 가르친다면 그것이 아이들의 신앙이 되고 시대의 문화가 되며 다시 종교개혁을 일으킬 수 있는 원동력이다.

3) 어떻게 종교개혁의 가르침을 전할 수 있는가?

종교개혁은 우리가 붙잡아야 하는 믿음의 유산이다. 이것을 어떻게 다음세대에게 전할 수 있을까? 가장 좋은 방법은 종교개혁 콘텐츠를 접하게 하는 것이다. 종교개혁 시대에 만들어진 신앙의 고백들, 즉 그림들을 교육 교재로 활용하는 것이다. 삼일교회는 5-7층에 종교개혁 그림들을 전시해서 교회학교의 교육 콘텐츠로 활용하고 있다.

삼일교회 그림전

이 그림을 본 아이들은 자연스럽게 그림에 대한 이해는 물론 종교개혁의 신앙을 접하고, 받아들인다. 이런 시도들은 교육의 프로그램에서 그치는 것이 아니라 교육의 문화를 바꾸고, 교회가 세상과 소통할 수 있는 영역으로 나아갈 것이다. 그림 전뿐만 아니라 음악, 예술, 문화 등 다양한 콘텐츠를 활용한다면 하나님이 우리에게 말씀하신 '문화 명령'을 꽃피울 수 있을 것이다.

또 다른 종교개혁을 꿈꾸며

종교개혁자들이 가르쳤던 콘텐츠들은 태생적으로 교회에서 가르치도록 제작되었다. 서구사회를 이해하는 데 있어 성경을 빼놓고 이야기할 수 있는가? 그러나 이런 콘텐츠들은 '인문학'이라는 이름으로 세상에 빼앗겼다. 종교개혁을 꿈꾸고 '오직 성경'을 외친다면 우리가 탈환해야 하는 고지 高地 는 분명하다.

흥미로운 것은 루터와 칼뱅도 팬데믹을 경험했다는 점이다. 그들은 그 시기에 포스트 팬데믹을 바라보며 콘텐츠에 목숨을 걸었다. 팬데믹 기간 동안 우리는 무엇을 하고 있었는가? 그 '청구서'를 지금 우리는 받아들고 있다.

지금이라도 늦지 않았다. 우리의 전선 戰線 을 분명히 인지하고, 다시 그것을 탈환해야 한다. 그럴 때, 종교개혁은 자연스럽게 우리의 진영에 있다는 것을 발견하게 될 것이다.

박양규 목사

교회교육연구소 소장으로 총신대학교와 동대학원에서 신학을, 고려대학교 서양사학과에서 석사 과정을 마쳤다. 영국 애버딘대학교에서 중간사 분야로 박사 과정을 수료했으며, 삼일교회에서 교회학교를 총괄했다. 아신대학교 외래교수, 소명중고등학교 성경교사이다.

저서로는 「유럽비전트립 1, 2권」(두란노), 「중세 교회의 뒷골목 풍경」(예책), 「동화 속 성경이야기」(큐리북), 「청소년을 위한 하이델베르크 교리문답」(새물결플러스), 「인문학은 성경을 어떻게 만나는가」(샘솟는기쁨), 「목회트렌드 2023」(글과길), 「리셋 주일학교」(샘솟는기쁨), 「셜록 홈즈와 떠나는 십계명 여행」(글과길), 「퀀텀 읽기」(큐리북), 「다시, 어떻게 가르칠 것인가」(들음과봄), 「목회트렌드 2024」(글과길) 등이 있다.

교사 리부트
-꼰대에서 인생 모델로

한자어 표현 중에 '군사부일체' 君師父一體 가 있다. '임금과 스승과 부모는 일체이니 정성껏 받들어야 한다'는 뜻이다. 한국이 현재와 같은 경제적 위상을 갖게 된 이면에는 여러 요소가 있지만 그중 하나는 교육이다. 이것을 확인하는 가장 쉬운 방법은 제3세계 사람들과 대화를 나누어 보는 것이다. 교육이나 교사가 중요하다고 말하는 사람들이 거의 없다. 반면 한국인은 누구를 만나든 교육이 중요하다고 강조한다.

이런 교육을 담당하는 곳이 교회학교다. 이 교회학교에서 가장 큰 역할을 맡은 사람은 '교사'이다. 학생들은 교사를 매년 만난다. 어떤 교사를 만나느냐가 중요하다. 특히 사춘기를 전후한 시절에 어떤 교사를 만나는지에 따라 삶과 신앙의 궤적이 달라지기 때문이다. 지금 한국교회의 고민은 다음세대의 주역이 될 학생들에게 저마다 신앙을 지켜낼 힘을 키워주고 또 그들이 불확실한 미래를 향해 걸어갈 때 도움이 될 조언을 해 줄 교사가 필요하다.

지금 학생들, 특히 중등부와 고등부 학생들은 인생의 대부분을 학교와 학원, 그리고 스마트폰 세상에서 보낸다. 이들이 교회에 나오긴 하지만 성경을 완독한 경험이 없다. 주일날 와서 성경을 읽으라고 하면 성경

책이 있어도 그 작은 스마트폰 화면으로 읽는다. 주일성수, 성경을 읽는 마음, 예배에 임하는 자세 모두 부모세대와는 확연히 다르다. 지금 교회의 고민은 이런 학생들을 일깨울 교사를 확보하는 것이다.

학생들을 일깨우는 건 교사만의 역할은 아니다. 부모의 역할이 더 크겠지만 부모의 말은 학생들에겐 잔소리로 들리기 쉽다. 그래서 아이들에게 그나마 다가갈 수 있는 사람은 교사가 거의 유일하다. 문제는 이 교사의 역량이 제각각이라는 게 치명적인 약점이고, 그나마 교사를 구하는 일도 어려워지고 있다는 것이다. MZ세대가 교회 교사 일을 맡고는 있지만 역량이 딸리고, 기존 교사는 노령화되고 있다. 우리는 이것을 어떻게 대처해야 할까?

앞으로 교회가 약해지는 건 피할 수 없어 보인다. 그나마 그 속도를 늦추고 재충전하여 반전을 시도하려면 교사의 역량을 키우는 수밖에 없다. 그래도 희망이 있는 건 교사가 제 역할을 하면 교회가 충분히 반전을 일으킬 수 있다는 것이다. 인공지능이 일상화된 지금 사회에서 우리는 어떻게 반전을 이룰 수 있을까. 이를 세 가지 관점 시대의 변화, 이야기의 힘, 공부의 중요성 으로 살펴보고자 한다.

교사는 '시대의 변화'를 읽어야 한다

교회학교에서 쓰는 교재들이 있다. 어느 책이건 성경의 진리를 잘 설명하고 학생들이 영적으로 준비되는 데 필요한 것을 담고 있다. 문제는 말이 목이 마르지 않으면 우물가에 데려가더라도 물을 마시지 않는다는 사실이다. 지금 아이들은 영적으로 목이 마르지 않다. 그들은 목이 마를 새가 없다. 목이 마르다는 건 뭔가 결핍된 것이 있다는 뜻이다. 그런데 지금 아이들은 풍요로워 결핍이 주는 힘을 잘 모른다.

아이들은 공부하는 시간에도 스마트폰을 손에 쥐고 있다. 모르는 게 있으면 부모세대는 선생님에게 물었지만 지금 아이들은 검색한다. 검색 하면 자신이 원하는 그 하나만을 알게 된다. 선생님에게 물었을 때 알게 되는 다양한 시각을 얻지 못한다. 선생님은 그 아이가 미처 생각하지 못 한 것까지, 그 이면이나 배경까지 다 설명해 줄 것이다. 교사는 이런 시 대의 변화에서 아이들에게 다가갈 방식을 찾아야 한다.

교사가 해야 할 일차적인 방식은 인공지능 같은 기술적 변화에 익숙 해지는 것이다. 지금 아이들은 대면 수업보다 화상이나 문자로 대화하 는 데 더 익숙하다. 이들은 오프라인보다 온라인에서 보내는 시간이 더 많다. 교사가 학생들의 이런 생활방식에 익숙해지지 않으면 문제를 학 생들의 탓으로 돌리기 쉽다. 교회 학생들은 태어날 때부터 디지털 세상 을 경험했다. 그들에게 디지털은 자연스러운 현상이다.

교사가 중요한 이유가 있다. 사랑에 빠지면 더 사랑하는 사람이 약자 가 된다. 부모가 자식을 이기지 못하는 것은 힘이 없어서가 아니라 아이 를 더 사랑하기 때문이다. 지금 학생들은 부모세대를 이해하거나 선생 님을 배려하지 않는다. 그저 자신들이 좋아하는 것을 하려고 한다. 그래서 진리의 말씀을 일깨우려면 학생들을 바꾸려고 하면 안 된다. 교사가 오히려 학생들의 세상으로 들어가는 게 더 쉽고 더 빨라 보인다.

세상이 바뀌는 속도가 엄청나다. 인구 성장률로도 이것을 확인할 수 있다. 1900년대까지 세계 인구는 2억 명이 되지 않았다. 하지만 2022년 11월 기준으로 세계 인구는 80억 명을 돌파했다. 불과 120년 만에 인구가 40배 증가한 것이다. 인구만 증가한 게 아니라 삶의 방식도 엄청난 속도로 변화하고 있다. 이제 SNS, 인공지능, 미디어, 가상세계가 전 세계 모든 사람의 삶의 방식으로 정착되었다. 이 흐름은 바뀌지 않는다.

이제 우리는 스마트폰이 없는 세상, 인터넷 없는 세상을 상상하지 못한다. 학생들은 점점 교회에 오길 싫어하고 성경공부나 교리를 배우는 걸 지루하게 여긴다. 분명 초등학교 때 배웠을 것 같은데 물어보면 아는 게 없다. 성경 인물이나 성경 흐름에 대한 지식이 뒤죽박죽이다. 이제 이런 무질서에서 흐름을 만들어 줄 교사가 중요하다. 그런 흐름을 만들려면 우리가 살아가는 사회의 빠른 변화에 관심을 가져야 한다.

교사가 만나는 아이들은 목이 마르지 않다. 이런 난제를 해결하려면 교사는 세상의 트렌드가 어떻게 바뀌고 있는지를 관찰해야 한다. 교회학교 학생들에게 세상이 주는 자극은 엄청나다. 게임업체는 십 대들의 시선을 끌 만한 게임을 연구하는 데 전력을 쏟고 있고, 음식업체는 아이들이 좋아할 만한 기호식품을 연구한다.

교회는 무엇을 하고 있을까. 대개 보면 예전의 모습으로 아이들을 데

려가려고 애를 쓴다. 학생들이 예전으로 돌아가는 일은 절대 없을 것이다. 설사 잠시 이전으로 돌아갈지라도 곧 다시 돌아온다. 이게 요요 같은 현상이다. 이전과는 비교할 수 없는 근사한 뭔가를 쥐여 주지 않는한 학생들은 교회생활에 정착하지 않을 것이다. 교사는 이것을 어떻게 타개해야 할지 고민하겠지만 이걸 떡볶이나 먹거리로 때우면 안 된다. 이건 정말 잠시뿐이다. 아이들이 늘 살면서 문득 떠오를 이야기를 만들어 줘야 한다.

지금 십 대들과 대화하면 미래나 진로를 고민하는 친구들이 적다. 대개는 막연한 생각만 한다. 자신들이 고민하는 게 있긴 하지만 그게 간절하지 않다. 대개는 몇 번 고민하다가 안 되면 다른 것으로 바꾼다. 진짜 좋아하는 게 아니기 때문에 도전하지 않고, 뭔가를 끝까지 파고들어 간 경험이 없기에 간절하지 않다. 이런 학생들을 상대하다 보면 교사가 지치기 쉽다. 지치지 않으려면 대안을 찾아야 한다.

교사는 학생들도 본인들이 무엇을 원하는지 모르고 있다는 사실을 알아야 한다. 자신들이 무엇을 원하는지 알면 그것을 채워주는 게 수월하다. 하지만 간절하지 않고 목마르지도 않으며 아쉬운 것도 없고, 궁금한 것도 없는 일처럼 힘든 게 없다. 그래도 학생들이 관심 두는 것이 있다. 그것은 바로 '이야기'이다. 영화나 동영상에 엄청나게 빠진다. 교사가 이야기가 무엇이고 왜 이게 중요한지를 알면 학생들을 대하기가 수월해진다.

교사는 '이야기의 힘'을 배워야 한다

세상에서 가장 힘든 일은 다른 사람의 마음속으로 들어가는 것이다. 이것을 가장 열심히 공부하는 사람이 작가이다. 이야기는 독자가 마음을 열어야만 들어갈 수 있다. 예수님도 말씀하셨지만, 마음으로 들어가는 문에는 손잡이가 없다. 언제나 마음이 먼저 문을 열어주어야만 들어갈 수 있다. 이것을 소설을 읽으며 배워야 한다. 마음의 문을 여는 방법을 배울 수 있는 유일한 방법은 '심리학과 이야기'뿐이다.

한번 생각해 보라. 왜 그 바쁘다는 사람들이 영화나 드라마는 꼭 챙겨서 볼까? 시간이 남아돌아서 그걸 보는 게 아니고, 삶이 지루해서 그것을 보지 못하는 것도 아니다. 이야기에는 다른 어디서도 얻을 수 없는 뭔가가 있다. 그것은 검색으로 찾아낼 수 없다. 그래서 보는 것이다. 게다가 이야기는 그들에게 결핍된 정서적 위안을 채워준다. 이것이 충족되기 때문에 이야기에 빠져드는 것이다. 이러한 충족감이 이야기에 빠져들게 한다.

교사는 학생들보다 산 세월이 더 많다. 선생이란 '먼저 태어났다'는 뜻이다. 먼저 태어난 만큼 축적된 경험이 있다. 그 경험을 활용하려면 이야기의 힘을 배워야 한다. 지금 MZ세대나 알파세대 학생들의 기준점은 자기 자신이다. 자기가 바라보는 관점이 중요하다. 그래서 교사가 진리를 가르칠 때 힘이 든다. 자기가 생각할 때 이해가 되지 않으면 밀어내기 때문이다. 이것이 교사가 이야기를 배워야 할 이유다.

우리가 이야기에 빠지는 건 재미있기 때문이다. 이야기에 재미를 느끼는 이유는, 그걸 보는 시청자나 관객의 삶과 연결되는 연결고리가 있기 때문이다. 그 연결고리는 저마다 다를 텐데도 이야기는 그 많은 사람과 연결되어 시청률을 높인다. 이런 비밀을 교사가 배워야 한다. 이것을 설교를 책임지는 목회자가 배우면 최고이지만, 교사도 순발력 있게 이야기의 힘이 무엇인가를 배우면 학생들의 마음속에 들어갈 방법을 터득하게 된다.

교회학교에서 설교하거나 새로운 공과를 가르치지만, 학생들은 딴짓한다. 그런 학생들의 시선을 모으려면 학생들과의 연결점을 찾아야 한다. 가능하면 시각 자료를 활용하는 게 좋고, 말로 설명할 때도 학생들이 공감할 수 있는 연결점을 찾아야 한다. 지식이나 진리는 길이 만들어지기 전에는 전달되지 않고, 그 길은 교사가 만드는 게 아니라 학생들 자신이 만들어야 한다. 그래야 학생들의 내면으로 흘러 들어간다. 이것은 학생들 스스로 배우고 싶다는 목마름을 만들어야 한다는 뜻이다. 소설을 생각해 보라. 작가는 절대로 이 이야기가 중요하다고 말하지 않는다. 그저 사소해 보이는 이야기 「톰 소여의 모험」이나 「허클베리 핀의 모험」을 생각해 보라 를 툭툭 던지는데 어느새 우리는 그 이야기를 열심히 읽고 있다. 이런 소설을 읽으면 그 비밀이 뭔지를 금세 터득한다. 재미있기 때문이고 또 호기심을 계속 유발하기 때문이다.

호기심은 언제나 독자를 사건 속으로 끌어들인다. 작가는 이야기를 풀어 가지만 아주 세세하게 설명하지 않는다. 너무 많은 것을 설명하면 독자는 단번에 흥미를 잃어버린다. 자신이 개입하여 사건을 풀어내거나 상상할 수 있는 영역이 없기 때문이다. 교사 역시 작가처럼 학생들이 개입할 수 있는 방법을 찾아야 한다. 대화하듯 묻고 답을 들으면서 성경 이야기를 만들어 가도 효과적이다. 개입하면 관심을 둔다.

지금 학생들은 이야기가 익숙하다. 이는 학생들이 소설을 읽지 않아도 그 소설 속 서사 기법을 활용한 영화나 게임에 익숙하기 때문이다. 지금 십 대들에게 영상은 교과서이고 삶이며 생활이다. 이걸 대체할 건 이야기뿐이다. 그래서 교사는 이야기를 어떻게 활용할지를 깊이 고민해야 한다. 학생들은 이야기가 몸에 배어 있다. 그래서 이것에 맞지 않는 것은 뭐든 밀어낸다. 그러므로 교사가 이와 같은 사회현상을 이해하지 못한다면 참 슬픈 일이다.

이야기는 학생들이 바라보는 시선에서 보이는 세상을 보여준다. 그런 이야기의 힘을 배우면 교사는 학생들을 대하는 게 그리 어렵지 않다는 걸 경험할 것이다. 이야기는 작가가 시작해도 그 이야기를 완성하는 건 언제나 독자이다. 왜 지금도 사람들이 '타이타닉' 이야기를 하고 있는지 생각해 보라. 25년 전 영화인데 말이다.

영화는 감독이 만들지만, 그 이야기를 완성하는 건 관객이다. 교사도 감독 같은 역할을 한다. 학생들이 알지 못했던 이야기를 소개하면 학생들은 그 이야기를 저마다 자신의 목소리로 내면에 저장할 것이다. 그 이야기가 살면서 자신이 하는 선택과 결정을 내릴 때 연결될 것이다. 그때 이야기는 선택과 결정을 통해서 삶으로 흘러가고 그것이 인생과 정체성을 빚어 갈 것이다. 그것이 성경의 이야기이다.

교사는 '공부해야 한다

예전에 고등부 교사를 할 때 만난 교회학교 학생 중, 20년이 넘었는데도 만나는 친구가 있다. 이것이 가능한 까닭은 교재를 가르치려 하지 않고 교재를 통해 그 친구들의 이야기를 들으려고 했기 때문이다. 그리고 그 학생들이 바라보는 관점에서 무엇이 궁금할지를 고민했다. 그러다 보니 교사에게 물었고 그 답을 풍성하게 해 주려고 책을 찾아가면서 배웠던 기억이 난다. 주일날 그 답을 알려주면 반응이 금세 온다.

상식으로 하는 답과 공부해서 하는 답은 차원이 다르다. 그 작은 차이를 학생들은 기억한다. 바로 그것이 자신에 대한 이해와 사랑이라는 것을 감지하기 때문이다. 사람들은 바쁘고, 바쁘면 검색으로 문제를 해결하기 쉽다. 하지만 검색으로는 결코 찾아낼 수 없는 게 있다. '발견의 기쁨'이다. 검색은 힘들여 땀을 흘려 산 정상에 올라가면 느끼게 되는 희열을 결코 찾아내지 못한다. 이에 교사는 정상을 밟는 기쁨을 전해주어야 한다. 이걸 교사가 해내면 학생들은 말하지 않아도 저절로 느낀다. 사랑은 뭔가를 가르쳐준다고 전해지는 게 아니다. 교회학교 학생들과 사랑에 빠지면 교사는 언제나 약자가 된다. 약자가 되면 상대를 먼저 배려하고 상대가 무엇에 관심이 많은지 고민하기 마련이다. 이런 고민을 공부라는 방식을 통해서 학생들에게 전달해 보자. 공부하면 같은 공과 교재를 사용해도 전달되는 질이 달라진다. 그걸 모르는 학생은 없다.

교사가 노력하는 것이 보이면 학생들은 반드시 반응하게 되어 있다. 그것은 이야기에 반응하는 독자와 똑같다. 사람들이 오랫동안 읽어 온 책에는 품격이 있다. 그 품격은 세월이 지날수록 더 빛을 발한다. 그런 게 교사에게 느껴져야 한다. 교회학교는 지나가는 시간이 아니다. 학생들의 정체성이 빚어지는 황금 같은 시간이다. 이때 교사는 진리를 배우는 게 얼마나 행복한가를 경험적으로 체득시킬 수 있어야 한다.

정상에 올라 본 사람만이 느끼는 희열이 있다. 성경을 읽고 그 안에서 진리를 깨달은 사람만이 느끼는 희열이 있다. 소설을 읽으며 그 안에서 남들이 알아채지 못한 복선을 찾아내는 사람만이 느끼는 희열이 있다. 이런 발견의 기쁨을 주일날 만나 공과를 가르치며 나눌 때 학생들은 저절로 관심을 둔다. 교사가 희열을 느끼는데, 그 희열이 그가 가르치는 학생들에게 전염되지 않는다는 건 있을 수 없다.

위기의 시대, 세 명의 교사면 충분하다

지금 시대에 교회가 위기라고 한다. 이것은 어쩌면 맞는 평가일 것이다. 교회가 약해지니 교회학교도 자연 약해졌다. 하지만 교회가 약해졌어도 이게 끝은 아니다. 교사가 제대로 자기 자리를 지키면 우리는 언제든 반전할 수 있다. 이것을 성경도 가르쳐주고 교회사도 가르쳐준다. 지금 우리에게 필요한 교사는 시대의 변화를 읽고 이야기의 힘을 깨달아 가르치는 교사이다. 이런 교사가 셋만 있어도 교회학교는 터져 나간다.

'위기危機'라는 한자어가 말해 주듯, 위기에는 언제나 기회가 내포되어 있다. 지금 우리는 이야기의 시대를 살고 있다. 이야기는 학생들의 삶으로 뚫고 들어갈 수 있는 아주 좋은 매체이다. 이 매체를 활용하는 법을 교사가 터득하면 학생들에게 진리를 가르치는 것은 수월해진다. 학창 시절에 배운 것 중에서 우리가 기억하는 게 있다면 그건 이야기가 덧입혀진 것일 것이다. 정보는 시간의 흐름에서 살아남을 수 없다.

성경이 그 오랜 시간 동안 살아남을 수 있었던 것은 이야기의 옷을 입었기 때문이다. 진리든 교리든 이야기의 옷을 입지 않으면 우리 안으로 들어오지 못하고, 설사 운 좋게 들어온다고 해도 오래 버티지 못한다. 하지만 이야기의 옷을 입으면, 이야기는 오랫동안 우리와 함께 머문다. 교사는 이제 교회의 주역이고 희망이다. 교사가 살아야 학생도 살고 교회도 산다. 그런 교사를 위해 이 한 문장을 함께 나누고 싶다.

"교사는 영원한 영향력을 미친다. 그의 영향력이 어디에서 멈추는지 아무도
알 수 없다." - 헨리 애덤스

이정일 목사

미국 Southwestern Baptist Theological Seminary에서 공부했다. 신학을 하기 전에 영문학을 공부하여 문학박사 학위를 받은 후 뉴욕주립대 영문과에서 미국 현대시를, 세계문학연구소에서 제3세계 작가들을 연구했다. 2020년 출간한 「문학은 어떻게 신앙을 더 깊게 만드는가」로 <국민일보> '올해 최고의 책'을 수상했다. 기독교윤리실천운동의 <좋은나무>, 「묵상과 설교」, <크리스천투데이> 등에 글을 연재하고 있으며 전방부대 교회에서 군 선교사로 섬기고 있다.

저서로는 「나는 문학의 숲에서 하나님을 만난다」(예책), 「문학은 어떻게 신앙을 더 깊게 만드는가」(예책), 「목회트렌드 2023」(글과길) 등이 있다.

학부모 리부트
– 동굴에서 소통으로

예수님 안경 바로 쓰기

진주 씨는 처음에 복음을 받아들일 때는 기쁜 마음으로 예수님 안경을 썼다. 그러다 세상에 동요되고 휩쓸리면서 살다 보니 예수님 안경보다 더 좋아 보이고, 있어 보이는 콘텍트 렌즈들을 알게 되었다. 이것저것 써 보면서 세상이 옳다고 말하는 것, 다수의 사람이 휩쓸리는 것으로 자기 자신과 자녀들, 배우자를 바라보게 되었다. 이제는 예수님 안경이든 여러 모양의 렌즈든 다 필요 없어졌고, 쉽고 편하게 세상을 볼 수 있는 수술법을 찾아서 개안하고 싶다는 욕심이 생길 정도. 예수님 안경을 쓰고 배우자를 바라보고 자녀들을 바라보아야 가정이 그리스도 안에서 건강한 모습으로 성장할 수 있다고 배웠다. 하지만 실제 삶 속에서 예수님 안경을 쓰는 것은 많은 희생을 요구했다. 예수님 안경을 쓰고 사는 것에는 진주 씨 자신부터 많은 노력이 필요했다. 끊임없이 말씀 앞에서 자신을 비춰 보고 반성하며 돌이켜야 했다. 자신은 힘들게 노력하고 있는데 변함이 없는 자녀들이나 배우자를 볼 때마다 맥이 빠졌다. 결국 진주 씨는 말씀 위에 믿음을 잘 내리지 못하고 세상의 가치관에 휘둘리기 시작했다. 예수님 안경을 벗고 보니 삶이 쉬웠다. 생각나는 대로 말했고, 하고 싶은 대로 행동하면 되었다. 아이들의 학원 시간과 주일예배를 맞바꾸게 되었다. 기독교인이라는 정체성을 숨기고 믿지 않는 엄마들과 어울리기 시작했다. 세상 친구도 얻은 것 같았고, 아이들도 주일학교에 가는 시간까지 아끼며 학업을 위해 열심히 매진하는 것 같았다. 진주 씨의 남편은 육아에 적극적으로 참여하지 못하는 편이었다. 아내의 눈치를 보면서 주말이면 아이들과 함께하지 못한 시간을 채우기 위해 캠핑도 가고 여행 스케줄도 짰다. 좋은 아빠처럼 보였지만, 막상 캠핑과 여행에서까지도 자녀들에게 마음껏 스마트폰을 허용하는 허울 좋은 대화 없는 아빠였다. 회사생활에 힘이 다 빠진 남편은 아이들과 놀아 주는 것보다 서로 스마트폰을 보며 각자의 시간을 보내는 것이 더 편했다. 진주 씨는 끊임없는 근심에 시달려야 했다. 엄마들과의 만남에서는 남의 아이를 헐뜯느라 바빴고, 다른 집과 자신의 가정을 비교하고 따라 하느라 힘에 부쳤다. '남들보다 뒤처지는 내 아이는 어떡하나, 다른 아이들과 같은 학교에 진학하지 못하면 어떡하나'하는 염려는 더 커졌다. 진주 씨네 가족은 오늘도 아이들을 학원 하나라도 더 보내기 위해서, 더 좋은 직장을 갖게 하겠다는 목표를 위해서 부모와 자녀 모두 헐떡거리며 숨이 가쁘다.

위의 예화는 뜬구름 잡는 이야기가 아니다. 사실상 대부분의 기독교인 부모들의 삶이 반영되어 있다. 이처럼 대부분의 크리스천 부모도 믿지 않는 사람들과 다름없는 가치관으로 살아가고 있다.

기독교에 대한 인식이 안 좋아진 요즘에는 더욱이 자신이 기독교인이라는 사실을 숨기고 싶어 하는 경우도 있다. 예수님을 믿는 사람이고 자하면, 예수님의 안경을 쓰고 주님의 가치관과 복음의 창으로 세상을 바라봐야 한다. 하지만 우리는 어느새 세상의 가치관에 물들어 성경적인 가치관으로 산다는 것이 무엇인지를 잊어버리고 말았다. 세상의 빛과 소금이 되어야 할 믿는 자들은 온데간데없고 그리스도인으로서의 정체성을 상실한 채 뜨겁지도 않고 차갑지도 않은 신앙인으로 살아가고 있다.

우리는 하나님을 믿는다고 하면서 얼마나 하나님의 선하심을 경험하면서 살고 있는가? '여호와로 인하여 기뻐하는 것이 너희의 힘이니라'느 8:10 라는 말씀이 얼마나 우리 삶 속에서 경험되고 있는지 되돌아봐야 한다. 자녀들도 마찬가지다. 자녀들은 "하나님은 선하시다"라는 고백을 얼마나 하고 있는가? 그런 하나님을 실제로 경험하는 삶을 살고 있는가? 쳇바퀴 돌듯 반복되고 무미건조한 삶 속에서 하나님께서 주신 삶의 의미를 얼마나 느끼고 있는지를 되돌아봐야 할 때다.

정보보다 성경을 신뢰하라

"엄마 때는 이렇게 했다니까~. 너도 그렇게 키웠어. 육아 선배의 말을 들어야지, 허구한 날 스마트폰만 들여다보고 있냐?"
"아이, 엄마. 이젠 아니라니까~. 내가 먼저 좀 찾아볼게. 엄마는 지금 세상이 얼마나 달라졌는데 옛날 방법 그대로 하라는 거야~. 아휴, 진짜…."

친정 어머니와 함께 육아하는 시간이 많은 영주 씨 집에서 흔히 들을 수 있는 대화다. 친정 어머니는 자신의 육아 노하우를 전해주고 싶지만, 딸인 영주 씨는 엄마 말을 믿기보다는 인터넷에서 자신이 찾은 정보를 더 신뢰한다.

우리는 정보의 과잉 홍수 속에서 살아가고 있다. 손안의 세상인 스마트폰을 통해서 하루에도 헤아릴 수 없는 정보를 찾아볼 수 있다. 쉽게 눈으로 보고 귀로 들을 수 있는 유튜브, 각종 SNS의 릴스, 카페나 블로그 등의 온라인 커뮤니티를 통해 언제 어디서든지 무한정으로 원하는 정보를 얻을 수 있다. 부모는 자녀를 임신하게 되는 그 순간부터 자녀가 태어나 양육하는 과정에서 본격적으로 인터넷에 의지하여 살아가게 된다. 인터넷을 통해 출산에 필요한 물품들을 검색하고 애플리케이션을 통해 임신 개월 수에 따른 특징에 대한 정보를 때에 맞춰 제공받는다. 자녀가 태어난 후에는 자녀 연령별 발달 정보, 부모교육, 대화법 등에 대한 정보를 시시때때로 찾아보며 지낸다. 이미 양육을 경험한 사람들의 조언을 구하기보다는 인터넷으로 자신이 직접 찾고 얻은 정보를 훨씬 더 신뢰하는 경향이 있다. '인터넷 육아'라고 부를 수 있을 정도다. 이런 정보에 대한 신뢰는 아이가 성장할수록 그 폭과 깊이가 더해진다. 부모들은 자녀가 커감에 따라 자녀 학업과 입시에 필요한 모든 정보를 하나도 놓치지 않고 잘 알길 원한다. 그 시대의 트렌드에 맞춘 교육을 이해하고 자신의 자녀에게 한치의 뒤처짐도 없이 제공하길 원한다. 부모들이 자녀를 위해 얼마나 인터넷을 두드리고 찾고 구하는가. 반면 부모는 자녀들의 이런저런 문제를 해결하기 위해 얼마나 성경을 들춰 보고 연구하며 깊이 파는지 돌아볼 필요가 있다.

인터넷을 통한 전문가들의 조언이나 다른 부모들의 경험담에 귀 기울이지만 정작 우리 자신은 성경을 통해서 얼마나 그 문제의 답을 구하기 원했는가? 어쩌면 아예 성경을 통해 문제의 답을 찾으려는 시도도 하지 않았을지 모른다. 성경은 그저 주일예배 때나 듣는 말씀으로 제쳐두었다. 성경책은 주일에 교회에 가져가야 하는 책으로 그저 책꽂이 한 켠을 차지하고 있다. 진심으로 온 마음과 지성을 다해 성경이 한 점의 과오도 없는 하나님의 계시라고 믿는가? 그렇다면 인터넷상의 정보들을 통해 문제를 해결하고 마음의 평안을 누리기보다, 먼저 온전히 성경의 권위를 신뢰하고 삶에서 이런저런 육아의 문제가 생겼을 때 말씀 앞에 먼저 구하자. 온전히 주님께 문제의 주도권을 내어드리자. 말씀 앞에 엎드려 겸손함과 지혜를 구하자. 인터넷 안에 있는 빅데이터에게 주님의 자리를 내어드리지 말자.

가정 안의 문제, 자녀를 양육하면서 일어나는 모든 문제를 해결하는 과정 가운데 제일 첫 번째 단계를 주님께 내어 드리자. 주님의 생각과 지혜와 마음을 구할 때 주님께서 세밀하게 말씀해 주실 것이다. 모든 정보보다 확실하고 신실하며 모든 지혜와 지식 위에 뛰어나신 그분께 먼저 구할 때, 올바르게 판단하는 능력부터 해결책까지 주실 것이다. 피할 길보다 더 확실한 출구를 주실 것이다.[20] 부모가 모든 선택의 순간마다 주님을 의지하는 것을 자녀들이 보고 자랄 때 어떤 일이 벌어질지 상상해 보라. 자녀도 부모와 마찬가지로 선택의 순간, 해답이 필요한 순간마다 정보를 의지하는 것이 아니라 주님의 말씀에 기대어 기도하면서 정보를 올바르게 판단할 수 있을 것이다. ChatGPT의 등장과 함께 다음세대들은 더 손쉽게 AI를 통해 정보를 얻을 수 있다. 그리고 그것이 다 맞다고 여과 없이 받아들일 수 있다. 가정 안에서 부모로부터 시작된 성경을 신뢰함이 삶의 기본이 될 때, 자녀도 흔들리지 않는 중심 안에서 정보를 취사선택할 수 있다.

고치 속의 나비 – 독립과 자립을 목적으로

'나'는 어느 날 한 소나무 밑에서 막 밖으로 나오려고 준비하고 있는 나비의 고치를 발견했다. '나'는 참을성 있게 기다렸지만 결국 기다리기를 포기하고 자신이 직접 입김을 불어서 나비가 빨리 고치를 깨고 나올 수 있도록 도와줬다. 나비는 기적처럼 고치를 깨고 나왔다. 그러나 안타깝게도 그 나비는 날개를 펴지 못했다. 몸을 뒤틀며 날개를 펴기 위해 몸부림쳤지만 부질없었다. 제대로 성숙하기 위해서는 시간이 걸리더라도 참을성 있게 햇빛 아래에서 날개가 펴지기를 기다려야만 했다.

소설 「그리스인 조르바」에 나오는 주인공 '나'가 겪은 경험이다.[21] '나'가 인위적으로 불어넣은 따뜻한 숨결이 결국 나비를 죽이는 독약이 되었다.

우리 자녀들도 이 고치 속의 나비와 같다. 부모는 많은 순간 기다려주지 못한다. 아이에게는 자라고 배우면서 스스로 날개를 펴야 하는 순간들이 있다. 하지만 부모의 마음은 조급하다. 부모가 빨리 도와주면 자녀가 더 잘할 수 있지 않을까 생각한다. 부모는 자신의 아이가 다른 아이들보다 더 빨리 배워야 하고 잘하기를 원한다. 세상이 원하는 가치관에 발 빠르게 대응하는 사람만이 성공한다는 기준을 갖고 있다. 부모의 이런 생각은 아이들이 그들만의 고유한 때에 이르도록 그냥 두지 못하고 빨리 날개를 펴라고 재촉하게 한다. 아이들은 버겁다. 충분히 햇살을 받아 날개를 펴야 하는데, 아직 마르지도 않은 날개를 억지로 펴야 하니까 힘들다. 즐겁지가 않다. 창조된 바 그대로의 찬란함을 잃게 되었다. 「그리스인 조르바」의 주인공 '나'가 영원한 법칙을 깨고 서둘렀을 때, 나비는 결국 날개를 펼치지 못하고 죽은 것처럼 우리 아이들을 시들게 하는 서두름을 멈춰야 한다.

아이들에게는 충분한 시간이 필요하다. 기다려주는 것이 필요하다. 왜 인내와 기다림과 충분한 시간이 필요한가? 그것은 자녀를 양육하는 목적이 바로 자녀의 독립과 자립이기 때문이다. 20년의 마라톤 양육의 끝에는 인간성을 지니고 존엄성을 지키며 살아가기 위해 준비된 한 인격체가 있을 것이다. 하나님께서는 부모를 자녀가 지·정·의를 갖춘 한 인격체로 잘 성장하도록 돕는 청지기로 부르셨다. 자녀는 부모의 소유물이 아니다. 부모 눈에 잘 못해 보이더라도, 미숙해 보이더라도, 저러다 세상에 뒤처질 것 같더라도 기다려주자. 따스한 햇볕 아래에서 찬란히 빛나게 될 아이의 숨겨진 날개를 기대하며 기다리자. 기다리는 것은 믿는다는 것이다. 믿음이 없이는 기다릴 수 없다. 자녀를 향하신 주님의 계획과 뜻을 믿자. 세상적인 기준에 조금 뒤처지는 것 같더라도, 아이가 무엇을 할지 빨리 꿈을 찾지 못하더라도 아이를 믿고 기다리자. 주님께서 자녀를 통해 반드시 이루실 일을 기대하자. 부모가 재촉한다고 해서 될 일이 아니다.

그리고 날개를 펼친 나비가 날아가는 방향을 선택하는 것처럼 자녀가 스스로 선택할 수 있도록 자녀에게 맡겨야 한다. 최근 유행했던 드라마 '일타 스캔들'이나 '슈룹', 'SKY캐슬'에는 종종 부모의 못 이룬 꿈을 자녀를 통해 대신 이루려고 하는 모습이 보는 이들의 마음을 아프게 했다. 사교육과 과도한 경쟁에서 오는 중압감을 이기지 못하고 혼자 가슴앓이하다가 스스로 생을 마감하는 청소년들은 비단 드라마 소재로 그치지 않는다. 우리 사회의 현실이다. 그들에게 부여하신 고유한 개성과 꿈을 펼칠 수 있도록 부모는 자녀들에게 길을 안내하는 길잡이 역할을 해주고, 선택과 결정은 자녀들이 할 수 있도록 도와주자. 다음세대는 이미 부모세대가 경험하지 못한 신시대를 살아가고 있다. 부모의 못다 이룬

꿈, 성공하는 직업, 부를 가져다주는 직업만을 찾아 숨 가쁜 달리기를 하는 것은 부모세대에서 끝내면 어떨까.

사랑 충전 완료

현정 씨는 8년 전 자신의 모습을 곰곰이 곱씹어 보았다. 교회에서는 믿음 좋은 집사님인 현정 씨는 초등학교에 입학하는 큰아들을 데리고 학교에서 벌어질 여러 가지 상황에 어떻게 대처해야 하는지에 대해 열심히 연습했다.
"자, 엄마 봐봐, 눈에 힘을 주고 목소리를 착 내리깔고 '야, 하지 마!'하고 말하는 거야. 할 수 있지?" "아이, 그게 아니고 더 무섭고 단호하게 말해봐! 그래야 애들이 너를 괴롭히지 못하지. 약하게 보이면 아이들이 우습게 본다고."

현정 씨는 본격적으로 학교라는 사회에 첫발을 디디는 아이를 그렇게 가르쳤던 게 맞았는지 문득 의문이 들었다. 그때는 옳다고 생각했다. 학교라는 단체생활에 들어간 아이를 학교 폭력으로부터 지키기 위해서는 아이를 얕잡아 보고 달려드는 아이들을 힘과 무서움으로 먼저 제압해야 한다고 생각했다. 그런데 시간이 흐른 지금 생각해 보니, 과연 그렇게 가르쳤던 것이 그리스도인으로서 맞는 것인지 고개가 갸우뚱해졌다. 차라리 아이가 학교에서 나쁜 감정을 느꼈을 때, 불편한 사건들을 경험하게 되었을 때, 언제든지 무슨 일에 관해서든 엄마 아빠와 이야기할 수 있고, 너를 언제든지 도와줄 준비가 되어 있다고 말해주는 것이 더 낫지 않았을까 하는 생각이 든다.

아이들은 집을 벗어나 학교로, 학원으로, 교회로 간다. 그곳에서는 부모가 알지 못하는 많은 일이 일어난다. 감정의 충돌은 물론이거니와 자녀들이 친구들과 어떤 대화를 나누는지, 어떤 사건이 벌어지는지 부모는 알지 못한다. 자녀들은 그렇게 부모가 직접적으로 알지 못하는 세계에서 친구들 간에 수많은 감정을 경험하게 된다. 아이들은 매일, 매 순간 분노, 슬픔, 혐오, 경멸, 두려움, 놀라움, 행복, 기쁨 등을 잘 소화해 내야 하는 숙제를 안고 살고 있다.

아이들은 어떻게 자신의 감정을 잘 제어할 수 있을까? 자신에게로 들어오는 수많은 감정을 잘 수용하고 걸러내기 위해서는 아이가 먼저 부모의 사랑으로 충전되어야 한다. 이때, 부모의 사랑은 부모의 아집과 신념에 의해서 생겨난 것이 아닌 마르지 않는 영원한 사랑의 샘인 주님으로부터 온 것이어야 한다. 부모가 먼저 주님의 사랑으로 채워지고, 그 사랑을 다시 자녀들에게로 흘려보내야 한다.

부모의 사랑은 부모의 존재 자체만으로 이루어지지 않는다. 부모의 사랑은 부모의 말로 뚜렷하게 그 모양을 드러낸다. 부모는 자녀들을 살리는 말, 자녀들을 세우는 말을 하도록 노력해야 한다. 함께 있는 것만으로 사랑의 크기가 채워지지 않는다. 오늘 얼마나 자녀들에게 사랑과 격려가 담긴 말을 전해주었는지 생각해 보자. 하루에 한 번이라도 좋으니 자녀에게 따뜻한 포옹과 사랑의 말을 전하자.

　뇌과학자 정재승은 2022년 4월 10일 SBS의 한 프로그램에서 우리의 뇌는 가깝다고 생각하는 사람을 자기 자신으로 동일시하기 때문에 그 사람이 자기 마음대로 통제가 되지 않으면 화가 난다고 설명했다. 이런 현상은 가정 안에서 비일비재하게 일어난다. 부부 사이에, 부모와 자녀 사이에, 우리는 사랑의 표현을 종종 절제되지 못하는 '화'의 형식을 빌려서 한다. 너를 사랑하기 때문에, 네가 잘되기를 누구보다 간절히 바라기 때문에 화를 내는 것이라는 말은 아이들에게는 와닿지 않는다. 감정과 언어의 폭력이 사랑과 한데 어우러질 수는 없다. 자녀들은 이런 것을 겪을 때마다 헷갈린다. 자녀에게는 '엄마 아빠가 정말로 나를 사랑하는가?'라는 의문이 늘 꼬리표처럼 남는다. 이런 현상은 부부, 부자 관계의 악순환의 띠를 형성하고, 끝내 돌이킬 수 없는 감정의 골을 만든다. 그리고 이런 잘못된 사랑의 표현을 배워서 수많은 인간관계 속에서 잘못된 사랑의 방식을 표현하게 된다.

　세상의 어떤 근심도 흔들지 못하는 견고한 사랑이 우리 자녀들 안에 100퍼센트로 충전 완료되었을 때, 자녀들은 세상을 이길 힘을 갖게 된다. 때로 무너지더라도, 넘어지더라도, 공격을 받더라도, 비교당하더라도, 좌절감을 느끼고, 실패를 경험하더라도, 세상에 자신밖에 보이지 않는 우월감을 느끼는 순간조차도 아이들은 자신을 지탱하고 있는 부모의 사랑으로 인해 다시 일어나고 도전할 수 있게 되고, 자신을 조절할 수 있게 된다.

정현 씨는 오늘도 학교에 가기 싫어서 침대에서 몸을 뭉개고 있는 큰아이를 보면서 속이 뒤집어질 것 같다. 아이를 보고 있자니 잔소리만 한 바가지가 나올 것 같아서 아이와 눈도 안 마주쳤다. 꼴도 보기 싫었다. 아이는 몸이 아프다고 말했지만 열도 없고 엄마 눈에는 쌩쌩해 보인다. 정현 씨는 학교에 다닐 때 한 번도 결석한 적이 없다. 죽어도 학교에 가서 죽으라는 부모님 말씀대로 근면·성실하게 학교에 다녔다. 장남 노릇하지 못하는 큰아이를 보며 정현 씨는 한숨이 푹 나온다. 자신의 자녀는 위기 앞에서 강하면 좋겠고 매사에 성실했으면 했다. 조금 힘든 건 그냥 눈 딱 감고 이겨내 주길 바랐다. 주어진 순간에 최선을 다하고 어려움 앞에서 도망치지 않았으면 하고 바랐다. 시간의 소중함을 알고 허투루 쓰지 않았으면 했다. 자녀를 향한 정현 씨의 소소한 바람이었다. 아이에게 일등을 하라는 것도 아니었고, 최고가 되라는 것도 아닌데 아들은 엄마의 마음을 몰라도 너무 모르는 것 같았다.

며칠 후, 아이가 학교에 갔을 때 정현 씨는 우연히 아들이 연습장에 끄적거린 것을 보게 되었다.

엄마는 오늘도 내가 아프다는 말에 귀를 기울여 주지 않는다. '너 학교 가기 싫어서 또 수작이냐!'라는 한심한 표정으로 나를 바라본다. 나는 그런 엄마의 눈빛이 싫어서 고개를 45도 각으로 떨군다. 엄마는 열이 펄펄 난다거나 막 토를 한다거나 팔다리 어디가 부러져서 깁스한다거나 하지 않으면 반드시 학교에 가야 한다고 말한다. 엄마는 어렸을 때 할머니가 아파서 죽어도 학교에 가서 죽으라고 했다나 뭐라나….

나는 중학생이 되어 학교에 다니면서 틈틈이 아프고 싶었다. 집이라는, 내 방이라는 곳에서 합법적으로 충전이 되고 싶었다. 엄마는 내가 학기 내내 학년 내내 아프지 않고 건강하게 학교의 모든 스케줄을 소화해 내고 학원에도 잘 다니기 바랐지만 나는 종종 소진됐다. 엄마는 그런 나에게 '너는 쓸모없는 녀석'이라는 차가운 눈빛을 건넸다. 엄마는 내가 진짜 지쳐 쓰러져야만 나를 봐주고 나에게 힘을 내라고 토닥거려주었다. 하지만 나는 지쳐 쓰러지기 전에 엄마에게 힘들다고 신호를 보낼 때, 그때 엄마가 나를 잡아주어서 다시 일으켜 세워 주기를 바랐다. 잠깐 힘이 풀려서 휘청거릴 때 누가 곁에서 붙잡아주면 금방 다시 제자리를 찾을 수 있는데 엄마는 왜 그걸 모를까….

이제 하루 쉬었으니 되었다. 다시 힘을 내서 내일은 학교에 가야겠다.

정현 씨는 머리를 한 대 맞은 것 같았다. 아이와는 많은 대화를 하지 못했다. 아이가 커 갈수록 대화는 줄어들었다. '학교에 잘 다녀왔냐, 아픈 데 없냐, 어서 간식 먹고 학원에 가라, 숙제는 다 했냐, 핸드폰 그만해라, 빨리 자야 키 큰다' 등 매일 그 정도이다. 아이가 공부하기 싫어서 이 핑계 저 핑계 대는 줄만 알았는데 아이도 속이 있었다. 자신의 생각이 있었다. 그걸 알아주지 못했던 자신이 미안했고, 알려고 노력하지도 않았던 자신이 부끄러웠다. 아이에 대해서는 웬만큼 다 알고 있다고 생각했는데 이렇게 서로에 대해서 몰랐나 싶었다.

대화의 열린 채널은 공감을 통해

자녀의 감정을 이해하고 공감하는 것은 대화에서부터 시작된다. 그런데 아이가 자랄수록 가정 안에서 대화의 시간은 점차 줄어들고 있다. 아이들은 학교를 마치고 몇 개의 학원이나 방과후수업을 듣고 집으로 온다. 식사를 마치고는 휴대폰을 보며 각자의 시간을 갖던지, 숙제나 학업을 계속 이어 나가다가 잠자리에 든다. 별다른 대화 없이 그렇게 가정 안에서의 시간은 흘러간다.

심지어는 중고등학생 자녀들에게는 '삼시 세끼만 잘 챙겨주면 되는 것'이라는 말까지 있다. 한국 가정의 평균 대화 시간이 하루에 13분 정도밖에 되지 않는다는 충격적인 데이터도 나왔다.[22] 대화가 없으니 아이들이 무엇을 경험하고 있는지, 어떤 감정들을 느끼고 있는지 알지 못하고 무감각해지는 경우가 다반사다. 지금 한 번 생각해 보라. 자녀들과 의미 있는 대화를 나누었던 때가 최근 얼마나 있었는지 말이다. 「내 아이를 위한 감정코칭」의 저자는 자녀들이 감정을 무시당할수록 자존감이 낮고 스트레스에 약하다고 말하고 있다.[23] 양질의 교육을 제공하고 주말마다 좋은 펜션, 해외여행을 경험하게 하고, 좋은 옷과 놀잇감을 사주는 것, SNS에 공유할 만한 것을 제공해 주는 것에 부모의 사랑이 있지 않다. 부모의 사랑은 바로 자녀의 감정을 깊이 이해하는 것에서부터 시작된다. 주님과 끊임없는 대화를 하면 주님께서 우리의 작은 신음에도 응답하여 주시는 것처럼, 우리도 우리의 자녀들을 그렇게 대해야 한다. 우리가 자녀들이 어떤 감정을 느끼고 있는지, 듣고 공감하고 함께 해 보고자 하는 자세를 갖고 있을 때, 자녀들과의 대화는 끊이지 않을 것이다. 자녀들과 닫혀 있던 대화의 문을 열기 위해 보드게임이나 실외 스포츠 활동, 자녀들과 함께 책을 읽는 것 등 부모는 작은 것에서부터 노력할 수 있다. 부모가 자녀의 감정에 깊은 관심을 가지고 있다는 것을 자녀들이 알 때, 부모와 자녀 간의 대화 채널은 늘 열려 있을 것이다.

홈스위트홈

우리 가정은 얼마나 행복한가? 얼마나 따뜻한가? 얼마 전 통계에 의하면 우리나라 청소년들의 행복지수는 OECD국가 30개국 중 27위로 최하위에 속한다고 한다.[24] 세계를 주도해 가는 한류라는 문화가 있는 나라, 급속도로 발전한 인터넷으로 집 안에서 모든 것이 되는 나라, 다른 나라 젊은이들이 꿈꾸고 싶고 자신들의 꿈을 펼치고 싶은 나라, 대한민국에서 대한민국 청소년들은 행복하지 않다. 나라를 차치하고서라도 가정에서 만큼은 어떠한가 묻고 싶다. 우리 자녀들은 변하지 않는 입시 제도 속에서 어릴 때부터 과도한 경쟁으로 내몰려야만 한다. 초등학교 고학년만 되면 취미생활을 위한 배움은 그만두게 되고, 심지어 수능 영어는 초등학교 졸업 전에 마쳐야 한다고들 한다. 중학생이 되면 고등학교 수학의 선행이 바쁘게 시작된다. 사회의 이런 흐름은 가정에까지 미쳐서 부모나 형제자매 관계 속까지 침투한다. 모두 긴장해 있고, 여유가 없다. 서로를 생각하기보다는 각자의 일만 생각하기 바쁘다. 식탁에서 가족 구성원이 모두 함께 식사를 하면서 하하 호호 깔깔 웃으며 대화를 나누었던 적이 언제인가. 늘 부족한 공부를 메꾸기에 정신이 없다. 형제자매들은 각자 시간을 쪼개어 많은 것을 배우러 다니기 바쁘다.

집은, 가정은 자녀들이 가장 마음 놓고 단 30분 만이라도 편안하게 쉴 수 있는 곳이 되어야 한다. '우리 엄마 아빠는 내가 무엇을 하더라도 날 믿어주고 날 평가하지 않아'라는 확고한 믿음 위에서 아이들은 자유롭게 춤추고, 노래하고, 책 읽고, 생각하고, 공상에 빠지는 등 본인이 하고 싶은 것을 마음껏 할 수 있어야 한다. 밖에서는 할 수 없는 것들을 집에서만큼은 자유롭게 이것저것 시도해 볼 수 있어야 한다. 그렇게 자유롭고 따뜻한 자신의 홈, 스위트 홈에서 세상에서 지친 마음을 온전하게 회복할 수 있어야 한다.

또한 자녀에게 부모의 서로 아끼고 사랑하는 모습을 통해 안정감을 느끼게 해야 한다. 자녀는 부모가 어떤 삶의 어려움 앞에서도 함께 격려하고, 주님께 묻고 구하면서 삶의 방향과 가치를 찾아가는 모습을 볼 수 있어야 한다. 부모의 믿음과 삶이 일치하는 모습을 보여줘야 한다. 아이들이 세상에 실망하고 한숨짓더라도 우리 부모님만큼은 그렇지 않다는 사실을 알고 있을 때, 자녀들은 비혼주의로 물들어 가고 있는 이 세상에서 사랑하는 사람과 함께 가정을 꾸리고 자녀를 낳아 양육하는 꿈을 꾸게 될 것이다.

자녀들이 행복한 가정을 오감으로 경험할 수 있도록 해 주자. 가정을 이루고 자녀를 양육하는 삶이 얼마나 가치 있고 귀한 일인지 경험하게 해 주자. 그럴 때, 우리 자녀들은 현재에 안정감을 누리면서 미래를 꿈꿀 수 있다.

● ● ● ● ● ● ● ● ●

박혜정 선교사

대한예수교장로회웨신총회의 한서노회 소속의 GMP 알바니아 선교사이다. 상하이화동사범대학 중문과를 졸업했다. 현지 NGO 학원과 현지인 대상 한국어 강의를 하고 있다.

저서로는 「목회트렌드 2023」(글과길), 「목회트렌드 2024」(글과길) 등이 있다.

교역자 리부트
– 연결과 초청, 공유와 나눔

교회는 혹독한 교훈으로부터 배워야 한다

　다음세대 교육이 화두로 떠오른 지 많은 시간이 흘렀다. 하지만 흘러간 시간만큼이나 명확한 초점을 잡아가는 것은 아닌 듯하다. 최근 자주 나오는 이야기는 '가정-교회-학교'가 함께 자녀를 교육해야 한다는 것이다. 이는 기독교 대안교육에서 일찍부터 주장했던 내용을 이제 겨우 입에 담는 수준이다. 게다가 코로나19 팬데믹은 다음세대 교육에 있어 우리의 현실이 얼마나 참담한지 여실히 보여주었다. 3년간의 팬데믹은 하나님의 피조 세계인 자연과 더불어 살지 못한 인간의 이기심을 돌아보게 해 주었고, 신앙을 빙자한 교육 성공주의와 만사형통주의가 교회와 기독 부모들에게조차 독버섯처럼 자라고 있음도 보게 해 주었다. 거리두기와 비대면 상황에서 좌충우돌하고 고군분투했던 도전과 실패도 매우 창의적으로 경험했다. 그렇게 혹독한 3년을 보내고 나니깐 여기저기서 쏟아내는 교회학교 관련 통계 수치로 인해 현기증까지 나기 시작한다. 이에 우리는 이 경험치들을 바탕으로 엔데믹 상황과 앞으로 이어질 미래 상황을 예측하면서 교회학교의 회복과 성장을 위해 리빌딩하는 혹독한 교훈으로 삼아야 한다. 본고에서 필자는 코로나 이후 현재까지 진행되어 온 교회교육의 상황을 객관적으로 성찰하며 변화와 성숙을 위한 교회학교의 방향을 제시해 보고자 한다.

숨을 쉬고 말할 때마다 답답함을 안겨 준 마스크는 감염으로부터 우리를 안전하게 지켜준 고마운 존재였다. 근 3년간 얼굴의 2/3를 가리고, 꾸며주는 역할까지도 톡톡히 했다. 그래서일까? 마스크를 던져 버리는 홀가분함보다 민낯을 고스란히 드러내야 할 걱정도 적잖다. 그런데 이 불편하면서도 고마운 마스크 말고 또 다른 마스크가 있다는 것을 종종 잊는다. 얼굴을 감추거나 달리 꾸미기 위해 나무, 종이 따위로 만들어 얼굴에 쓰는 물건도 마스크다. 더 나아가 얼굴 생김새 자체를 마스크라고 일컫기도 한다. 코로나19라는 전대미문의 사건 앞에 교회학교의 마스크가 벗겨졌다. 고스란히 드러난 민낯에 짙은 당혹감이 묻어난다. 아이들로 꽉꽉 들어찼던 왕년의 주일학교는 장로님과 권사님들의 영광스러운 무용담이 되어 버린 지 오래다. 지금 교회학교는 영 얼굴을 들 수 없다. 면이 서질 않는다.

가정의 신앙전수교사

매년 연말 통계청에서는 우리나라 사회에 대한 전반적인 조사 결과를 발표한다. 그 보고서는 가족에 대한 항목들로 시작한다. 가족 관계 만족도, 가사 분담, 부모 부양에 대한 견해, 청소년 고민, 결혼에 대한 견해, 이혼·재혼에 대한 견해, 결혼 문화에 대한 견해, 결혼식 문화에 대한 견해, 입양에 대한 견해 등 한국인의 가정에 대한 인식이 자세한 통계 자료와 함께 실려 있다. 결혼을 해야 한다고 생각하는 사람의 비중은 50.0%로 2년 전보다 1.2%p 감소했다. 결혼을 하지 않는 이유는 결혼 자금이 부족해서가 28.7%로 가장 크고, 다음은 고용상태가 불안정해서 14.6%, 결혼의 필요성을 느끼지 못해서 13.6% 순이었다. 또한 남녀가 결혼을 하지 않더라도 함께 살 수 있다고 생각하는 사람은 65.2%로 2년 전보다 5.5%p 증가했으며, '12년 이후 계속 증가하고 있다. 또한 결혼하지 않고도 자녀를 가질 수 있다고 생각하는 사람은 34.7%로, 2년 전보다 4.0%p 증가했으며, '12년 이후 계속 증가하고 있다.[25] 이렇게 가정을 이루는 결혼에 대한 인식이 다양화되면서 이 사회와 하나님 나라의 가장 기초가 되는 가정의 중요성에 대해서 더 많은 관심을 가질 수밖에 없게 되었다. 특별히 가정 안에서 이루어지는 모든 신앙 행위는 모든 가족이 공유하게 되는 신앙 가치로 전수되기 때문에 가정에서부터 밀도 있는 신앙교육이 이루어져야 한다.

한국교회의 새로운 특징으로 가족종교화현상이 두드러지고 있다. 중고생의 모태신앙 비율은 51%였으며, 어린이와 청소년의 교회 출석 계기가 부모를 따라, 또는 가족이나 친척의 전도로 출석한 경우가 79%로 대부분이었다. 자연스럽게 어린이, 청소년 신앙에 가장 영향을 많이 주는 존재는 부모이다. 신앙교육은 지식이나 기술을 교육하는 것이 아니라 삶을 바라보는 태도, 살아가는 방식에 대해 교육하는 것이므로 부모가 가장 큰 영향자로 등장하게 된 것은 당연하다. 그래서 부모교육, 부모훈련이야말로 최고의 전략적인 교사교육이자 교사훈련이기에 부모교육으로부터 시작하는 다음세대 세우기는 필연적이고 급선무라고 할 수 있다.

한 영혼의 상태를 알고자 하는 관심, 마음을 읽어주는 전문적인 의사소통 기술, 변화와 성장을 원하는 학생을 응원하는 코칭 스킬, 성경말씀을 묵상하고 아이들과 그 은혜를 나눌 수 있는 말씀묵상 훈련 등 부모교육의 커리큘럼은 매우 기독교 교육의 본질에 가깝다. 그래서 부모교육은 교회 안에서 이루어지는 전인적, 실제적 교육이 될 수밖에 없다. 아울러 아비의 영을 가진 훈련된 부모는 교회에서 다음세대를 품는 중요한 교사 역할까지 이어지게 된다. 자신의 자녀뿐 아니라 교회의 모든 자녀, 즉 다음세대를 돌보는 훌륭한 교사로 성장하게 된다.

부모를 교사로 세우는 일이 곧 자녀와 다음세대와 교회학교를 살리는 길이다. 이런 점에서 교회 안에서 부모만큼 중요한 대상이 또 있으니 바로 청년이다. 결혼을 앞두고 있으나 전혀 준비되어 있지 않은 청년들에게 부모교육은 성령충만한 가정을 이루기 위한 필수과목이자 신앙전수교사로 훈련될 절호의 기회이다.

부모교육은 대그룹 강의와 소그룹 훈련팀으로 나누어 진행하는 것이 효과적이다. 대그룹에서 강의를 듣고 도전을 받았다면 10명 이하의 소그룹에서 서로의 상황을 듣고 강사의 촉진과 서로의 피드백을 주고받으며 실제적 훈련이 되어야 한다. 자녀는 부모가 이미 얻은 영혼이 아니라 얻어야 할 한 영혼이라는 겸허한 자세를 갖추는 것이 선결되었다면 자녀의 마음을 알아주고 정서적 만족감을 주어, 그 좋은 마음 밭에 하나님과 말씀을 심어야 한다.

천하보다 귀한 한 영혼인 자녀를 얻을 수 있는 부모로, 아비의 영을 가진 교사로, 부모와 청년들이 전인적으로 훈련되어야 한다. 이를 위해서는 먼저, 교회가 부모와 청년들 역시 공들여 얻어야 할 한 영혼임을 인식하고 재정적 행정적 지원을 아끼지 말아야 한다.

부모와 청년을 잘 훈련하여 영적 전투력을 갖춘 신앙전수교사들이 세워질 때, 교회에도 훈련된 교사들이 세워지고 가정과 교회와 교회학교가 탄탄하게 세워질 것이다. 위기의 시대를 맞이하며 교회학교가 신앙교육의 역할을 감당하지 못하자, 부모를 가정의 신앙교사로 세우는 과정이 교회마다 가장 시급한 과제가 되었다. 교회교육은 부모와의 신앙적인 대화가 자주 이뤄지고 정기적인 가정예배를 통해서 온 가족이 하나님의 이야기로 가득 채워지는 방향을 가지고 나가야 한다. 이는 하나님께서 부모세대에게 주신 명령이다.

2013년부터 가정사역에 모든 역량을 집중하고 힘써 온 충신교회는 굿페어런팅 I 부모학교과 굿페어런팅 II 가정예배학교를 운영하고 있다. 이를 통해 부모들을 신앙전수교사로 훈련시키는 한편, 소통의 공간과 양질의 콘텐츠 등을 제공했다.

기독 학부모로서의 정체성, 부모 코칭 대화, 기독 학부모의 세계관과 학업관 등을 워크숍으로 진행한 굿페어런팅 I 을 마친 후 교회학교가 의미있는 부흥을 경험했고, 30-40대 부모 교인이 증가했다. 또 가정예배의 다양한 형태를 실제 워크숍으로 훈련한 굿페어런팅 II를 수료한 가정의 90%가 지속적으로 가정예배를 드리고, 가정예배 문화에 동참하는 열매를 맺게 되었다.[26] 교회와 가정이 신앙으로 연결되자 부모와 자녀 세대가 연결되는 놀라운 변화가 찾아왔다. 무엇보다 가장 큰 열매는 신앙전수였다.

연결과 초청

정부 당국에서는 관련 정책을 수립하고 연구 자료로 사용하기 위해 매년 삶의 질과 관련된 국민의 사회적 관심사와 주관적 의식에 관한 사항을 파악한다. 교육과 관련된 항목으로는 학교생활 만족도, 학습 동기, 자아 존중감, 교육 기회 충족도, 기대하는 교육 수준 및 이유, 전공과 직업의 일치도, 대학생 등록금 마련 방법, 교육비 부담 인식, 부모의 자녀 학교 운영 참여도, 자녀 유학에 대한 견해, 온라인 매체를 이용한 학습 등이다.

전반적인 학교생활에 대해 만족한다고 응답한 중·고등학교 재학생의 비중은 51.1%로 2년 전보다 8.2%p 감소했다. 중·고등학교 재학생이 공부하는 이유는 미래의 나를 위해 필요해서 79.7% 가 가장 높고, 못하면 부끄럽기 때문에 32.5%, 재미있어서 19.0%, 하지 않으면 혼나거나 벌을 받아서 14.4% 순이었다.

본인이 원하는 단계까지 학교 교육을 받았다는 사람의 비중은 60.9%로 2년 전보다 4.8%p 증가했고, 자녀교육비가 가정 경제에 부담이 된다고 응답한 가구의 비중은 57.7%로 2년 전보다 6.4%p 감소했다. 지난 1년 동안 인터넷 모바일 등 정보통신망으로 교육을 받거나 훈련에 참여한 사람의 비중은 39.6%로 2년 전보다 1.5%p 감소했다.

원하는 단계까지 교육을 받지 못한 가장 주된 이유로는 절반 이상이 경제적 형편 54.6% 때문이라고 응답하였으며, 2년 전보다 3.3%p 감소했다.[27]

어린이 및 청소년 복음화율은 3.8%밖에 안 되는 미전도 종족 수준에 머물게 되었다. 지금 아이들은 반에서 자기나 한 명 정도가 크리스천인 사회에서 살고 있다. 다음세대들의 교회에 대한 부정적인 생각이 증가했다. 팬데믹으로 인해 각종 오프라인 모임이 어려워지고 온라인으로 대체되면서, 오프라인 공간에 대한 새로운 인식들이 생겨나기 시작했다. 디지털 네이티브 Digital native 로 불리는 요즘 아이들이 수요자로 자리하고 있는 상황에서 많은 영역이 온라인으로 대체되고 전환되어 가고 있다. 세상의 기업은 이미 발 빠르게 디지털 기반의 미래 사업을 준비하고 있다. 온·오프라인 경계 허물기 작업을 가속화하는 모습이 더욱 두드러지고 있다. 그들은 복합 기술에 대한 투자 확대를 통해 시너지를 극대화하기 위한 디지털 피보팅 pivoting : 사업 방향 전환 전략을 시도하고 있다.

디지털 피보팅이란 오프라인 역량과 자산을 하나의 축으로 삼고, 또 다른 축인 디지털 기반의 미래 사업을 준비하는 것을 뜻한다. 오프라인 역량과 자산을 하나의 축으로 삼고, 또 다른 축인 디지털 기반의 미래 사업을 준비하는 기업처럼 교회교육의 미래 또한 교회교육의 리소스resource 생태계를 새롭게 하는 데 달렸다. 예배, 설교, 교사교육, 학생 상담, 제자반 운영 등 다양한 교육 프로그램을 운용하는 데 있어 과거 융판, OHP, 유선통신을 중심으로 이루어졌던 설교 및 교육의 지형을 전자잡지, 블로그, 인스타그램, 유튜브, 비메오 등 디지털 플랫폼으로 정착시켜 메타버스 시대에 적응해야 한다. 그와 동시에 오프라인 공간은 어떤 의미를 지니고 있으며 무엇을 지향해야 하는가에 대한 질문 앞에 서게 된다.

오프라인 공간의 핵심은 바로 '경험'이다. 온라인 매체 사용이 자유로운 다음세대는 오프라인 공간에서만 할 수 있는 차별적인 경험과 체험을 추구한다. 그래서 교회교육 영역에서도 교회 공간에 대한 새로운 접근과 다각적인 연구가 필요하다. 교회가 자신의 본질적 역할을 수행하고, 다음세대를 세우는 공간이 되도록 하는 창의적인 디자인이 필요하다.

다음세대를 세우고 변화시키기 위해서는 교회가 '찾아오는 공간', '경험과 참여로 배우는 공간', '공간 자체가 교육이 되는 공간'으로의 전환이 절실하다. 온라인과 오프라인을 모두 강조하고 균형있게 사용하되, 온라인과 오프라인을 통합하고 보완된 올라인 ALL-Line 교육을 지향해야 한다. 올라인교육에서는 '연결'과 '초청'이라는 단어가 중요하다. 오프라인과 온라인이 연결되어야 하며 궁극적으로는 하나님과 구성원들 모두가 연결되어야 한다. 우리가 온라인 시스템을 강화해야 하는 최종적인 목적은 오프라인으로의 초청이다. 그렇게 온라인은 오프라인을 돕는 최선의 조력자로 자리매김해야 한다.

오륜교회 꿈미교육국이 한국교회 다음세대의 부흥을 꿈꾸며 매해 11월에 진행하고 있는 어린이다니엘기도회는 현장 참여와 온라인 초청으로 괄목한 만한 결과를 낳고 있다. 특별히, 2022년 행사에서는 메타버스를 통해 데일리 말씀 복습게임과 온 가족이 함께하는 패밀리 미션을 제공했는데, 21일간 누적 총 1만 6천여 명이 접속하고, 패밀리 미션을 21일 동안 완주한 가정이 840세대가 있을 정도로 큰 호응이 있었다.

학원복음화의 희망은 기독동아리

학원복음화의 근본적인 어려움은 학교의 진입 장벽이 높다는 것과 청소년들과의 접촉점을 찾기 어렵다는 점에 있다. 청소년들은 학교, 학원, 집이라는 단조로운 일상 가운데 있는 것처럼 보이지만 사실상 아침부터 새벽까지 모든 스케줄이 촘촘히 짜여 있다. 그렇기에 주중에 시간을 낼 수 없는 그들에게 교회가 학교든 학원이든 그들의 일상으로 찾아가야 한다.

또 하나의 진입 장벽으로는 미션스쿨에서조차 채플과 종교수업, 교목실이 사라지고 있는 실정을 들 수 있다. 위기에 몰린 미션스쿨의 쇠퇴 원인은 복합적이다. 대외적으로는 개정사학법과 국가인권위원회의 결정을 들 수 있다. 학생인권 보장을 명분으로 하는 개정사학법으로 인해 교내 채플 등이 어려워진 것이다. 미션스쿨의 교직원 채용 시 기독교인 요건을 없애라는 인권위 권고사항도 미션스쿨의 정체성을 무너뜨리고 있다.

대내적 요인도 있다. 한 미션스쿨 관계자에 따르면 기독 이사진은 행정기관 등을 상대로 하는 행정 업무와 정무적 판단이 약하기 때문에 이들이 떠난 자리를 차지한 일반인 이사진이 가장 먼저 채플과 교목실을 폐지하고 일반 교과 과정을 강화한다는 것이다.

일반고와 특성화고의 학원사역 상황은 더 심각하다. 성적지상주의와 출세만능주의로 무장한 학교의 담은 학원복음화사역에 있어선 너무나 높은 것이 사실이다. 이렇게 기독교가 손을 놓고 있는 사이에 타 종교와 이단들은 이미 보편적인 용어와 도구를 가지고 학원 포교를 전략적으로 실천하고 있다. 그들은 연간 수십억 원의 예산을 다음세대에 투입하고 있다. 다양한 플랫폼을 통한 포교전략을 세워 다음세대 공략에 총력을 다하는 그들은 교육부, 여성가족부, 문체부, 법무부 등 공공기관과의 MOU를 체결하여 학교 현장으로 찾아가고 있다. 그들은 미디어, 문화, 예술, 스포츠, 상담, 힐링캠프, 인성교육, 뇌교육, 아버지학교, 방과후학교, 교사 직무연수, 장학금 지원, 교복지원, 생활비 지원 등 다방면으로 다음세대와 소통하고 있다. 심지어 이단의 하나인 하나님의교회는 자신들의 예배 공간을 다음세대를 위한 청소년교육 공간으로 리모델링까지 하며 다음세대 포교전략을 견고히 구축하고 있다.

이제 교회도 다음세대를 세워야 한다는 시대적 요청에 따라 좀 더 전향적인 학원복음화사역에 힘을 쏟아야 한다. 이를 위해 청소년 당사자들과 크리스천 교사, 교회가 적극 공조 체제에 들어가야 한다. 지역의 학교마다 기도회가 세워지고 학교에서 드려지는 예배를 통해 지역교회로 흡수될 수 있도록 응원해야 한다. 이런 공감대가 확산되어 연합하고 소통할 때 효과적인 학원복음화가 이루어질 것이다. 그 실천적 대안이 바로 청소년들과 학교 안에서 관계를 맺고 예배까지 드릴 수 있는 '기독동아리'이다. 이에 이미 지역교회를 통해 지역학교에 교회를 세우는 사례가 있어 소개한다.

2005년 용인외고 사역으로 시작된 삼일교회 학원선교부는 현재 용인외대부고, 인천과학고, 하나고, 하늘고, 한국조리과학고에서 다음세대를 세우는 학원사역을 진행하고 있다. 학원선교부 사역자들은 교회 소속 목회자임에도 불구하고 교회로 출근하지 않고 학교로 출근하여 학생들을 만나고 있다. 그들은 기숙학교라는 학교 울타리 안에서 휘몰아치는 학업에 대한 압박감과 수험생활로 지쳐있는 청소년들을 위해 기독동아리를 조직했다. 동아리라는 정규 학교 플랫폼을 활용하여 오프라인, 온라인으로 꾸준히 찾아가 복음을 전하고 그리스도의 제자로 세우며 세상의 이웃이 되도록 섬기고 있다. 이를 실천하기 위해 정기예배, 성경공부, 연탄봉사, 연합 체육대회, 친구초정잔치, 연합캠프 등 여러 행사를 학생들의 눈높이 맞게 기획하며 실행하고 있다. 복음을 모르고 있었던 친구들이 공동체로 들어와 하나님을 믿게 되고, 선데이크리스천이었던 학생들도 다시 신앙공동체로 돌아오게 되는 소중한 열매들을 많이 맺고 있다. 이들은 학교 청소년들이 당장 교회 재적에 오르지 않기에 교회에 유익이 없어 보이는 사역이지만 학원복음화라는 시대의 사명을 올곧이 감당하고 있다.

학원복음화인큐베이팅도 대표 최새롬 목사 주목할 만하다. 한 개인이나 단체가 아닌 청소년, 사역자, 교회라는 3개의 주체가 연합하여 스쿨처치를 세우는 학원복음화인큐베이팅은 지역교회와 연결되면 청소년부예배, 금요집회, 주일예배를 통해 학령인구 및 교단 주일학교 현황, 타 종교 및 이단들의 현황 등 현재 학원복음화 상황과 스쿨처치 상황을 공유한다. 이를 통해 청소년들과 크리스천 교사가 함께 기독동아리를 개설하고, 지역교회 사역자는 외부 강사로 들어가서 아이들의 신앙을 지도할 수 있도록 연계한다. '교회 공유→청소년+교사 동아리 개설→예배→교회'로 오는 선순환 구조로 스쿨처치 인큐베이팅을 한다.

교단 최초로 학원선교사 제도를 신설한 대한예수교장로회 백석 교단은 학원복음화인큐베이팅 대표 최새롬 목사를 학원선교사로 세웠다. 그동안 애매했던 학교사역 포지션을 교단이 공식 포지션으로 인정한 계기를 마련한 것이다. 공교육인 학교측으로부터 '믿을 만한 곳이구나'라는 신뢰감을 심어주어야 교사와 학생이 안심하고 예배 모임으로 들어오는 학교사역의 특성상 학교사역의 핵심인 '공신력'을 갖추게 되었다.

공유와 나눔

교회의 다음세대 복음화 전략은 대부분 교회와 가정 안에 머물러 있다. 또한, 다음세대에 대한 마음은 있지만 교회 안의 여러 가지 사정으로 인하여 매년 교회학교 예산 삭감, 교육목회자 인원 감축 등 다음세대에 대한 투자에서 멀어지고 있다.

인구감소의 여파로 2019년 국가교육위원회에서는 2027년부터 초등교사 임용을 하지 않아도 전국의 모든 학생을 담당할 수 있다고 발표했다.[28] 영국의 옥스퍼드 인구문제연구소는 앞으로 인구감소로 '지구상에서 가장 먼저 사라질 나라'는 바로 '대한민국'이라는 충격적인 발표를 했다.

현재 고령화와 저출산의 영향으로 한국교회의 교회학교는 70%가 사라진 상황이다. 2011년부터 2020년까지 10년간 기독교인이 20% 감소하는 동안 교회학교 학생이 무려 42% 줄었다. 말 그대로 특단의 조처가 있어야 한다.

2022년 6월에 한동대학교 총장 최도성 VIC Vision In Christ 초중등교육지원센터 센터장 제양규 는, 저출산 시대에 자녀돌봄을 제공하면서 반기독교적 공교육에 대응하여 교회 내 다음세대를 활성화시킬 수 있는 대안으로 '교회학교 교육' 플랫폼을 소개했다. '교회학교 교육'이란 주중에 사용하지 않고 비어있는 교회 건물을 이용하여 학교 교육을 실시하는 대안교육시스템이다. 현재 대안교육은 학부모들이 시간적 여유가 어려워 한계가 있는 홈스쿨과 건물과 시설구축 등 비용적인 문제로 진입 장벽이 높은 대안학교가 주를 이룬다. 이에 반해 '교회학교 교육'은 기존 교회 건물과 교회 시설을 공유해 시설투자에 대한 부담이 적은 장점이 있어 작은 교회도 참여할 수 있다는 강점이 있다. 그러나 역시 초등부터 중고등까지 교육과정을 개발해야 하는 어려움과 각 과목별로 역량있는 기독교사를 초빙해야 하는 등 운영과 개발에 막대한 예산이 요구된다. 이를 해결하기 위해 VIC센터는 각 교회에서 저비용으로 고효율로 운영할 수 있는 '교회학교 교육' 플랫폼을 마련했다.

'초등방과후 돌봄공동체 프로그램'은 학부모들이 돌봄공동체를 구성하여 돌봄과 학습을 병행하며 영어, 수학, 독서토론, 창의프로젝트, 코딩 등의 교육이 제공된다. 아울러 VIC센터의 중고등 통합 플랫폼은 1학년 4학기로 운영된다. 교육과정에 대한 선행학습은 물론 교회에서 제공하기 힘든 각종 실험실습과 분야별 여러 교수들과의 심도 깊은 학습도 병행하는 이 프로그램은 심각한 저출산 해결책으로 자녀돌봄을 제공하면서 반기독교적 공교육에 대응하여 교회 내 다음세대를 활성화시킬 수 있는 대안으로 떠오르고 있다.

다음세대 사역을 위한 거룩한 나눔을 실천하는 거룩한빛광성교회는 다음세대를 선교 대상으로 보고 있다. 해외 오지에 가서 복음을 전하는 것이 아닌, 복음화율이 3% 미만인 다음세대를 대상으로 선교활동을 시작한 것이다. '다음세대 선교사 파송'사역은 '어떻게 하면 무너져 가는 다음세대, 특히 미자립, 개척교회 다음세대를 살릴 것인가?'하는 고민에서 시작되었다. 단순히 재정만을 보내주는 미봉책이 아닌 실제적인 도움을 줄 수 있는 선교전략을 고민하였고, 거룩한빛광성교회 교육전도사로 청빙하여 동일한 사례비와 전액장학금을 지급하며 파주, 고양 등 미자립 개척교회에 교사와 사역자를 파송하는 사역을 시작하게 되었다. 2022년 4월에는 두 곳의 교회에 2명의 전도사와 11명의 교사를 파송했으며, 2023년에는 두 교회를 추가로 선정해서 총 4명의 전도사와 20여 명의 교사를 확대 파송하게 되었다. 본 사역은 대형 교회가 나눌 수 있는 개혁적인 다음세대 선교사역이고, 한국교회의 대형 교회들이 본 교회처럼 3-4개 교회를 감당하여 사역의 바통을 이어 간다면 위태로운 다음세대 사역에 큰 활력을 불어넣을 것이라 확신한다. 공교육은 현행 운영 중인 2015 개정교육과정을 7년 만에 개정해서 2022 개정교육과정[29]으로 확정 고시하였다. 2024년부터 초 1-2부터 2027년까지 단계적으로 적용되는 새로운 교육과정으로 미래 세대들이 배움의 현장에서 열심히 성장할 것이다. 여전히 거센 입시경쟁체제의 압박에서 겨우 명맥만 유지하고 있던 교회학교가 다시 기운을 차리기 위해선 본질로 돌아가야 한다. 그동안 우리의 교회학교가 쇠퇴할 수밖에 없었던 핵심 모순과 정면으로 부딪혀 싸워야 한다.

　세상의 학문은 시대와 사조에 따라 개정될 수밖에 없다. 그러나 기독교 교육의 교육과정은 변할 수가 없다. 변치 않는 예수 그리스도의 말씀을 교육과정과 교육의 내용으로 삼고 있는 우리는 신앙의 이름으로 포장된 전통적 출세 교육, '선발과 배제'의 교육관을 말씀으로 밀어내고 '발견과 발굴'로 아이들을 바라봐야 한다. 그러한 성경적 교육관이 강단에서 주저 없이 선포되어야 한다. 아이가 성적에 의해 차별받지 않고 하나님의 형상으로 존중받으며 각자에게 주어진 은사를 발견하고 개발하여 하나님과 이웃을 위해 마음껏 살아가도록 돕는 교육의 원리를 가정과 교회에서 적용하고, 사회에서 실현하도록 돕고 격려하는 일을 교회가 해야 한다. 우리의 삶이 '현세'에 매여 있지 않고 '영원'을 향하도록 인도해야 한다.

● ● ● ● ● ● ● ● ●

곽상학 목사

연세대학교, 백석대학교신학대학원, 총신대학교신학대학원을 졸업하고 현재 다음세움선교회 대표와 안양제일교회 교육 총괄 목사이다. 유튜브 '청신호(청소년의 신앙은 호기심에서)'을 운영하고 있으며 유스코스타와 어린이다니엘기도회 같은 순회집회 사역과 EBS '사춘기를 부탁해' 등 방송 사역을 하고 있다. 저서로는 「청소년을 바라보는 지혜를 입어라」(두란노서원), 「청소년이 진짜 들어야 할 기독교」(두란노서원), 「한계란 없다」(두란노서원), 「레디액션, 드라마 가정예배」(생명의말씀사), 「자녀를 세우는 52일 부모기도 챌린지」(생명의말씀사), 「주일학교를 세우는 52일 교사기도 챌린지」(생명의 말씀사) 등이 있다.

예배 리부트
– 참된 예배로의 회귀를 위한 지침

예배는 모든 것의 기본

강상구는 그의 저서 「힘들수록 기본으로 돌아가라」에서 기본을 강조한다. 기본은 입문이나 기초가 아니라 전부이기 때문이다. 기본이 무너지면 다 무너진다. 힘들수록 견고하게 할 것은 기본이다. 특히 문제가 생겼을 때는 기본으로 돌아가야 답이 보인다. 코로나19와 같은 위기 상황에서 우리가 점검할 것은 기본이다. 기본기가 되어 있지 않으면 반드시 무너진다. 기본이 부족하면 곧 한계에 부딪힌다. 반대로 기본이 탄탄하면 위기를 기회로 바꿀 수 있다. 세상에서 성공한 사람일수록 기본기에 충실하다.

코로나19가 닥쳤을 때, 신앙의 위기가 찾아왔다. 기본이 무너졌다. 신앙생활의 기본인 예배가 흐트러졌다. 곧바로 '예배의 위기'가 찾아왔다. 예배는 우리 삶에서 가장 중요하다. 예배는 신앙의 기본이기 때문이다. 예배가 무너지면 모든 것이 무너진다. 신앙생활의 기본인 예배의 회복이 절실하다. 팬데믹 이후에는 예배의 회복이 가장 시급하다.[30] 예배가 시급하게 회복되지 않으면 신앙의 기본이 무너진다.

예배를 리부트하라

며칠 전, 어떤 사람이 낯선 곳을 가다가 방향을 몰라 지나가는 행인에게 길을 물었다. 그 행인도 지역을 몰라, 어디가 어딘지 모르겠다고 대답했다. 우리도 뭔가를 모르면, 아무것도 알려줄 수 없지 않은가? 우리가 수십 년 동안 드려 온 예배는 과연 의미를 알고 드렸는지 생각해 봐야 한다. 왜냐하면 우리는 아는 만큼, 경험한 만큼 예배를 드릴 수 있기 때문이다.

그렇다면 우리가 먼저 알아야 할 것은 무엇인가. 우리의 예배가 과연 하나님이 기뻐 받으시는 참된 예배인지 점검하고 예배드리는 자신의 모습을 돌아봐야 한다. 예배의 참의미를 알 때 이 자리에서 예배를 새롭게 시작할 수 있다. 이것이 '예배 리부트'다. 하나님이 기뻐하시는 예배를 위해 우리는 두 가지를 알아야 한다.

1) 예배의 본질이 무엇인지 알아야

지용근, 김영수, 정재영 외 7인이 저술한 「한국교회 트렌드 2023」에서는 '아드 폰테스 Ad Fontes, 본질로 돌아가라'고 하며 다음과 같이 조언한다.

> **"급변하는 세상에서 살아남는 방법은 눈앞의 변화에 얼마나 빨리 적응하느냐에 달려 있지 않다. 변화의 파도에서 살아남는 방법은 본질로 돌아가는 것이다."[31]**

예배에서 본질은 예배의 대상이다. 우리의 예배 대상은 하나님이시다. 우리는 하나님께 하나님이 기뻐 받으시는 예배를 드려야 한다. 성경에서 이를 진정한 예배라 한다. 진정한 예배는 '하나님은 영이시니 예배하는 자가 영과 진리로 예배할지니라' 요 4:24 는 말씀에 따라 '영과 진리로 드리는 예배'이다.

성령님은 우리가 하나님을 영과 진리로 예배하도록 인도하신다. 우리는 진리이신 예수님의 십자가 희생으로 하나님께 나아갈 수 있는 자격을 얻었다. 하나님을 예배하는 것은 진리 되신 예수님을 믿음으로 가능하다. 이것이 은혜다.

믿음으로 예배드린 사람은 결코 자기의 의를 내세우지 않는다. 하나님께서 베푸신 은혜와 하나님의 영광을 주목한다. 우리의 예배에서 우리의 감동, 은혜, 사랑이 우선되면 안 된다. 하나님의 영광이 우선돼야한다. 우리의 예배에서 하나님의 영광이 더 우선되지 않는다면 그 예배는 우리 자신을 만족시키는 예배로 변질된다. 예배는 내가 만족하고, 내가 기뻐하고, 내가 은혜받고자 드리면 안 된다. 오로지 하나님을 위한 것이어야 한다. 이를 제대로 보여준 사람이 믿음의 조상, 아브라함이다.

'이에 아브람이 장막을 옮겨 헤브론에 있는 마므레 상수리 수풀에 이르러 거주하며 거기서 여호와를 위하여 제단을 쌓았더라' 창 13:18.

예배는 일상의 어떤 일보다 우선해야 한다. 이런 의미로 예배는 방향이 중요하다. 그 방향은 하나님이다. 나를 위한 예배가 아니라 하나님을 향한 예배여야 한다. 그것이 참된 예배다. 참된 예배만이 영과 진리로 하나님 앞에 나아간다.

2) 예배의 능력과 가치를 알아야

예배는 예배드리는 사람을 변화시킨다. 우리가 참된 예배를 드리면 하나님이 예배자에게 은혜를 주신다. 그 은혜는 예배자를 변화시키는 은혜이다.

최승근 교수는 그의 저서 「예배」를 통해 다음과 같이 이야기하였다.

> 이유는 잘 모르지만 가끔씩 내게 매우 안됐다는 표정으로 "어쩌다가 목사가 됐어요?"라고 물어보는 사람들이 있다. 심지어 친구들 중에는 "넌 기껏 미국으로 이민을 가서 공대생이 목사가 됐냐?"고 말하는 이가 있다. 그럴 때 나는 이렇게 대답하곤 한다.
> "예배를 드리다 보니 이렇게 됐습니다."
> 우리는 예배를 통해 변화를 경험한다. 예배에는 우리가 상상할 수 없는 능력이 있다. 우리는 그동안 예배 가운데 크고 작은 일들을 경험했다. 예배를 통해 지금의 내가 만들어졌다. 그뿐 아니라 지금도 예배를 드리면서 변화 중이다. 예배는 우리 삶을 형성하고 변화시킨다.[32]

아울러 최기훈 목사는 「우리, 예배합시다」에서 우리가 예배하면 5가지 변화가 일어난다고 한다.

첫째, 회심 Conversion 이다.

인격적으로 예수님을 주로 고백하고 하나님께 돌아섰던 회심은 예배에서 일어난다.

둘째, 교정 Reformation 이다.

회심은 변화의 시작점이다. 그때부터 끊임없이 옛사람과 싸우기 시작하고, 바른 믿음의 길에 대한 고민이 계속 이어진다.

셋째, 회복 Restoration 이다.

인생길을 걸어가다 보면 작은 일에 쉽게 걸려 넘어지기도 하고, 빨리 지치기도 한다. 그런 우리를 잘 아시는 하나님은 예배를 통해서 우리를 만나주시고 위로하신다. 하나님은 예배에서 우리의 정체성과 소명을 재정의해 주실 뿐만 아니라 하나님을 믿고 따라가는 삶에 대한 소망까지 주신다.

넷째, 양육 Discipline 이다.

하나님의 말씀을 통하여 예배자가 하나님의 뜻을 알아 가고 그리스도의 제자로 훈련되는 곳이 바로 예배이다. 특히 설교 시간은 하나님의 말씀을 통하여 믿음과 소명의 삶에 대하여 배우고 훈련받는 시간이다. 하나님의 말씀을 배워서 삶에 필요한 인생 지도를 만드는 일이 중요한데, 바로 예배에서 이런 일이 일어난다. 그리스도인들이 세상에서 하나님의 백성으로 살아가도록 훈련하는 교회는 신병교육대로 비유되기도 하는데, 예배에서 이런 훈련이 일어난다.

다섯째, 전환 Outreach **이다.**

예배는 반드시 예배자 자신의 삶과 이어져야 하고, 성경을 통해 알게 된 하나님의 뜻을 삶의 현장에서 살아낼 수 있도록 삶의 매뉴얼을 쓰는 시간이다. 나아가 자신의 연약함과 무능함을 알기에 소명의 삶을 살 수 있도록 하나님의 도우심을 구하고 결단하기도 한다. 예배에서 설교 후의 결단과 헌신의 순서들이 바로 여기에 속한다.[33)]

예배에는 우리가 생각하는 그 이상의 능력이 담겨 있다. 예배를 드리기 전과 후의 자기의 얼굴 표정을 살펴보라. 달라도 많이 다르지 않은가? 이것은 예배가 예배자를 변화시킨다는 증거이다.

우리는 예배의 본질과 그 가치를 알아야 한다. 우리가 예배의 본질과 그 가치를 알았다면, 우리가 해야 할 일이 있다. 그것은 코로나19로 무너진 다음세대가 예수 그리스도를 인격적으로 만나 하나님의 형상으로 빚어지도록 가이드하는 것이다.

다음세대를 예배자로 건축하라

다음세대는 누구인가? 김정준 목사는 「다음 없는 다음세대에 다가가기」에서 다음세대를 'Z세대'와 'α세대'라고 규정한다. 김난도 교수는 「트렌드 코리아 2023」에서 다음세대의 연령을 이렇게 언급한다. '1995-2009년생을 일컫는 Z세대 그리고 2010년 이후에 태어나 13세 이하인, 초등학교 6학년보다 어린 알파세대'[34]라고. 그렇다면 이제 다음세대의 특징을 알아야 한다. 다음세대는 언어 줄이기에 재주가 남다르다. 그리고 재미있는 것을 찾아 나선다.

'첫째는 간단함이다. 이들은 언어를 간단하게 줄여 버린다. 또 다른 특징은 이들을 타깃으로 한다면 재미있어야 한다는 것이다.'[35]

팬데믹 이후의 다음세대를 고민한다면 다음세대를 예배자로 건축해야 한다. 그러기 위해서는 그들의 특징을 알아야 한다. 그리고 그들의 니즈에 맞추어야 한다. 과거에는 다음세대에게 교회에 출석할 것을 편하게 말해도 상관이 없었다. 지금은 먼저 그들의 니즈를 채워준 뒤 교회 출석을 말해야 한다. 다음세대에게 예배에 무조건 나오라고 말하기보다는 재미가 있고 의미 있는 시간을 먼저 만들어야 한다. 이것이 다음세대에 대한 배려다. 이에 다음세대를 예배자로 건축하기 위해 먼저 이들을 배려해야 한다. 그렇다면 다음세대를 위해 배려해야 할 사항들은 무엇일까. 세 가지 사안을 제시하며 이를 고찰해 보고자 한다.

1) 다음세대가 알아들을 수 있는 언어를 사용해야 한다

다음세대에게 쉽고 귀에 쏙쏙 들어오는 말을 해야 한다. 그들의 마음에 복음이 새겨지도록 구체적이고 친절한 설명으로 해야 한다. 그러려면 다음세대를 소중히 여기는 마음을 챙겨야 한다. 연세대 명예교수인 김형석 교수는 「교회 밖 하나님 나라」에서 고인이 된 박경리 작가의 이야기를 통해 인간을 소중히 여겨야 함을 말한다.

김 교수의 팔촌 누님은 교회 권사였다. 박경리 작가가 교회를 다녔으면 해서 교회를 가자고 권했다. 몇 번을 권하니 박경리 작가가 교회를 출석했다. 그녀는 몇 번 출석한 후 교회를 나가지 않겠단다. 그 이유는 목사의 설교가 인간적이지 않아서였다. 이에 대해 그녀는 이렇게 말한다.

"목사님의 설교를 들어보니, 오늘날 인간이 어떤 문제로 고민하고 있는지는 하나도 이야기하지 않고, 뜬구름 잡는 이야기만 하기 때문이다. 문제는 목사와 교인이 소통이 안 된다는 것이다."[36]

우리가 다음세대와 소통하려면 그들의 관심사에 귀를 기울여야 한다. 종교적인 용어만 남발할 것이 아니라 인간미 있게 친절하게 풀어주어야 한다. 예를 들어 '칭의'에 관해 설명한다고 하자.

하나님이 우리를 의롭다고 하신 과정을 아이들에게 설명할 수 있는가? 「레 미제라블」 이야기는 이 놀라운 개념을 설명할 수 있다. 빵을 훔쳤다는 이유로 19년간 감옥에 갇혔던 죄수 장 발장을 주교가 자기 집으로 영접한다. 그러나 장 발장은 은쟁반과 은 식기를 훔쳐서 달아난다. 다음 날, 그는 경찰에게 잡혀 온다. 이런 장 발장에게 주교는 이렇게 말한다.

"왜 은촛대는 가져가지 않았나? 왜 내 호의를 받지 않는가?"

이 한마디에 장 발장을 붙잡던 경찰은 그를 놓아 줄 수밖에 없었고, 장 발장은 '사랑'의 실체를 깨닫게 되었다. 여기서 아주 중요한 질문을 던진다. 경찰은 은 촛대를 받은 장 발장을 또다시 체포할 수 있는가? 이 질문에 대해 대답을 못 하는 아이들은 아무도 없다. 왜 체포할 수 없는지에 대해 아이들은 명확하고 또 렷하게 대답한다. 그렇다. 칭의가 그런 것이다. 분명히 죄를 지었지만, 법적으로 처벌할 수 없는 상태다. 그것이 우리를 의롭다고 하신 용서의 핵심이다.[37]

우리는 다음세대가 알아들을 수 있는 언어를 사용해야 한다. 그들이 알아들을 수 있는 언어가 '문학과 예술'이다. 문학과 예술을 매개체로 복음을 전하면 다음세대가 쉽게 받아들인다.

2) 예배의 기대감을 주는 콘텐츠를 개발하라

예배 콘텐츠가 중요하다. 세대통합예배에서는 콘텐츠가 더 중요하다. 그 콘텐츠는 세대통합예배를 드리는 사람들에게 기대감이 돼야 한다. 박양규 목사는 세대통합예배에서 예배 콘텐츠의 중요함을 다음과 같이 강조했다.

"교회교육에서 가장 중요한 목표는 배움과 그 자체의 즐거움을 선사하는 것이다. 이 목적을 해결할 수 있는 가장 좋은 방법으로 학부모들과 함께 드리는 예배를 추천한다. 이것이 요즘 행해지고 있는 세대통합예배, 혹은 온가족예배다. 이런 예배는 대개 한 공간 안에 다양한 세대가 공존한다. 따로 예배를 드리다가 함께 예배를 드리는 것은 특별하고 신선한 경험이다. 문제는 이런 예배가 반복되면 신선함은 오래 가지 않는다. 설교 수준을 낮추면 어른들에게는 유치하게 느껴지고, 설교 수준을 높이면 아이들에게는 높은 문턱이 된다. 매번 신선함을 유지하는 아이디어도 결국 고갈된다.

세대통합예배를 장기적으로 유지하는 핵심은 설교의 난이도 조절에 있는 것이 아니라 '콘텐츠'에 있다. 예를 들어 인문학에서 성경적인 요소들을 표현할 수 있는 소재를 활용하는 것이다. 콘텐츠가 없는 세대통합예배는 결코 장기적인 호응을 얻지 못하고, 이내 기대감이 사라지고 만다. 기대감이 없는 예배라면 아이들에게는 동기 부여의 요소가 사라진 셈이다.

콘텐츠가 준비된 예배를 통해 감동받은 아이들은 다음 예배를 기대하게 되고, 예배를 준비하고 참가한 아이들은 살아 있는 신앙교육을 접하는 기회가 된다. 교역자의 메시지, 그리고 이것을 연주나 연극 등으로 표현하는 순서가 예배의 중심축이 되고, 그 밖에 자녀를 위한 기도의 순서나 번뜩이는 아이디어를 순서에 넣어서 예배를 풍성하게 만들 수 있다."[38]

세대통합예배는 다음세대에게 신선한 경험이 된다. 살아 있는 신앙교육을 접할 수 있는 절호의 기회가 될 수 있다.

3) 포기하지 말고 인내하며 기도하라. 그리고 보여주라

다음세대는 어른과 달리 예배가 지루하고 지겨울 수 있다. 이것을 이해해 주어야 한다.

"예배를 지겨워하고 교회 가기 싫어하는 아이에게 신앙을 어떻게 가르쳐야 할까요?"라는 부모의 고민 상담을 했다. 아이들이 중고등부를 거치면서 점점 예배에 대한 태도가 나빠지고 예배를 소홀히 한다. 부모는 이런 모습을 보며 자녀에게 바른 예배 태도를 강요하다 보니 자녀와 갈등이 생긴다. 그러니 '아이들과 소통도 꼬이고 관계도 안 좋아지는데 어떻게 해야 할까요?'라는 질문을 하게 되는 것이다. 그러므로 이는 굉장히 어렵고 중요한 질문이다. 이에 대해 김동호 목사가 이렇게 대답했다.[39]

"볼지어다 내가 문밖에 서서 두드리노니 누구든지 내 음성을 듣고 문을 열면 내가 그에게로 들어가 그와 더불어 먹고 그는 나와 더불어 먹으리라" 계 3:20.

이 말씀에서 예수님이 우리에게 하나의 힌트를 주신다. 예수님이 문 안으로 들어오려고 하지만 강제로 들어오시지 않는다. 문밖에서 두드리고 기다리신다. 문이 열릴 때까지. 다음세대가 자발적으로 예배를 드릴 때까지 부모가 강요하지 않아야 한다. 부모의 다음세대가 예배를 드리도록 강제로 하고 싶은 마음은 위험하다.

다음세대의 특징 중 하나가 압력을 주면 더 반발한다는 것이다. 예배와 관련해 부모는 다음세대에게 세 가지를 기억해야 한다. 첫째로, 강요하지 않는 것이 중요하다. 강요하면 자녀가 극단으로 간다. 둘째로, 포기하지 않고 기도하며 기다려주는 것이 필요하다. 예배드리기 싫어하는 자녀의 마음을 이해하고자 노력해야 한다. 특히 강제로 예배를 드리게 하거나, 예배드리지 않는다고 혼내지 말아야 한다. 하나님이 우리에게 자유를 주셨다. 자녀가 자유롭게 스스로 결정하고 이해될 때까지 부모는 밖에서 기다려야 한다. 그렇게 기다리며 자녀와 좋은 관계를 유지하려고 애써야 한다. 셋째로, 부모는 건강한 신앙생활을 해야 한다. 자녀들이 '우리 부모는 정말 신앙생활 잘하는구나!', '모범적으로 신앙생활을 하는구나!'라고 생각할 수 있도록 삶으로 보여주어야 한다. '예수 믿는 것이 아름답다!'는 것을 보여주어야 한다.

공동체 예배를 드려야 한다

교회는 공동체적이다. 교회가 공동체적이므로 교회는 다음세대와 함께 공동체 예배를 드려야 한다. 삼겹줄이 쉽게 끊어지지 않듯이 함께 예배를 드릴 때, 나타나는 능력은 배가 된다.

공동체적인 예배는 오프라인 예배를 드릴 때 그 진가가 발휘된다. 온라인예배도 여러 가지 장점이 있다. 하지만 단점은 예배자를 쉽게 방관자로 만든다는 것과 하나님 앞에서 예배한다는 인식이 쉽게 무너진다는 점이다.

다음세대와 함께 공동체 예배를 드리면 온전한 예배자로 성장할 힘을 얻는다. 다음세대가 공동체와 함께 예배를 드리면 주님의 몸 된 교회가 한 몸을 이루는 것을 경험한다. 공동체 예배의 절정은 가정예배이다.

다음세대가 함께 드릴 수 있는 예배에는 크게 세 가지가 있다. 첫째, 또래들과 함께 드리는 부서별 예배. 둘째, 여러 세대가 모여 드리는 세대통합예배. 셋째, 부모와 함께 드리는 가정예배이다. 이 중 시급하게 회복해야 할 것이 공동체 예배로서 다음세대와 함께 드리는 가정예배이다. 가정예배를 드려야 하는 이유가 있다. 다음세대에게 신앙교육이 가장 큰 영향을 미치는 것이 부모이기 때문이다.

"청소년들이 인식하는 신앙교육에 가장 큰 영향을 미치는 사람 1순위로는 '학부모'가 38.7%로 가장 많았으며, 다음으로 '학생 자신' 17.6%, '담임목사' 14.8%, '담당 교역자' 14.1%, '친구' 7.4% 등의 순으로 나타났다."[40]

위의 통계에서 알 수 있듯이, 다음세대의 신앙생활에 있어 제일 중요한 것이 가정이다. 부모가 다음세대에게 미치는 영향력은 거의 절대적이다. 다음세대에게 신앙이 계승되려면 오로지 부모가 삶으로 가르칠 때 가능하다. 부모가 자녀에게 아무리 좋은 말을 많이 하더라도 부모가 삶의 모범이 되지 못할 때는 그 영향력이 미미하다. 부모가 가정에서 함께 예배를 드리면 자녀에게 미치는 영향력은 절대적이다.

모 교회의 어떤 교인 가정에서 있었던 일이다. 그 가정의 자녀가 혼자 멀리 떨어져 살았다. 부부는 멀리 떨어져 사는 자녀의 걱정 중 최우선은 신앙이었다. 그 자녀는 예배드리는 것에 열정이 부족했다. 부부는 기도하는 가운데 멀리 떨어져 사는 자녀와 함께 가정예배를 드리기로 했다. 공간적으로 서로가 멀리 떨어져 있기에 SNS를 통해 영상으로 가정예배를 시작했다. 매일 같은 시간에 예배를 드리는 것이 쉽지 않았다. 하지만 짧은 시간의 가정 영상예배는 자녀가 영적으로 많이 회복되게 했다. 그 가정은 가정예배를 통해 서로 활발하게 소통한다. 말씀의 은혜를 나눈다. 가정 천국이 이루어졌다. 박지훈 목사는 「매일 가정예배」에서 이렇게 말한다.

"어떤 분은 저에게 '일주일에 한 번 가정예배를 드리기도 쉽지 않은데 매일 드리는 것이 가능하겠느냐?'고 말씀하기도 했고, 어떤 분은 '의도는 좋은데 불가능하다, 무모하다'라고 단언하시기도 했다. 가정예배가 한 달쯤 지났을 때 '가정에서 예배하는 일이 힘들 줄 알았는데 너무 좋다'는 반응이 들리기 시작했고, 세 달쯤 지나자 '아이들이 가정예배 시간을 기다린다'는 소식이 들리기 시작했다. 그리고 300일 분량을 모두 마쳤을 때는 '가정예배가 우리 가정을 살렸다'는 간증이 심심찮게 들려왔습니다."[41]

가정예배가 가정을 살린다. 가정예배가 다음세대를 살린다. 우리가 알듯이 가정예배의 기본 요소는 성경을 읽고, 기도하고, 찬송하는 것이다. 가정에서 매일 하나님을 예배할 때 기억해야 할 세 가지 주의점이 있다.

'첫째, 짧게 하라. 짧게 하지 않으면 지루해질 수 있다. 평균 10분이면 성경을 읽고 기도하고 찬송하기에 충분하다. 둘째, 꾸준히 하라. 가정예배는 최대한 노력해 매일 정해 놓은 시간에 드려야 한다. 셋째, 융통성을 발휘하라. 예배 시간을 조정해야 할 때가 가끔 발생한다. 이럴 때 융통성을 발휘하여 꾸준함을 잃지 않도록 조심해야 한다.'[42]

다음세대를 살리려면 가정예배를 중요하게 생각해야 한다. 부모와 다음세대가 함께 가정예배를 드리면 가정이 회복된다. 다음세대가 교회를 떠나지 않는다. 만약 다음세대가 교회를 떠난다면 예수님을 만난 경험이 없기 때문이다. 가정예배는 교회의 다음세대 문제의 대안이다.

다음세대 예배 리부트는 부모로부터

다음세대가 교회의 미래이다. 교회의 미래인 다음세대는 부모에 의해 달려 있다고 해도 과언이 아니다. 다음세대가 상식이 있고, 예의가 있고, 경우가 올바른 이들로 성장하도록 하기 위해서는 누가 이들을 가르쳐야 하는가? 1차적으로 부모이다. 또한 다음세대가 교회에 출석하지 않고 예배의 자리에서 이탈하는 것에 대한 1차적인 책임도 부모이다. 물론 교회도 책임이 있다.

교회들마다 다음세대가 문제라고 이야기한다. 맞는 말이다. 하지만 역으로 뒤집어 보면, 다음세대가 이렇게 된 것에는 누구의 책임이 있는 가? 바로 부모와 교회 리더의 책임이다.

다음세대가 위기인 시대에 소망이 있다. 부모와 교회의 리더들이 참된 예배자로 리부트하면 된다. 부모와 교회의 리더들이 리부트하면 다음세대는 그대로 보고 배울 것이다. 그러므로 부모와 교회의 리더들이 먼저 '예배 리부트'를 시작하라. 다음세대 예배의 롤 모델로 도전하라. 자신이 아닌 하나님을 위해 예배하라. 예배의 가치를 기억하라. 다음세대를 예배자로 세우기 위해 배려하라. 그리고 함께 공동체 예배를 드려라. 하나님께서 다음세대를 일으켜 세우실 것이 틀림없다.

• • • • • • • • •

김지겸 목사

뉴질랜드 오클랜드감리교회 담임이며 감리교신학대학교와 대학원을 졸업했다. 경기도 수지 목양교회와 광화문에 위치한 종교교회에서 12년 간 부목사로 사역을 했다.

공간 리부트
– 메타버스로 현실과 가상공간의 경계를 허물어라

현실 공간의 힘

현실 공간의 힘은 강력하다. 우리가 무시로 지나치는 공간에는 사실 많은 것들이 담겨 있다. 윈스턴 처칠은 공간의 힘에 대해서 이렇게 말했다. "사람은 공간을 만들고 공간은 사람을 만든다." 김미경도 「김미경의 마흔 수업」에서 말한다. "사람은 공간을 닮아간다. 공간은 내가 '누구'라는 정체성을 규정해 준다."[43] 처칠이나 김미경 씨의 말은 공간에 얼마나 많은 것들이 담겨 있는지를 잘 설명한다. 교회는 공간이 많지만 아쉽게도 공간의 힘을 잘 활용하지 못한다.

일반적으로 교회의 공간 활용도는 낮다. 방치해 놓은 공간들도 많다. 여기에 교육부서의 공간은 상태가 심각하다. 유치부나 유아부를 제외하면 다음세대를 위한 공간이라고 말하기 힘들다. 물론 일주일에 한 번 사용하기 때문에도 그럴 수 있다. 그럼에도 교회는 공간이 주는 힘에 대해서 조금 더 깊게 생각해 볼 필요가 있다. 그렇다면, 현실 공간의 힘은 왜 강력할까? 보이는 공간 속에 보이지 않는 것들이 채워지기 때문이다.

먼저 공간은 감정의 채워짐이다. 기본적으로 공간에는 일상의 삶이 담겨 있다. 이때 삶은 감정과 연결되어 있다. 예를 들면 며칠 전 부부가 식탁에서 싸웠다고 치자. 아직 화해를 못 했다. 여전히 냉랭하다. 그렇게 되면 문을 열고 들어와 식탁을 보는 순간부터 마음이 불편하다. 이것은 식탁이라는 공간에 불편한 감정들이 누적되었기 때문이다. 공간이 감정으로 귀결되었다.

공간은 곧 감정이기에 요즘 젊은이들은 특히 공간에 민감하다. 많은 젊은이가 호캉스 호텔+바캉스 를 가는 이유가 무엇일까? 호텔이라는 공간이 주는 감정 때문이다. 호텔은 그곳을 찾는 사람에게 '힐링'의 감정을 선물한다. 소설가 김영하 씨는 'tvN 알뜰신잡3 - 부산 편'에서 이렇게 말한다.

"호텔에는 우리 일상의 근심이 없어요. 집은 가만히 있다 세탁기만 봐도 '저거 돌려야 하나', '설거지를 해야 하나' 같은 여러 가지 근심이 있어요. 또 어떤 작가의 에세이에서 본 건데 우리가 오래 살아온 공간에는 상처가 있어요. 그러나 호텔에 들어가는 순간 잘 정돈돼 있고 깔끔하고 거기는 그저 자기에게만 집중하면 되는 공간인 거죠."[44]

우리가 평소에 지내는 공간에는 삶의 애환이 있다. 다람쥐 쳇바퀴 도는 일상에서는 기쁨보다는 힘들거나 불편한 감정이 더 많다. 가정에 와서도 그런 감정들이 쉬 사라지지는 않는다. 하지만 김영하 씨의 말처럼 호텔에는 근심과 걱정, 그리고 상처가 없다. 문을 열고 들어가 하얀색 시트와 조명을 보는 순간 우리는 호텔이 주는 공간의 힘에 빠져들게 된다. 호텔이라는 공간이 곧 힐링이라는 감정으로 치환된다.

공간과 감정의 치환은 교회학교에도 고스란히 적용된다. 우리 아이들에게 예배의 공간은 어떤 감정을 담고 있을까? 비록 일주일에 한 번 방문하는 공간이지만 이 공간에는 다음세대의 감정들이 계속 누적되고 있는 중이다. 공간이 감정으로 치환된다는 것을 이해한다면 왜 우리가 공간을 만드는 데 더 많은 시간과 의미를 부여해야 하는지를 이해할 수 있을 것이다.

다음으로 현실 공간은 권력이 만들어진다. 즉, 공간을 지배하는 자가 권력을 가진다. 건축학자 유현준은 말한다.

"내가 만든 '공간과 권력의 제1법칙은'은 '같은 시간에, 같은 장소에, 사람을 모아서, 한 방향을 바라보게 하면 그 시선이 모이는 곳에 권력이 창출된다'는 것이다. 종교는 건축 공간을 만들고, 그 공간으로 사람의 마음을 하나로 모으고, 그 공간에서 시선이 집중된 곳에 선 사람은 권력을 가진 종교 지도자가 된다. 그 공간에서의 모임이 잦을수록, 그 모임의 규모가 커질수록 권력은 커진다."[45]

유현준 씨의 말에 의하면 교회의 건축은 의도를 담고 있다. 권위와 권력이 담임목사에게로 향한다. 생각해 보면 교실도 똑같다. 교회든 교실이든 모두 한 방향을 보고 있다. 교회는 강대상을, 교실은 교탁을 바라보고 있다. 공간은 그 정점에 선 사람에게 은연중에 권력을 부여한다. 예전에 선생님의 권력이 어느 정도였는지는 영화 '친구'만 보더라도 쉽게 알 수 있다.

공간은 감정을 넘어 권력도 창출이 가능하다. 그러니 우리는 교회학교의 공간을 만들고 구성할 때 깊이 생각해야 한다. 그저 앞을 보며 한 곳에만 집중하게 만들어 놓은 공간에서는 수평보다는 수직적인 관계가 발생할 확률이 높다. 의도하지는 않았겠지만 시작부터 딱딱하고 경직된 공간이 되는 것이다.

현실 공간의 힘은 이 정도로 강력했으나 더 강력한 복병을 만나고 말았다. 코로나19는 현실 공간이 가진 힘을 여지없이 무너뜨리고 말았다.

공간의 멈춤과 이동

코로나는 '멈춤'이라는 무기로 우리를 공격했다. 코로나가 가장 무서웠던 것은 평범하게 돌아가던 우리의 모든 일상을 정지시켰다는 것이다. 회사도, 학교도, 관계도 멈추었다. 역시 교회도 멈추었다. 우리는 코로나라는 장벽 앞에 가만히 서 있을 수밖에 없었다. 실제로 2020년 초중반 우리가 가장 많이 한 캠페인이 '잠시 멈춤' 캠페인이었다. 각 지자체는 포스터를 만들어서 지금은 우리가 잠시 멈출 때라며 홍보에 열을 올렸다.

일상이 멈추었다는 이야기는 현실의 공간이 멈추었다는 뜻이다. 직장에 갈 수 없으니 직장이란 공간이 멈추었다. 교회에 갈 수 없으니 교회라는 공간이 멈추었다. 그저 덩그러니 현실 공간만 남았다. 그제야 사람들은 현실의 공간이 가진 한계를 깨달았다.

멈추어 버린 공간에 대한 대안은 온라인이었다. 얼마 전부터 디지털 트랜스포메이션 Digital Transformation 단어가 많이 사용되고 있다. 이 말은 '삶의 공간이 현실 공간에서 디지털 공간으로 이동했다'라는 뜻이다. 이제부터는 오프라인이 아니라 온라인 공간에서 답을 찾겠다는 선언이다.

온라인은 새롭게 생긴 공간은 아니다. 온라인은 코로나 전에도 있었던 공간이다. 다만 코로나로 인하여 온라인 공간에 대한 인식이 변화되었다. 새로운 공간의 의미가 부여된 것이다.

코로나 전에는 모든 것은 현실 공간에서만 이루어져야 한다고 생각했다. 교육은 현실 공간에서만 해야 한다고 생각했다. 만남도 현실에서 이루어져야 한다고 생각했다. 예배 역시도 예배당에서만 드려야 함을 당연하게 생각했다. 그것이 맞는 것이었다. 그러나 코로나로 인하여 모든 것이 변했다. 이제는 현실이 아니라 온라인에서 이 모든 것을 이루어야만 했다.

공간이 이동했다. 삶의 전반적인 영역이 오프라인에서 온라인으로 이동했다. 오프라인에서 이루어지던 교육이 온라인으로 이동했다. 오프라인에서 만나던 사람들이 온라인으로 이동했다. 현실의 공간에서 가상의 공간으로 이동한 것이다. 예배도 예배당이 아니라 가상의 공간에서 이루어졌다. 오렌지라이프의 정문국 사장은 전체 임직원을 대상으로 한

'온택트 디지털 포럼'을 개최하며 이렇게 말한다.

"최근 화두로 떠오른 디지털, 비대면 등은 코로나로 인한 일시적 트렌드가 아닌, 산업과 인구구조 변화에 따라 우리가 가야만 하는 필연적 방향이다. 앞으로도 회사는 디지털 혁신에 박차를 가하기 위해 인적·물적 투자를 아끼지 않을 것이다."[46]

포스코 같은 경우에는 아예 기업의 사명까지 바꾸었다. 이에 대해 한 기자는 다음과 같은 기사를 보도했다.

"포스코는 포스코ICT에서 포스코DX로 최종 결정했다고 밝혔다. 포스코DX는 디지털 트랜스포메이션 Digital Transformation 의 약어로, D는 '디지털'을, X는 '바꾸다'를 의미한다."[47]

오렌지라이프나 포스코를 통해 공간은 단순히 현실에만 국한되지 않음을 알 수 있다. 산업 전반의 영역이 가상공간으로 이동하고 있다. 현실에서만 공간의 의미를 추구하던 시대가 지났다. 당연히 같은 시대를 공유하는 교회도 역시 현실의 공간을 벗어나 가상의 공간으로 이동해야 한다. 적극적으로 이주해야 함에도 교회는 여전히 주저하고 있다.

공간의 리부팅, 메타버스

세상은 대안을 찾는 속도가 빠르다. 현실의 공간이 멈추어 버리자 바로 가상의 공간에서 대안을 찾았다. 이것을 쉽게 '메타버스'라고 부른다.

「목회트렌드 2023」에서는 메타버스를 '비대면으로 연결되는 가상의 세상을 메타버스라고 한다'라고 정의한다.

가상의 세계로 연결되는 모든 것이 메타버스라고 할 수 있다. 우리가 코로나 기간에 제일 많이 사용한 줌 Zoom 도 메타버스의 일부이다. 「트렌드 코리아 2021」에서는 줌을 이렇게 표현한다.

"특히 출근하지 않고 집에서 근무하는 '재택근무'는 많은 조직에서 전면적으로 도입할 수밖에 없었던 새로운 근무 형태다. 이에 화상 플랫폼을 제공하는 '줌 Zoom Video Communications'은 단연 코로나 시대의 신데렐라로 부상했다."[48]

안타깝게도 신데렐라는 오랫동안 무도회를 즐기지는 못했다. 줌은 단순한 플랫폼이다. 화면의 대부분을 얼굴과 목소리로 채운다. 그러다 보니 쉽게 피로해진다. 이것을 '줌 피로도 Zoom fatigue'라고 한다. 무엇보다 다음세대 아이들은 이런 단조로운 플랫폼을 힘들어한다. 10분도 집중하기 힘들다. 셧다운된 아이들을 리부팅하기 힘든 플랫폼이다.

좀 더 다음세대의 흥미를 잡을 수 있는 가상의 세계가 필요하다. 그래서 등장한 다음 플랫폼들은 아바타를 사용한 가상세계이다. 쉽게 예를 들면 로블록스 Roblox, 제페토 Zepeto, 게더타운 Gather town, 젭 Zep 과 같은 플랫폼이다. 현재 많은 기업이 이런 플랫폼을 사용하여 고객을 유치하거나 자사 업무를 보고 있다.

교회는 이런 메타버스 플랫폼을 적극 사용해야 한다. 다음세대는 단순히 목소리만 구현되는 플랫폼보다 아바타 플랫폼에 더 많은 흥미를 느낀다. 위에서 언급한 메타버스 플랫폼들은 심지어 현실 공간과 똑같은 모습으로도 구현이 가능하다. 당연히 아이들은 더 흥미를 느끼게 되고, 아이들의 관심이 집중될 수밖에 없다. 현실 공간의 리부팅을 위해서는 메타버스 공간이 반드시 필요하다.

올 All 라인 공간이 대안인 이유

외출하면 다시 현실의 공간에 생기가 찾아왔음을 느낀다. 23년 3월 20일부로 실내마스크가 전면 해제되자 실내에 사람이 많아졌다. 카페는 사람이 더 많아졌다. 이제는 교회에서도 마스크를 벗고 찬양과 예배를 드린다. 멈추었던 현실 공간이 다시 정상적으로 작동하기 시작했다. 그렇게 되면 이제 온라인 공간, 가상의 공간은 다시 힘을 잃게 될까? 다시 전부가 현실 공간으로 복귀를 할까?

아니다. 이제는 현실 공간만으로는 안 된다. 우리는 이미 현실과 가상의 공간이 맞물린 시대를 살고 있다. 이제는 어느 것 하나만으로는 안 된다. 교회 역시 올라인 All-line 공간을 활용해야 한다. 김도인 목사는 「언택트와 교회」에서 다음과 같이 설파했다.

"하나의 교회 안에 두 개의 교회가 존재해야 한다. 오프라인 교회와 온라인 교회다. 오프라인 교회와 온라인 교회가 언택트 시대에 필수가 되었다."[49]

김도인 목사의 말처럼 이제는 하나의 공간만 고집할 수 없다. 두 개의 공간을 모두 활용해야 한다. 그렇다면 왜 교회는 두 공간의 경계를 허물고 자유롭게 넘나들어야 하는가? 왜 다음세대의 교육에 올라인 공간이 희망인가? 여기에 몇 가지 이유가 있다. 이에 대해 살펴보자.

1) 공간의 경계를 허물면 멈추지 않는다

현실의 공간이 강력한 힘을 가지고는 있지만 언제든 다시 멈출 수 있다. 코로나와 같은 팬데믹 바이러스는 끝이 아니라 시작이다. 많은 전문가는 언제든 코로나와 같은 팬데믹이 다시 우리를 기습할 수 있다고 한다. 빌 게이츠는 얼마 전 서울 영등포구에서 개최된 기자간담회에서 "이번 코로나19 팬데믹 감염병 대유행 은 '운 좋게도' 치사율 0.6%에 그쳤지만, 다음번엔 천연두 등 치사율 30%가 넘는 팬데믹이 올 수 있죠"라고 말했다.[50] 미국은 "코로나보다 더 나쁜 상황이 온다. 우리가 전혀 모르는 위협에도 대비할 수 있어야 한다. 현재 인간에게 영향을 미치는 바이러스군은 26개로 파악되는데, 이들 중 대다수에 대해 우리는 코로나바이러스보다 덜 준비돼 있다"[51]라며 팬데믹에 대비하기 위해서 새로운 국가 안보전략을 만들었다.

우리는 이미 현실의 공간이 멈춘 경험을 했다. 그 시간 동안 우리는 다음세대를 잃어 본 경험이 있다. 그러니 이제 현실에만 비중을 두는 것은 너무도 위험한 일이다. 언제든 팬데믹은 우리의 현실을 다시 멈추게 할 수 있다. 공간의 경계를 허물어야 한다. 허물면 멈추지 않는다.

2) 공간의 경계를 허물면 공간이 부족하지 않다

매주 교회는 공간 때문에 잡음이 난다. 대부분의 공간 사용이 주일에 집중되어 있기 때문이다. 여기에서 다음세대 아이들이 밀린다. 교회의 어른들이 힘으로 밀어내기 때문이다.

최근에 중등부 아이들이 예배를 마치고 본인들끼리 악기를 연주하며 놀고 있었다. 그때, 어른들이 모임을 해야 한다고 아이들에게 나가라고 했다. 한 아이가 쫓겨나듯 짐을 챙기며 한 말이 인상에 남는다.

"다음세대! 다음세대! 그러더니 말과 행동은 하나도 안 맞네!"

이뿐만이 아니다. 선생님들은 반모임을 할 때도 항상 공간이 부족하다고 말한다. 이러한 문제는 가상의 공간이 어느 정도 해결해 줄 수 있다. 항상 현실의 공간에서만 모이려고 하니까 공간이 부족한 것이다.

가상의 공간을 이용하자. 메타버스 플랫폼을 이용하자. 일주일에 한 번 정도는 제페토, 게더타운, 젭과 같은 메타버스 플랫폼에서 모임을 해보자. 물론 이런 모임이 현실의 공간과 똑같을 수는 없다. 그러나 일주일에 한 번 모든 것을 현실의 공간에서 다음세대와의 만남, 말씀 나눔,

친교까지 해결하려고 하면 교통 체증이 일어난다. 2차선 좁은 공간에 한 번에 모든 차들이 진입하려는 것과 같다. 공간은 부족하고 시간도 부족하다. 그러니 부족하지 않은 공간, 다음세대가 밀리지 않는 공간, 그 공간을 활용해야 한다. 경계를 허물면 공간이 충분하다.

3) 공간의 경계를 허물면 멈춤과 단절이 없다

교회를 다니다 보면 여러 가지 이유로 이사를 할 일이 생긴다. 그럼 이전에 다니던 교회와는 이별해야 한다. 다음세대 아이들은 특히 이런 이별에 마음이 아파한다. 내가 아는 한 초등학생은 이사로 친구들을 잃어버린다고 이틀을 굶었다고 한다. 그러나 온라인에는 이런 가슴 아픈 일이 없다. 길섶교회 김동환 목사는 <뉴스엔조이>에서 다음과 같이 말했다.

"예전 같으면 오프라인 모임을 하다가 다른 지역으로 이사를 가면 교회와 이별해야 하는데, 교회에 온라인 모임이 있으면 그분이 지역 오프라인 교회를 찾을 때까지 더 참여할 수도 있고, 혹은 지역 오프라인 교회를 메인으로 참여하면서 가끔 이전의 온라인 모임에도 참여할 수 있습니다."[52]

공간의 경계를 허물면 물리적 이별이 없어진다. 조금의 제약은 있겠지만, 그럼에도 경계를 허물면 이별에 슬퍼하고 아파할 이유가 없어지는 것이다.

4) 우리 아이들에게는 이미 공간의 경계가 없다

이것이 가장 중요한 이유라고 생각한다. 이미 다음세대에게는 가상과 현실의 구분이 없다. 다음세대는 스마트폰 없이 생활하는 것을 힘들어한다. 그래서 이들을 포노 사피엔스Phono Sapiens, 스마트폰+인간 라고 한다. 이들의 가장 큰 특징 중 하나가 무경계성이다. 김덕년 외 2인이 지은 「포노 사피엔스를 위한 진로 교육」에는 그들의 무 경계성을 이렇게 설명한다.

> '무 경계성 : 이들은 경계가 없다. 경계를 아예 만들지 않는다. 생각도 시간도 공간도 자유롭다. 이들은 가상 현실 VR 과 증강 현실 AR, 그리고 혼합 현실 MR 을 자유롭게 넘어 다닌다. 이들에게 가상공간은 또 하나의 현실이다.'[53]

이들의 정체성은 이미 가상과 현실의 경계가 없다. 다만 다음세대를 교육하는 이들만 이 경계를 넘어 다니는 것이 힘들 뿐이다. 그래서 김정준 목사는 「다음 없는 다음세대에게 다가가기」에서 "확실히 기성세대와는 다른 정체성이다. 우리는 알파세대의 이런 가치와 규칙을 배우고 존중할 필요가 있다"라고 말한다.[54] 다음세대와 소통하기 위해서는 우리 역시 다음세대의 정체성을 이해하고 배울 필요가 있다. 한마디로 우리 역시 공간의 경계를 없애야만 한다.

코로나 기간 동안 우리는, 다음세대는 갈 길을 잃어버렸다. 셧다운되었다. 지금부터 리부팅해야 한다. 리부팅에는 여러 가지 영역이 있을 것이다. 일단 다음세대를 리부팅하기 위해서 우리는 공간이 주는 힘을 깨달아야 한다.

이제부터 공간은 현실과 가상을 모두 포함하는 개념이다. 현실과 가상공간의 경계를 허물어라. 메타버스에 올라타서 올라인사역을 준비하라. 일주일에 한 번은 대면으로 만나고, 또 한 번은 가상의 공간에서 만나라. 메타버스를 제2의 주일로 사용하라. 이것이 다음세대를 리부팅하기 위한 장소적 대안이다. 거기에 우리의 미래가 있다.

• • • • • • • • •

김정준 목사

'다음세대에게는 다음이 없다'라는 마음으로 20년째 다음세대을 위한 사역을 하고 있으며 영남신학대학교 신학과와 동 대학원, 전남대 대학원 사학과에서 서양사로 석사 학위, 한남대 대학원 기독교학과에서 교회사로 박사 수료 중이다. 저서로는 「다음 없는 다음세대에 다가가기」(글과 길)가 있고, 〈크리스천투데이〉에 '다음세대 다시 보기'를 연재하고 있다.

마음 리부트
– 다음세대를 향한 중독 대안과 그 해법

다음세대에서 문제가 되는 것 중 하나가 중독이다. 중독을 아는 것으로는 부족하다. 중독의 대안과 해법까지 알고 대처해야 한다.

중독의 실체를 파악하라

중독에서 제대로 치료를 받으려면 중독의 실체를 알아야 한다. 무엇보다, 중독이 단순 질병인지, 혹 죄인가를 이해해야 한다. 중독이 죄일까, 질병일까?

「중독의 성경적 이해」에서 저자 에드워드 웰치는 중독을 질병 혹 죄로 볼 것인지에 대해 긴 챕터를 할애한다. 웰치는 이렇게 말한다.

> "일반적으로 사람들이 중독을 치료해야 할 질병으로 보려고 한다. 하지만 더 깊숙이 들어가면 인간 내면의 죄성으로 중독되어 간다. 그렇기에 궁극적인 치료는 질병처럼 약물로 되는 것이 아니라 더 근본적인 영적 치료가 필요하다."

맞다. 중독을 단순히 질병으로만 치부하면 치료에 있어 효과적이지 않다. 중독은 영적인 죄와 상관관계가 있다. 그렇기에 하나님은 영적으로 중독자가 어떻게 되기를 원하시는가?

'내가 기뻐하는 금식은 흉악의 결박을 풀어주며 멍에의 줄을 끌러주며 압제당하는 자를 자유하게 하며 모든 멍에를 꺾는 것이 아니겠느냐' 사 58:6 라는 이사야 말씀처럼 흉악의 결박에서 풀려나고, 멍에의 줄에서 풀려나기를 원하신다. 그렇다면, 중독자를 어떻게 회복시킬 수 있을까?

일반적으로 의료 기관을 통해 중독이 회복되는 회복률은 3% 정도 된다. 높게 잡아도 8% 정도밖에 안 된다. 그러나 교회 안 소그룹을 통한 중독 회복률은 그 이상이다. 1년 이상 소그룹에서 케어를 받으면 그 이상의 회복률을 보인다.

미국에 베텔 중독센터, 캐나다 와그너 힐 중독 회복 예배공동체 센터에서는 80-90% 이상의 회복률을 보인다. 그렇다면 인간의 노력은 필요 없을까?

중독을 질병으로 보는 것은 바로 인간의 노력도 필요하기 때문이다. 성경적 상담학자, 제이 아덤스는 그의 저서 「사람을 변화시키는 성경의 힘」에서 상담을 받는 자에게 사람의 생각과 행동, 성품과 인격, 습관 등의 변화가 일어나야 한다고 하였다. 성화의 과정을 밟듯, 중독에 빠졌을 때, 중독자는 실제로 옛 습관을 버리고 새로운 습관을 입으려고 해야 한다.

'너희는 유혹의 욕심을 따라 썩어져 가는 구습을 따르는 옛사람을 벗어 버리고' 엡 4:22.

중독보다 주님을 더 의지하라

중독은 어떻게 해야 예방을 넘어 회복까지 이르게 될까? 다른 어떤 것보다 하나님을 더 의지하고, 가까이해야 한다.

최재붕 교수는 그의 저서 「포노 사피엔스」에서 신인류 등장을 말하고 있다. 즉, '스마트폰이 낳은 신인류, 포노 사피엔스' 출현을 언급한다. 스마트폰을 사용하는 것 자체가 나쁜 것은 아니다. 그러나 스마트폰을 통해 다음세대는 중독에 더욱 빠지게 되고, 신앙생활에도 지장을 받게 된다. 스마트폰은 예배를 방해하기도 하고, 예배를 멀리하게도 한다. 결국, 이런 중독자는 조금씩 하나님을 떠나게 된다. '무릇 주를 멀리하는 자는 망하리니 음녀같이 주를 떠난 자를 주께서 다 멸하셨나이다' 시 73:27. 즉, 중독의 대안으로 올바른 신앙을 갖게 해야 한다.

성결대학교 신학대학원 기독교 상담 전공자, 김옥련은 그의 논문 「청소년의 기독교 신앙이 우울과 인터넷 중독에 미치는 영향」에서 기독교 신앙 여부에 따른 인터넷 중독의 차이를 밝혔다. 논문 저자는 서울, 강원지역에 소재한 중·고등학교 재학생과 교회 청소년 중 총 500명을 대상으로 설문 조사를 시행하였다.

종교와 인터넷 중독과의 관계를 연구한 결과, 종교를 가지고 있는 청소년에 비해 종교가 없는 청소년들이 인터넷 중독 가능성이 큰 것으로 밝혀졌다. 이에 중독자들을 교회공동체로 이끌고, 온전히 신앙생활 하도록 도와야 한다. 무엇보다, 중독자를 이해하고, 품어주어야 한다. 병들고 상처 입은 중독자들을 정죄하기만 해서는 안 된다. 그 중독자들을 거부하고, 외면해서는 안 될 것이다. 중독자들을 대하는 태도는 크게 아래 세 가지로 나뉜다.

> a) 어떤 사람들은 중독자들을 못 본 채 방관한다.
> b) 어떤 사람들은 걸림돌이라는 듯 치우려 한다.
> c) 어떤 사람들은 암적인 존재로 치부한다.

일상생활에서 주의할 부분을 놓치지 마라

중독에 빠지지 않으려면, 일상생활에서 주의할 부분이 있다. 이에 대한 성경적 지침들을 살펴보자.

1) 게으름으로 인해 유혹에 빠지지 않도록 해야 한다

다윗은 하나님의 마음에 합한 자였다. 그러나 그런 그도 자신이 있어야 할 자리에 서 있지 않고, 게으르게 생활할 때 유혹에 빠졌다.

'그 해가 돌아와 왕들이 출전할 때가 되매 다윗이 요압과 그에게 있는 그의 부하들과 온 이스라엘 군대를 보내니 그들이 암몬 자손을 멸하고 랍바를 에워쌌고 다윗은 예루살렘에 그대로 있더라 저녁 때에 다윗이 그의 침상에서 일어나 왕궁 옥상에서 거닐다가 그곳에서 보니 한 여인이 목욕을 하는데 심히 아름다워 보이는지라' 삼하 11:1-2.

다윗은 '왕들이 출전할 때'에 침상에서 자고 있었다 1절. 저녁때에 침상에서 일어나 왕궁 옥상을 거닐었다. 그런 다윗은 한 여인이 목욕하는 것을 보고 음욕에 빠졌다. 만일 다윗이 전쟁 중 전쟁터에 있었다면, 어떠하였을까?

하나님은 우리가 어떤 사람이 되기를 원하실까? 자신에게 주어진 일에 능숙한 자가 되길 원하신다.

'네가 자기의 일에 능숙한 사람을 보았느냐 이러한 사람은 왕 앞에 설 것이요 천한 자 앞에 서지 아니하리라' 잠 22:29.

중독에 빠지는 자는 지금 자신이 있어야 할 자리가 어디인지 알지 못하고 살아간다. 무엇을 해야 할지 방향성을 잃고 살아간다. 마치 더듬이 없는 벌레처럼, 갈 방향을 잡지 못하고, 중독에만 빠져 살게 한다.

성경은 다음세대와 부모세대 모두가 영적 표적이 될 수 있다고 말씀한다. 그렇기에, 우리에게 이렇게 경고한다.

'근신하라 깨어라 너희 대적 마귀가 우는 사자같이 두루 다니며 삼킬 자를 찾나니' 벧전 5:8.

대적 마귀가 놓아둔 중독이라는 덫에 빠져 허우적대며 살고 있지는 않은가? 가정에, 주변에 이렇게 사는 자는 없는가? 우리는 가만히 손 놓고 있어서는 안 된다.

2) 가상 세계와 현실 세계를 파악하게 해야 한다

도박, 술, 게임 중독자들은 진짜 현실 공간이 어디인지, 그리고 자신에게 어떤 책임이 있는지 모르는 경우가 있다. 중독자가 자신의 신분과 역할을 제대로 감당하지 않을 때, 그 피해는 온 가족이 감당해야 한다.

중독은 중독자를 세상에 취하게 한다. 결국, 부모는 부모의 역할을, 자녀는 자녀의 역할을 하지 못 하게 한다. 그렇기에, 중독자 가정은 온전할 수 없다. 창세기에서 노아는 술을 마시고, 잠이 들었다. 자신의 하체를 드러내었다.

'노아가 농사를 시작하여 포도나무를 심었더니 포도주를 마시고 취하여 그 장막 안에서 벌거벗은지라 가나안의 아버지 함이 그의 아버지의 하체를 보고 밖으로 나가서 그의 두 형제에게 알리매 셈과 야벳이 옷을 가져다가 자기들의 어깨에 메고 뒷걸음쳐 들어가서 그들의 아버지의 하체를 덮었으며 그들이 얼굴을 돌이키고 그들의 아버지의 하체를 보지 아니하였더라 노아가 술이 깨어 그의 작은 아들이 자기에게 행한 일을 알고 이에 이르되 가나안은 저주를 받아 그의 형제의 종들의 종이 되기를 원하노라 하고 또 이르되 셈의 하나님 여호와를 찬송하리로다 가나안은 셈의 종이 되고 하나님이 야벳을 창대하게 하사 셈의 장막에 거하게 하시고 가나안은 그의 종이 되게 하시기를 원하노라 하였더라' 창 9:20-27.

이 일로 자기 아들의 자손들이 저주를 받게 되었다. 아들도 문제였지만, 더 근본적으로 술에 취해서 잠을 잤던 노아에게 더 큰 책임이 있다. 부모세대뿐만 아니라 다음세대가 술에 취하고, 중독에 깊이 젖어 들게 해서는 안 된다.

3) 개인적으로 중독자들을 멀리하고, 건강한 지체들을 만나도록 해야 한다

다니엘은 바벨론에 포로로 끌려갔다. 하지만 혼자 타국에서 신앙생활을 한 것이 아니라, 함께 믿음을 지킨 동료들이 있었다.

'이는 그들로 마음에 위안을 받고 사랑 안에서 연합하여 확실한 이해의 모든 풍성함과 하나님의 비밀인 그리스도를 깨닫게 하려 함이니' 골 2:2.

가정적 차원의 예방과 치료를 하라

가정적 차원의 예방과 치료를 해야 한다. 그러기 위해서는 다음 3가지 요소가 필요하다.

1) 가정에서의 영적 케어 필요

필자가 공저로 쓴 책 「중독 A to Z」 챕터 3의 제목은 '중독의 모체: 가정'이다.

사무엘 시대 블레셋이 쳐들어왔을 때, 엘리는 영적으로 어떤 상태였는가? 엘리는 나이가 많고, 눈이 어두웠다. 이때 '눈이 어둡다'는 표현은 단순히 시력이 저하된 것만 의미하는 것이 아니라 영적으로도 무딘 상태였음을 포함하고 있다.

'당일에 어떤 베냐민 사람이 진영에서 달려나와 자기의 옷을 찢고 자기의 머리에 티끌을 덮어쓰고 실로에 이르니라 그가 이를 때는 엘리가 길옆 자기의 의자에 앉아 기다리며 그의 마음이 하나님의 궤로 말미암아 떨릴 즈음이라 그 사람이 성읍에 들어오며 알리매 온 성읍이 부르짖는지라 엘리가 그 부르짖는 소리를 듣고 이르되 이 떠드는 소리는 어찌 됨이냐 그 사람이 빨리 가서 엘리에게 말하니 그때에 엘리의 나이가 구십팔 세라 그의 눈이 어두워서 보지 못하더라' 삼상 4:12-15.

엘리는 '그의 눈이 어두워서' 보지 못하였다 15절. 어떻게 이런 상태에 이르렀을까? 자기 아들들을 더 중히 여겼다. 그 결과, 그 자녀들은 제사장으로 어떤 삶을 살았는가? 엘리의 아들들, 홉니와 비느하스는 하나님의 제물과 예물을 짓밟는 불경건한 삶을 살았다. 제대로 자녀 양육과 케어를 하지 않아서, 결국 엘리의 두 아들은 죽게 되었다.

'네 두 아들 홉니와 비느하스가 한날에 죽으리니 그 둘이 당할 그 일이 네게 표징이 되리라' 삼상 2:34.

자녀를 영적으로 양육하는 것은 너무나 중요하다. 게리 토마스는 저서 「부모학교」에서 자녀 양육을 통해 우리가 아빠 하나님에 대해 배우고, 자녀 양육을 통해 부모 자신이 깎이고 성숙의 과정에 들어선다고 한다. 게리 토마스는 자녀 양육은 신성한 소명이라고 하면서 그의 책 「부모학교」 마지막 챕터를 마무리한다.

2) 효과적인 대화 필요

가족 간에 효과적인 대화가 이루어지지 않으면 관계가 단절되고, 메마른 가족 안에서 자녀들은 중독에 빠지게 된다. 온라인교육 기업 '휴넷'이 2020년 아버지 회원 647명을 대상으로 설문 조사를 하였다. 그 결과, 응답자들이 하루 중 자녀와 대화하는 시간은 평균 29분으로 나타났다. 이때 자녀와의 하루 평균 대화 시간은 10분에서 30분 미만이라는 응답 비율이 36.8%로 가장 높았다. 이밖에 '30분에서 1시간 미만' 26.7%, '10분 미만' 21.2%, '1시간 이상' 13%, '거의 없다' 2.3% 가 그 뒤를 이었다. 이처럼 자녀를 둔 남성들은 아이들과 하루 평균 29분 대화하며, 스스로

'67점짜리 아빠'로 평가한다는 조사 결과가 나온 것이다. 오늘날 자녀들이 필요로 하는 것은 다른 어떤 것이 아니라 부모와의 '대화'이다.

그렇다면, 부모와 자녀가 대화를 통해 얻게 되는 유익은 무엇일까?

a. 여러 가지 갈등 상황들이 감소한다.

b. 부모와 자녀 간 감정을 오해 없이 전달하게 된다.

c. 대인 관계의 친밀감을 더 돈독하게 해 준다.

d. 자녀가 불안감을 느끼지 않고 더 많은 이야기를 솔직하게 표현하게 된다.

러셀 무어는 저서 「폭풍 속의 가정」에서 가정이 회복되기 위해서는 가족끼리 주고받은 깊은 상처에 붙들리지 말아야 한다고 강조한다. 혹 상처가 있다 하더라도 가족 간 친밀한 대화를 통해 서로 아픔을 감싸주고, 건강한 가정을 이루어야 한다. 그럴 때 건강한 다음세대가 길러진다.

3) 가족과의 친밀감을 높여야

가정이 건강하면, 중독의 확산이 멈춘다. 그런데 가정이 희망차고, 건강해지려면 부모와 자녀가 같이 노력해야 한다. 가정에서 다음과 같은 노력을 하면 좋다.

a. 가족과 여행하기

b. 서로 하루 일과 나누기

c. 같이 취미 생활하기

d. 함께 교육에 참여하기

e. 말씀 같이 읽고, 묵상하기

f. 함께 큐티 혹은 예배하기

g. 함께 맛있는 것 먹기

h. 다차원적 가족 상담받기

가족 간에 서로 친밀감이 있도록 위에서 언급한 '다차원적 가족 상담받기'를 해 보면 좋다. 최은영 저서 「청소년 비행 및 약물 중독 상담」은 여러 최신 상담 이론을 제시하는데, 그중 다차원적 가족 상담과 영성 상담을 소개하고 있다.

교회가 제 역할과 대안을 펼쳐라

중독 치료를 위해서 우리는 교회적 역할과 대안을 잘 알아야 한다. 교회 안에 청소년들이 겪고 있는 중독의 위기 속에서 교회는 중독에 빠진 청소년들을 위해 어떤 역할을 감당해야 할까?

첫째로, 하나님의 형상을 회복하도록 해야 한다. 이를 위해 다음세대에게 하나님이 어떤 하나님의 형상을 가지길 원하시는지 알게 해야 한다.

'하나님이 이르시되 우리의 형상을 따라 우리의 모양대로 우리가 사람을 만들고 그들로 바다의 물고기와 하늘의 새와 가축과 온 땅과 땅에 기는 모든 것을 다스리게 하자 하시고 하나님이 자기 형상 곧 하나님의 형상대로 사람을 창조하시되 남자와 여자를 창조하시고 하나님이 그들에게 복을 주시며 하나님이 그들에게 이르시되 생육하고 번성하여 땅에 충만하라, 땅을 정복하라, 바다의 물고기와 하늘의 새와 땅에 움직이는 모든 생물을 다스리라 하시니라' 창 1:26-28.

우리 각자는 하나님의 형상으로 창조되었다. 그러나 사탄은 우리가 아름다운 하나님의 형상이 아니라, 중독으로 일그러진 모습으로 살아가게 한다. 다시 하나님의 형상을 회복해야 한다.

둘째로, 각자가 얼마나 소중한지 일깨워 주고, 비전을 찾도록 도와주어야 한다.

'너희 안에서 행하시는 이는 하나님이시니 자기의 기쁘신 뜻을 위하여 너희에게 소원을 두고 행하게 하시나니' 빌 2:13.

우리 모두는 방향성을 잘 잡고, 나아가야 한다. 그러나 중독은 방향성을 잃게 하고, 방황하게 하고, 결국 방탕하게 한다. 고로, 비전을 찾고 그 방향성으로 나아가도록 해야 한다.

셋째로, 하나님의 영광을 위해 살도록 하고 중독에 빠져 우상숭배하지 않도록 해야 한다. 「웨스트민스터 소요리 문답」 1문을 보면 인간의 제일 되는 목적은 '하나님을 영화롭게 하는 것과 영원토록 그를 즐거워하는 것'이라 하였다. 바울은 골로새서 3장 5절에서 이렇게 말했다.

'그러므로 땅에 있는 지체를 죽이라 곧 음란과 부정과 사욕과 악한 정욕과 탐심이니 탐심은 우상숭배니라.'

중독자를 다방면으로 케어하라

교회는 중독자가 더 양산되지 않도록 어떻게 신앙적으로 케어해야 할까?

첫째, 연계가 이루어지도록 해야 한다. '가정-교회-학교'의 연계가 있어야 한다. 가정과 교회는 연계하려고 계속 노력하고 있다. 그러나 실제로 많은 시간을 보내는 학교에서는 어떤 존재로 살아가고 있는가? 주일에 배우는 신앙의 내용이 학교와 학원의 장에서 펼쳐지도록 관심을 가져야 한다. 더 나아가, 사회단체와 교계, 가정의 연합과 연계 활동이 이루어져야 한다.

둘째, 전문적인 중독 상담사를 양성해야 한다. 중독에 대해 더 깊이 알고, 교육하고, 상담할 인재를 양성해야 한다.

조선 시대 때 율곡 이이는 10만 양병설을 주장했다. 그러나 그 의견은 묵살되고, 임진왜란이 터지자 침략에 대비하지 않은 조선은 추풍낙엽처럼 무너지고 수도 한양까지 잃었다.

2020년 9월 10일 과학기술정보통신부는 한국판 뉴딜의 주요 과제 중 하나로 꼽히는 인공지능·소프트웨어 AI·SW 10만 인재 양성을 발표했다. 10만 군인 혹은 인공지능과 소프트웨어 인재만이 아니라 중독에 대처하고, 가르치고, 상담할 인재가 필요하다. 상담을 통해 중독을 치료받게 해야 한다. 폴 트립은 저서 「치유와 회복의 동반자」에서 성경적 상담을 할 때 다음 8가지를 살펴볼 것을 말한다.

첫째, 내담자 상황은 어떠한가?

둘째, 내담자는 어떻게 반응하는가?

셋째, 내담자를 지배하는 것은 무엇인가?

넷째, 내담자 반응의 결과는 무엇인가?

다섯째, 하나님은 어떻게 말씀하시는가?

여섯째, 내담자는 어떻게 하나님께 나아가 도움을 구할까?

일곱째, 내담자가 하나님께 영광을 돌리기 위해 어떻게 상황에 반응할까?

여덟째, 믿음과 순종 가운데 사는 내담자의 삶의 결과는 어떠한가?

존 맥아더는 그의 저서 「상담론」에서 '피상담자에게 소망을 심어주기'를 말한다. 더불어 데이비드 A. 폴리슨은 「정신의학과 기독교」에서 기독교는 제이 아담스의 권면적 상담을 통해 많은 사람을 상담하고, 치유·회복하게 되었음을 말한다.

셋째, 교육 프로그램이 필요하다. 무엇이 중독이고, 중독의 위험성이 무엇인지를 알려야 한다. 그러기 위해서 체계적인 중독예방 프로그램이 필요하다. 이에 정기적인 세미나와 중독예방 교육이 있어야 한다. 부지런히 하나님 말씀을 가르치고, 죄와 중독에 대해서도 가르쳐야 한다.

교육과 훈련을 멈추지 마라

교육과 훈련을 통해 중독에 빠지지 않게 해야 한다. 청소년들이 성중독에 빠지지 않도록 청소년들과 청소년을 양육하는 부모들을 어떻게 도울 수 있을까?

첫째, 성에 대해 올바른 교육을 해야 한다. 성교육을 친구나 검증되지 않은 미디어 매체를 통해 배우지 않도록 해야 한다. 특히, 성에 대해 성경적 바른 관점을 심어주어야 한다. 성은 인류의 번식을 위해 필수적이다.

'하나님이 그들에게 복을 주시며 하나님이 그들에게 이르시되 생육하고 번성하여 땅에 충만하라' 창 1:28.

성경은 또한 성이 결혼생활을 위한 것이라고 말한다.

'예수께서 대답하여 이르시되 사람을 지으신 이가 본래 그들을 남자
와 여자로 지으시고 말씀하시기를 그러므로 사람이 그 부모를 떠나서
아내에게 합하여 그 둘이 한 몸이 될지니라 하신 것을 읽지 못하였느냐'
마 19:4-5.

둘째, 성적인 문제에 대해 도움을 줄 인력과 터전이 필요하다. 우리
는 누군가 성적인 문제에 빠졌을 때 도움을 주어야 한다. 더 나아가 잘
못된 성 개념을 바로잡아 주기도 해야 한다. 특히, 다음세대 청소년들이
낙태를 통해 영아살해를 하지 않도록 해야 한다. 왜 그런가? 프란시스
A. 쉐퍼는 저서 「그리스도인의 생명 윤리」를 통해 인본주의가 서구사회
를 지배하게 되자 저급한 인간관을 가지게 되었고, 낙태와 영아살해에
더 빠지게 되었다고 한다. 예수께서는 이런 시대를 향해 다음과 같이 말
씀하신다.

'예수께서 이르시되 나도 너를 정죄하지 아니하노니 가서 다시는 죄
를 범하지 말라 하시니라' 요 8:11.

셋째, 가정에서도 성교육이 이루어지는 것이 가장 효과적이다. 중독은 크게 물질 중독과 행위 중독으로 나눌 수 있다. 물질 중독에는 마약, 약물, 알코올 중독이 있고, 행위 중독으로는 스마트폰, 쇼핑, 도박 등이 있다. 행위 중독의 대표적인 것 중 하나가 바로 도박중독이다. 그렇다면, 어떻게 해야 중독에서 빠져나올 수 있을까?

도박중독 Gambling addiction 은 만성화된 자기 조절 실패로 인해 초래되는 것이다. 이를 위한 4가지 대안은 다음과 같다.

① **자기 조절과 자기통제가 있도록 해야 한다.**

갈라디아서 5장 22-23절에서 제시하는 성령의 마지막 열매가 무엇인가?

'오직 성령의 열매는 사랑과 희락과 화평과 오래 참음과 자비와 양선과 충성과 온유와 절제니 이같은 것을 금지할 법이 없느니라.'

성령의 마지막 열매는 '절제'이다. 그러나 중독에 빠지면, 절제의 브레이크는 고장 나고 만다. 결국, 브레이크 없는 자동차처럼 앞만 보고 달리다가 충돌하고 대형 사고가 나게 된다.

② **중독자들이 중독을 통해 본인이 아무런 손해를 보지 않을 것으로 생각하는 낙관주의에서 빠져나오도록 도와야 한다.**

누가복음 12장에서 한 부자는 밭에 소출이 풍성하여지자 곳간을 헐고, 더 크게 짓고, 모든 곡식과 물건을 거기에 쌓아 두려고 하였다. 그러나 하나님은 "어리석은 자여 오늘 밤에 네 영혼을 도로 찾으리니"라고 말씀하셨다 20절. 이런 어리석은 자처럼, 도박 중독자는 좀 더 자신이 오늘 밤에 돈을 딸 것으로 생각한다. 술 중독자는 자신이 술을 통제하고, 자신에게는 전혀 문제가 없다고 믿는다. 이런 낙관주의적 생각은 결국 자신과 가정을 비극적으로 만든다.

③ 인지 치료가 필요하다.

인지 치료에는 네 가지 요소들이 있다.

ⓐ 비합리적 인지의 타당성에 관한 의문을 제기해야 한다.

ⓑ 인지적 오류에 관한 인식을 증가시켜야 한다.

ⓒ 교육을 해야 한다.

ⓓ 인지적 재구성이 이루어져야 한다.

이런 중독 관련 역기능적 인지의 하위 요소로는 '통제에 대한 착각', '해석 편향', '행동 조절이 불가능하다는 믿음', '중독의 긍정적 효과에 대한 기대'가 있다. 무엇보다, 중독자가 스스로 자신과 가족을 책임지도록 인지적으로 일깨워 주고, 책임감을 고취하도록 도와주어야 한다.

김영한 목사

품는교회 담임이며 'Next세대 Ministry'와 '다음세대 선교회' 대표이다.
총신대학원을 졸업한 후 캐나다 밴쿠버 트리니티웨스턴 대학원에서 성
서학을 공부했다. 저서로는 「중독 A to Z」(넥스트), 「결혼 고민이 뭐니?」
(목양), 「청년아! 깨어나라!!!」(목양) 등이 있으며 22권의 저자 혹은 공저
자이다.

관심 리부트
– 스마트폰 과의존 현상과 그 해법

스마트폰 과의존, 바로 알아야 한다

다음세대 스마트폰 과의존^{중독}이 심각하다. 스마트폰 과의존을 상담하고 치료하다 보면 스스로가 그 피해의 심각성은 물론 중독되어 있음을 잘 모르는 경우가 허다하다. 스스로가 과의존임을 인정만 해도 중독 치료는 수월하다.

과의존자는 스스로가 과의존자가 아니라며 방어하거나 회피한다. 그들은 이렇게 말한다. "뭐, 술 좀 좋아하는 것이지 중독은 아니야", "술을 많이 먹지 않으면 되잖아", "할 일을 하고 있잖아." 이와 같은 이유로 도움의 손길을 원하지 않는다. 심지어는 치료의 손길을 내밀 때 학대당하는 것으로 여기기도 한다.

다음세대도 스스로 스마트폰을 과의존하고 있음을 인정하지 않는다. 스스로 '나는 스마트폰 중독의 어느 단계가 맞다'라고 확인하고 자기 입으로 인정할 때, 스마트폰 과의존에서 벗어날 수 있는 길을 찾기 시작한다.

스마트폰의 피해와 위험성[55]

스마트폰 과의존 등 중독의 피해와 위험성은 높다. 특히 사용연령이

낮은 다음세대에서 더 심각하다. 가장 위험한 것이 '뇌'이다. 다음세대 연령에 속한 나이대에서 스마트폰 과의존이 되면 뇌는 1/3정도[56]만 기능을 한다. 전두엽 뇌 속에 시냅스들이 줄어들거나 약해져 결국 전두엽의 1/3만 건강하게 기능하게 되는 것이다. 즉, 뇌의 2/3가 제 기능을 잘 사용하지 못해 인지능력이 거의 1/5수준으로 떨어진다.[57]

전인격적이고 창조적인 인간이 되려면 3세부터 대뇌피질이 잘 발달해야 한다. 그러면 언어능력, 창의력, 지각능력, 도덕성, 절제력이 발휘된다. 반면 대뇌피질 발달이 정상적으로 이루어지지 않는 다음세대인 중고등학생들은 친구에게 왕따나 집단 따돌림 등을 하고도 그 원인을 물으면 '재밌잖아요', '그냥요', '심심해서요'라고 대수롭지 않게 대답한다. 그 원인은 전두엽의 기능이 떨어져 사고 기능에 문제가 발생했기 때문이다.

다음세대인 Z세대나 알파세대에 속하는 3-13세는 시냅스 연결이 잘 되는 결정적인 시기이다. 특히 3-6세 시기에 시냅스가 빽빽하게 연결된다. 사람들은 알파세대인 13세까지 뇌에 자극한 것으로 평생을 살아간다. 그러므로 다음세대 시기에는 뇌가 정상적으로 자라야 한다. 만약 정상적으로 자라지 않아 스마트폰 등에 과의존하다가 어른이 되면 다른 중독으로 이어진다. 이에 알파세대인 13세까지는 뇌 건강을 위해 스마트폰을 사용하지 않거나 정말 적게 사용해야 한다. Z세대도 자기 관리력과 책임감이 좋아 스마트폰의 바른 사용법을 지킬 수 있는 한에서만 허용해야 한다.

다음세대의 스마트폰 과다 사용은 여러모로 위험하다. 전자파로 인하여 아동과 청소년의 뇌가 팝콘 브레인 상태가 된다. 팝콘 브레인 상태가 되면 사고력은 길러지지 않고 글이나 말의 내용을 잘 이해할 수 없게 된다. 놀이도 즐겁지 않다. 대인 관계에도 어려움이 온다. 이뿐인가? 공감능력도 현저히 떨어진다. 지나치게 자기중심적이 되어 재미있고 자극적인 것만 추구하게 된다.

교육학자의 말에 따르면, 10세는 되어야 종합적인 사고가 가능하다고 한다. 초등학교 4학년부터 사회 등 추상과 논리가 필요한 내용이 발현된다. 그러므로 10세 이전에는 스마트폰을 사용하지 않는 것이 좋다. 10세까지는 교육용 미디어조차도 피하는 것이 좋다.

알파세대 때 스마트기기나 미디어를 사용하면 뇌에 각인효과 刻印, imprinting 가 생겨 강한 집착을 보인다. 마치 동물이 처음 태어나서 보는 것이 뇌에 각인이 되어 집착과 애착을 느끼는 것과 같다. 성장 과정에 있는 다음세대의 이른 스마트폰에의 노출은 각인효과가 생겨 다음세대 기간 내내 더욱 스마트폰에 집착하게 된다. 10세 전에 각인해야 할 것은 엄마 얼굴, 부모의 사랑, 자연의 아름다움, 하나님 나라, 다양한 문화와 체험이어야 한다.

인지하지 못하고 있는 스마트폰 피해

다음세대는 그렇다 치더라도 어른들조차 다음세대의 스마트폰 피해의 심각성을 인지하지 못한다. 지금의 어른들은 스마트폰을 사용하며 영유아기와 청소년을 보내지 않았다. 그래서 스마트폰 사용으로 인한 위험과 피해에 관한 정확한 정보조차 없다. 그들이 과의존의 피해를 경험하지 못했기에 다음세대도 피해가 없을 것이라고 생각한다.

부모는 다음세대가 스마트폰을 오래 사용해도 괜찮을 것이라고 착각하게 만들면 안 된다. 사람들은 혼자는 횡단보도 신호를 위반하지 않는다. 다른 사람들이 신호를 위반하면 덩달아 죄책감 없이 신호를 지키지 않는다.

다음세대가 스마트폰 과의존의 심각성 인지가 약한 것은 뇌 손상과 인지능력 저하는 성장 과정에서 서서히 일어나기 때문이다. 만약 부모와 다음세대가 스마트폰 과의존의 심각성을 느꼈다면, 이미 뇌 발달에 문제가 생겼다고 할 수 있다. 마치, 몸속에 말기암이 너무 늦게 발견되어 어찌해 보지 못하는 것과 같다.

다음세대가 중요하다고 외치는 교회는 뇌 과학적 접근으로 다음세대가 스마트폰을 바르게 사용할 수 있도록 가이드하는 것에 힘써야 한다. 교회는 교회의 미래인 다음세대를 위해 적절한 대책을 세워야 한다.

스마트폰 과의존, 너는 무엇이니?

'스마트폰 과의존'을 '스마트폰 중독'이라고도 말한다. 정확한 표현은 '스마트폰 과의존'이다. 다음세대가 스마트폰 과의존 상태에 있다면 전문가의 도움을 받아 지도하는 것이 좋다. 또한 교회는 이들을 돕기 위해 가장 먼저 스마트폰 과의존의 핵심 3요소를 알아야 한다. 그것은 '조절실패', '현저성', '문제적 결과'이다. 좀 더 정확한 접근을 위해 건국대학교병원 정신과 하지현 교수가 말하는 '청소년 스마트폰 과의존의 특징'을 참고하여 3가지 과의존 진단 요소를 살펴보면 다음과 같다.

첫째로, 조절실패의 양상을 보자. 그들은 "저도 폰 사용 조절이 안 되어서 속상합니다"라고 말한다. 이들의 "저도 알지만 잘 조절이 안 된다고요"라는 하소연은 '조절실패' Self-control failure, 자기 통제력 상실 를 뜻한다. 이 조절실패는 과의존의 3대 요소 중 중요한 지표이다. 스스로 스마트폰 사용이 조절되는 것이란, 자기 목표와 자기 조절 능력에 맞게 적당한 시간 동안 스마트폰을 사용하는 것이다. 반면 스마트폰 사용이 조절되지 않으면 합리적인 사고나 바람직한 행동이 안 된다. 부모와 약속한 스마트폰 사용 시간이 지켜지지 않으면 이미 조절실패이며 과도한 폰 사용자라고 할 수 있다. 아래는 스마트폰 조절실패에 속한 사람의 특성이다.

집에 휴대전화를 두고 오면 하루 종일 불안하다.	전화를 하고 있으면 시간이 어떻게 가는지 모른다.
수업시간에도 문자 메시지가 오면 바로 답장을 한다.	심심할 때 불필요하게 휴대전화를 사용한다.
수업시간에도 휴대전화 전원을 끄지 못한다.	폰을 사용하다가 밤 11시를 넘겨서 잠을 잔다. 다음 날 잘 일어나지 못한다.
심심하고 시간이 나면 별다른 이유 없이 전화를 걸거나 문자 메시지를 보낸다.	금단현상이 생겨 한나절이나 하루, 이틀 폰을 사용하지 않고 지낼 수가 없다.

수신상태가 좋지 않은 곳에는 오래 머물고 싶지 않다.	폰을 차단당하면 분노가 생기고 좌절과 우울감이 높아진다.
전화가 오지 않더라도 자주 휴대전화를 꺼내 확인한다.	내성이 생겨 이전보다 점점 더 많이 하게 된다. 줄이는 것이 안 된다.

둘째, 현저성 Salience 의 양상을 보자. 현저성에 노출된 이들은 "저는 폰만 좋아요. 다른 것은 다 하기 싫어요"라고 말한다. '나는 요즘 폰만 좋다. 다른 것은 하기 싫고 관심도 없다. 어쩌나'라고 생각한다. 이것이 중독의 3가지 중 한 가지인 '현저성'이다. 이 상태는 스마트폰에 대한 집착과 관심이 두드러진다. 스마트폰 사용이 자기 삶에서 가장 중요하다. 스마트폰에 대한 부정적인 결과가 자신의 긍정적인 활동과 강점을 다 덮고도 남는다. 눈에 띄는 폰 사용이나 한 가지 자극으로 전체 스트레스나 불안을 극복한다. 잦은 스마트폰 사용으로 자기 삶을 전체화, 확대시킨다.

다음세대가 스마트폰에 대한 현저성 상태가 되면 스마트폰 사용이 최우선시되고 스마트폰이 이 세상을 살아가는 단 한 가지 이유가 된다. 만약 스마트폰을 사용하지 못하면 다른 것은 모두 의미가 없어진다.

다음세대가 잘못된 스마트폰 사용에 노출되면 자기 현실 문제도 그릇되게 해석하게 된다. 모든 관심은 오로지 스마트폰의 사용으로만 연결된다. 폰 하나로 모든 필요와 문제와 불안과 걱정과 스트레스를 해결한다.

스마트폰 현저성 상태가 되면 또한 중독적 사고로 이어진다. 중독적 사고의 대표적인 것이 바로 '강박적인 사고'와 '집착적인 사고'이다. 자기 행위에 문제가 있는 줄 알지만 '계속 반복'할 뿐이다. 아래는 스마트폰 현저성에 노출된 사람의 특성이다.

벨 소리, 컬러링을 자주 바꾸는 편이다.	휴대전화가 없는 나를 상상하기 어렵다.
무리해서라도 최신 기종의 휴대전화를 사고 싶다.	통화 연결음이 울릴 때면 뭔가 새로운 일을 기다릴 때처럼 기대가 된다.
골치 아픈 일을 잊기 위해 문자 메시지를 보내거나 휴대전화 게임을 한다.	가끔씩 휴대전화가 내 몸의 일부처럼 느껴진다.

셋째, 문제적 결과 Serious consequences 의 양상을 보자. 여기에 노출된 이들은 '피해가 생기는 것을 알지만 에라, 모르겠다. 그래도 폰은 계속할 거야'라고 생각한다.

지나친 스마트폰 사용이나 잘못된 사용은 삶에서 다양한 문제를 야기시킨다. 신체적, 심리적, 사회적, 대인 관계, 경제적, 수면, 영적으로 피해가 나타난다. 그럼에도 지속적으로 스마트폰 사용을 멈추지 않는다.

부모나 형제가 스마트폰을 사용하는 것에 대해 걱정을 많이 한다면 이미 문제적 결과에 들어갔다고 할 수 있다. 스마트폰에 과의존된 상태이기 때문이다. 스마트폰 사용이 너무 심해서 괴로워하며 잠을 잘 못 자거나 너무 늦게 잠을 자거나, 낮에 때만 되면 졸거나, 집중력 등이 떨어지거나 건강에 이상이 생긴다면 이미 과의존 상태이다. 다음은 문제적 결과 상태에 있는 사람의 특성이다.

교회나 학교, 학원에 가기 싫고 집에서 폰만 만지고 있고 싶다.	낮에 자꾸 졸거나 집중력이 떨어져 학습이나 중요 대인 관계가 되지 않는다.
휴대전화 배터리가 한 눈금만 남아 있으면 불안해진다.	폰 사용으로 잠을 잘 못 자서 오전에 자주 졸린다.
휴대전화 요금이 과도하게 나와 사용을 줄이려 노력한 적이 있다.	만나서 대화를 하는 것보다 전화나 문자 메시지가 편하다.
새 전화기로 바꾸거나 휴대전화 요금을 내기 위해 아르바이트를 하거나 부모에게 거짓말을 한 적이 있다.	폰으로 인해 성중독이나 게임중독, 도박중독이 추가로 생기고 있다.
문자 메시지를 보냈는데 바로 답장이 안 오면 짜증 난다.	휴대전화 요금이 연체되거나 사용 정지가 된 적이 있다.
밤에 잠을 제때 잘 못 자거나 자도 깊이 자지 못한다.	쉽게 화를 내거나 쉽게 좌절하며 감정기복이 심하게 된다.
고등기능이 잘 안되고 생각이 다양하게 되지 않고 폰 생각만 한다.	노는 것도 싫고 가족과 함께하는 것도 싫다. 폰하는 것이 더 좋다.
성적이 떨어지고 책이 눈에 들어오지 않는다.	사람들을 만나도 대화를 잘 하지 않고 폰을 계속 만지고 본다.

스마트폰 과의존을 리부트하라

스마트폰 과의존을 리부트하려면 다섯 가지 불을 꺼주어야 한다.

1) 다음세대 주변에 불붙은 불안의 불을 끄자

청소년들이 스마트폰에 과의존하는 원인 중 핵심적인 것은 청소년의 '불안'이다. 다음세대는 공부, 미래 등의 대한 '스트레스'가 매우 많다. 이에 다음세대는 불안을 잠재우기 위해 스마트폰보다 더 재미있는 다른 것에 몰입하도록 이끌어야 한다. 스트레스를 해결하는 가장 손쉽고 빠른 방법은 재미와 즐거운 것에 뛰어드는 것이다. 하지만 이런 방법은 나중에는 마약중독이나 알코올중독처럼 더 허무하고, 신체와 환경적으로, 또는 경제적인 문제와 대인 관계에도 문제를 야기시킨다.

교회는 다음세대의 주변에 산재한 불안의 불을 끄는 데 주력해야 한다. 불안의 불을 꺼도 스마트폰과 게임을 좋아하게 된다. 하지만 스마트폰에 빠져들거나 집착하는 것으로 중독까지는 가지 않는다. 스마트폰을 조절하고 통제가 가능할 정도로 사용하게 된다.

불안이 가중된 다음세대에게 교회는 불안을 제거해 주어야 한다. 만약 불안 요인을 제거해 주지 않은 채로 폰 사용만 줄이라고 한다면 효과가 미미하고 주변과 관계만 나빠진다. 이에 부모나 학교, 교회 지도자가 불안 제거보다 스마트폰만 제거하는 방법을 쓴다면 청소년들에게 반감만 일으킬 뿐 효과가 없다.

2) 가정에 붙은 불안의 불을 먼저 끄자

다음세대가 스마트폰에 과의존되지 않게 하려면 부부가 먼저 행복해야 한다. 다음세대의 스마트폰 과의존을 해결할 구체적인 방법이나 처방을 받고자 상담차 방문했다가 부부가 먼저 행복해야 함을 말하면 다들 놀란다. 부모는 다음세대를 가장 불안하게 하는 요인이 부모에게 있음을 잘 모른다. 부모의 관계가 나쁘면 자녀는 생존 위협까지 느낄 정도로 불안지수가 올라간다. 나이가 어릴수록 불안도는 더 심각하다. 자녀에게 불안의 불을 활활 타도록 한 뒤, "너는 왜 스마트폰을 그렇게 많이 하냐?"라거나 "왜 그렇게 말을 듣지 않느냐?"라고만 한다면 이는 앞뒤가 전혀 맞지 않는 것이다.

스마트폰 과의존, 성중독, 게임중독은 부모의 불안이 자녀에게 불이 붙어 야기된 것으로 이는 자녀가 불안의 불을 끄기 위한 방책이다. 그러므로 다음세대의 스마트폰 과의존을 리부트하려면 부부갈등부터 해결해야 한다.

아이들이 "엄마, 아빠 사이가 너무 좋다"라거나 "우리 부모님은 절대 서로 미워하지 않을 거야" 혹은 "부모가 행복한 집에서 자녀로 살아서 진짜 감사하다"라고 말하게 된다면, 부모의 스마트폰 사용 지도의 반은 성공했다고 할 수 있다.

불행한 부부 밑에서 자란 아이들은 불안을 해소하려고 스마트폰을 사용하다가 과의존되는 경우가 매우 많다. 그러므로 아이들에게 스마트폰 지도를 하기 전에 부모가 먼저 좋은 부부 사이를 유지해야 한다.

3) 사회나 학교에 붙은 불안의 불을 끄자

다음세대에게 스마트폰에 대한 바른 통찰력과 가치관, 그리고 바른 이해를 심어주어야 한다. 사회나 학교는 다음세대로 하여금 게임과 줌 강의, 유튜브 보기, 정보검색은 모두 개인 PC로 하게 해야 한다. 위에 열거한 것들을 스마트폰으로 할 경우, 스마트폰 과의존 경향이 더욱 높아진다. 전자파는 전두엽과 시냅스에 치명적이다. 스마트폰을 못 쓰게 하는 것보다 할 수만 있다면 개인 PC나 노트북으로 작업하도록 해야한다.

사회나 학교는 다음세대와 구체적인 협의로 스마트폰 사용에 기준을 정해야 한다. 기술의 발달로 3D 화면이 좋아지고, 폭력성이 높고 자극성이 증가되는 것에 대한 분석과 대책을 부모와 협의해야 한다. 특히 학교에서는 학부모를 설득하여 학부모 서명으로 스마트폰 부작용에 동의하고 개선 규칙에 서명하여 동참케 해야 한다. 이러한 사회적 분위기가 형성되면 우리 부모만 별나게 반대한다는 인식을 내 아이에게 주지 않게 된다. 이런 사회 분위기가 스마트폰 사용을 절제하게 하여 스마트폰 과의존 리부트가 일어난다.

4) 교회에 붙은 불안의 불을 끄자

다음세대를 위해 교회가 해야 할 일은 하나님을 체험토록 하는 것이다. 성경말씀을 재미있고 쉽게 아이들의 눈높이에 맞추어 잘 가르쳐 주어야 한다. 청소년 시기부터 진리에 목마르고 눈을 잘 뜨게 해야 한다. 스마트폰 과의존이 날로 심각해지는 시대에 "아이들이 내게 오는 것을 막지 말라"라고 하신 예수님의 간곡한 부탁을 들어드릴 때가 되었다.

교회 전체 아이들과 교회 부모들이 스마트폰 사용 규칙 몇 개를 만들어 서명하게 해야 한다. 그렇게 할 때 '우리 집만 왜 이렇게 스마트폰을 하지 못하게 하는가?'라는 불만이 줄어든다.

5) 개인에게 붙은 불안의 불을 끄자

자녀는 불안해지면 스마트폰을 손에서 놓지 않는다. 이때 불안의 이유, 내용, 그리고 강도를 알아 해결해 주어야 한다. 개인의 불안 요인은 다양하다. 불안은 부모로 인해서, 학업 성적으로 인해서, 진로 때문에 등 그 이유가 많다.

청소년들이 개인의 불안을 해결하는 최적의 방법은 하나님의 은혜를 경험하는 것이다. 하나님 은혜에 목말라야 한다. 교회에 다니는 다음 세대는 하나님의 은혜가 충족되지 않으면 불안이 가중된다.

청소년을 자주 대하고 상담하면 근원적인 불안이 하나님을 떠난 영혼의 목마름임을 알 수 있다. 어찌 살고 무엇을 하고 살아야 하는지 그 정체성이나 사명을 찾지 못하여 하루하루 그저 견디는 것에 대한 불안이다. 다음세대 각 개인에게 하나님과의 만남, 죄 사함, 구원의 확신, 적성과 은사를 많이 제대로 찾아주어야 한다. 다음세대가 성령으로 충만토록 이끌어서 하나님 나라를 이미 이 땅에서 능력 있게 살아내는 영적 생명력이 있는 아이로 양육해야 한다.

명령하지 말고 같이 규칙을 세워 보자

다음세대가 스마트폰 과의존에서 벗어날 수 있도록 하기 위한 세 가지 방법을 다음과 같이 제시한다.

첫째는, 「중학생 뇌가 달라졌다」라는 책을 활용하면 효과가 좋다. 이 책은 부모와 자녀가 같이 읽어야 한다. 이 책의 지침에 따라 대책을 구체적으로 협의하는 것이 좋다. 만약 부모가 일방적으로 스마트폰을 자제시키면 이것은 부모의 잔소리가 된다. 그럼 아이는 우리 부모만 별나고 고리타분하다고 생각한다. 전문가의 의견을 보며 부모와 자녀가 함께 스마트폰의 해로움을 알고 이에 따른 규칙을 만들면 해결책을 찾을 수 있다.

둘째는, 스트레스 해소법을 다양하게 찾고 변화를 주어야 한다. 스트레스를 받는 상황과 대체를 기록하여 전문가에게 의뢰하고 도움을 받으면 된다. 감사일지를 적어서 도움이 된 사례도 많다. 그리고 친구와 가족과 함께 시간을 많이 보내면 좋다. 그러면 옥시토신 분비가 잘 되어 스트레스와 불안이 많이 제거된다. 껌을 씹는 방법도 행복감이 상승이 되고 스트레스를 낮추는 데 효과적이다. 또한 많이 크게 웃기를 자주 하면 얼굴 근육이 이완된다. 그리고 전두엽이 행복 모드로 바뀐다.

셋째는, 규칙적이고 다양한 운동을 하게 하면 된다. 운동을 적당하게 하면 스트레스 호르몬인 코르티솔이 감소됨과 동시에 기분도 개선된다. 게다가 진통제 역할을 하는 엔도르핀 분비가 촉진된다. 수면의 질도 향상된다. 더불어 자신감이 높아지며 뇌가 행복한 모드로 인식한다. 걷기, 조깅, 춤, 헬스, 필라테스, PT, 요가 등 땀나도록 운동하거나 이에 준하는 노동을 하는 것이 좋다.

자기 관리력을 높여야 한다

다음세대가 스마트폰을 구입할 때 그 기준은 자기 관리력이어야 한다. 자기가 할 일과 약속, 자기를 다스리는 것이 최소한 70% 이상이 돼야 스마트폰을 사용하게 하는 것이 적절하다. 자기 관리력이 부족하면 스마트폰 과의존에 쉽게 노출된다. 나이에 상관없이 자기 관리력이 부족하다면 스마트폰을 소유하지 않는 것이 좋다. 소유로 이어지면 나쁜 부분으로 활용 비중이 커진다. 곧 스마트폰 과의존, 성중독, 게임중독, 도박중독, 대인 관계 부족, 집중력 결여 등으로 나타난다. 혹여, 스마트폰을 사용할 수밖에 없는 사정이 있다면 2G폰을 사용하도록 해야 한다.

스마트폰 사용에 자기 관리력이 중요한 이유는 스마트폰 과의존으로 감정표현 불능증에 빠질 확률이 높아지기 때문이다. 우리나라는 일중독과 성공주의, 경쟁주의와 성적 지상주의 영향으로 감정표현불능증을 부추기는 사회가 되었다. 어쩌면 집단으로 감정표현불능증에 걸린 사회일지도 모른다.

스마트폰 과의존이 되면 감정을 자신의 언어로 시원하고 정확하게 표현하지 못할 확률이 높아진다. 감정을 자신의 상태가 보내는 신호로 인식하지 못하기도 한다. 감정이 아픈데 몸이 아픈 것으로 대신하여 표현하게 된다. 그러면 스마트폰 속으로 들어가기, 음주, 폭식, 여행, 지나친 일, 성공 추구, 종교적 열심 추구 등으로 이어지게 된다.

남성은 여성의 2배 <small>실제 훨씬 더 심함</small> 로 감정표현불능이 심하다. 감정표현불능증의 현상 중 하나는 억지 미소를 띠는 경우가 많다는 것이다. 또한 유머감각도 부족하며 전화나 문자를 대면보다 더 즐기게 된다. 감정표현불능이 심하면 혼자 집에 있어도 우울하고 불행해한다. 이뿐인가? 주위에 속을 터놓고 지낼만한 사람도 없게 된다. 자기 감정표현이 서툴러 감정보다 사실과 사건, 정보 위주로 표현한다. 다른 사람의 감정을 잘 모르니 공감도 잘 못한다. 또한 감정표현불능증이 생기면 느낌과 감정을 행동이나 몸으로 표현하려고 한다. 이에 작은 일에도 화를 잘 내고 따지게 되어 대인 관계가 힘들어진다. 결국, 스마트폰으로 감정표현과 대인 관계의 부족을 해소하려 들어 스마트폰 과의존에 이르게 된다.

올바른 스마트폰 사용을 위한 가이드 라인

다음세대는 성장해야 할 세대이다. 부모세대가 아직은 미성숙한 그들을 잘 지도할 수 있도록 다음세대의 스마트폰 사용을 위한 가이드라인을 다음과 같이 제시한다.

① 스마트폰 사용 연령을 최대한 늦추어야 한다.

만 4세 이하 절대 사용금지, 만 10세 이하도 거의 사용 금지 <small>선진국은 대부분 실시 하는</small>

것이 좋다. 일반적으로 중학생까지도 2G폰 피처폰 사용을 권한다.

미디어를 접하는 시기를 최대한 늦추어 오감 전체의 자극과 활동으로 뇌와 신체가

발달하도록 도와주어야 한다.

② **스마트폰은 휴대전화이지 장난감이 아니다.**

스마트 기기를 사용할 때는 반드시 부모와 함께하는 것이 좋다. 자기 관리 능력과

책임감이 70% 이상 될 때만 혼자서 사용할 수 있도록 해야 한다. 부모도 올바른

미디어 사용 습관을 지니고 본을 보여야 한다.

③ **보채는 아이를 달래는 수단으로 스마트폰을 쥐여 주면 안 된다.**

부모는 아이를 조용히 하게 하기 위한 목적이나 가만히 있게 하려고 스마트폰을 주

면 안 된다. 아이와 있을 때는 부모도 스마트폰을 만지지 말고 아이와 교류하고 대화

하며 스킨십을 충분히 하는 시간으로 보내야 한다. 식당이나 공공장소에서 언제나

아이가 놀 수 있는 색종이 놀이, 색종이 접기, 장난감 종류, 블록 맞추기, 그림책 등을

준비해서 스마트폰 대신 손발과 입을 움직이며 보낼 수 있는 것을 주어야 한다.

④ **스마트폰을 이용한 학습을 대부분 하지 않도록 해야 한다.**

꼭 해야 한다면 개인 PC나 노트북으로 하도록 도와주어야 한다. 드라마, 웹툰 같은

연재물은 자기 조절력이 70% 이상 넘을 때만 하도록 유도해야 한다.

⑤ **스마트폰을 과다 사용했을 때 얼마나 피해가 큰가를 자주 이야기해 주어**
야 한다.

⑥ **스마트폰 사용 시 바른 자세를 취하고 자주 스트레칭을 하며 눈을 쉬게 해**
주는 습관을 가지도록 해 주어야 한다.

⑦ 카카오톡 등 채팅에 빠지지 않게 해야 한다.

⑧ 애플리케이션 이하 앱 은 꼭 필요한 것만 다운을 받도록 하는 것이 좋다.

모든 게임 앱은 삭제하는 것을 원칙으로 해야 한다.

⑨ 스마트폰 중독 방지 앱을 이용하는 것이 좋다.

⑩ 아이의 스마트폰 사용량을 수시로 체크해야 한다.

스스로 스마트 기기 사용을 끝낼 수 있도록 도와주어야 한다. 가정에서 스마트 기기를 사용하는 방법, 횟수는 물론 사용 시간에 대한 약속 30분 동안, 한 게임만 을 정하는 것이 좋다. 스마트폰 사용은 열린 공간에서 보호자와 함께 20-50분 이내로 제한하는 것을 권한다.

⑪ 오감을 모두 사용하는 놀이와 문화를 보고 즐길 수 있는 기회를 많이 주어야 한다.

자녀가 스마트 기기 사용을 끝내면 좋아하는 활동이나 놀이를 부모가 함께해야 한다.

⑫ 3세 이하는 절대로 TV도 보여주지 않아야 한다.

스마트 기기도 보여주지도 않아야 한다. 부모가 자녀에게 큰소리로 책을 읽어주고 대화를 하는 것이 좋다.[58] 놀이나 장난감, 손으로 만지고 놀기, 공놀이, 사람 부모, 친구, 형제 과 어울려 놀기, 자연과 놀기 등 온몸으로 활동하는 것이 좋다. 그렇게 하면 뇌가 가장 잘 발달하고 나중에 학습 능력도 갖추게 된다. 더불어 대인 관계 능력도 좋아진다.

⑬ 스마트폰이 없어서 왕따 당하는 아이라면 스마트폰이 있어도 왕따를 당한다.

자녀의 친구 관계와 최근의 고민들 및 스트레스는 무엇인지 관심을 갖도록 해야 한다.

⑭ 컴퓨터로 충분히 과제나 채팅, 이미지 전송까지 할 수 있음을 알려주어야 한다.

⑮ 부모가 자녀들에게 가족이 되어 주어야 한다.

⑯ 아이들과 부모 사이의 관계지수를 높여야 한다.

부부 사이, 아이들과 부모 사이가 좋으면 스마트폰 사용을 줄이거나 쓰지 않을 수 있다.

⑰ 부모가 공부신화와 인생설계를 대신하지 않아야 한다.

부모가 선생님 역할을 멈춰야 한다. 자녀가 알아서 공부하도록 유도해야 한다.

⑱ 부모와 사이가 좋아야 선생님과도 사이 좋으며 학교에도 잘 적응한다.

⑲ 스마트폰 등과의 접근성을 멀리해야 한다.

TV는 안방 13세 이하까지는 으로, 컴퓨터는 거실 13세 이하까지 로, 잠들 때 스마트폰은 2m 이상 멀리 두고 자는 환경을 만들어주어야 한다. 부모는 자녀에게 스마트폰의 해로운 점, 전자파의 영향을 잘 설명해 주어야 한다.

⑳ 중고등학생이라서 이미 스마트폰이 있다면 학교나 학원에는 가지고 가지 말고 집에서만 사용하게 해야 한다.

집에서도 스마트폰 바구니를 두고 사용할 때는 규칙에 따라 부모의 동의를 얻어 사용하게 해야 한다.

㉑ 식사 시간에는 스마트폰을 사용하지 않아야 한다.

㉒ 가족회의를 통해 모두 합의하고 동의한 후 미디어 사용 규칙을 만들어야 한다.

규칙을 지키지 않을 때는 벌칙을 만들어 시행하는 것이 좋다.

㉓ 정기적으로 앱 청소를 해야 한다.

특히 게임과 관계된 앱은 3개 이하로 두고 삭제하는 것이 좋다.

㉔ 잠들기 2시간 전부터는 스마트폰과 미디어는 절제해야 한다.

뇌파 안정과 수면에 좋다.

㉕ 일주일에 하루는 스마트폰을 하루 동안 사용하지 않는 날을 만들어야 한다.

● ● ● ● ● ● ● ●

서상복 목사

(사)해피가정사역연구소 소장(31년)이며 저서로는 「결혼 플랫폼」(글과 길), 「연애학교 결혼예비학교 워크북」(세움북스) 등이 있다. 앞으로도 「부부 플랫폼」, 「연애 플랫폼」, 「남녀 플랫폼」, 「대화 플랫폼」, 「성 플랫폼」, 일반인 미혼자를 대상으로 한 「결혼예비학교」, 일반인 기혼자를 대상으로 한 「부부학교」를 지속적으로 펴낼 계획이다.

사역 리부트
– 가슴 뛰는 사역으로

다음세대는 다른 세대일까?

"아이들이 도무지 반응을 하지 않아요!"

주일학교 현장에서 섬기는 분들에게 자주 듣는 말이다. 특히 십대에 가깝거나 십대 아이들을 돌보는 부서에서는 이런 목소리가 더 짙어진다.

예배의 현장은 3무 無 세대들의 집합소인 것처럼 느껴진다. 아이들은 '무반응-무응답-무표정'을 장착하고 예배 장소에 들어와 눈에 초점을 잃은 채로 고개를 푹 숙이고 있다. 예배 시간 내내 얼굴이 아니라 정수리만 보여줄 때도 있다.

교회나 부서마다 편차는 있겠지만 대체로 다음세대의 예배 현장 스케치는 비슷하다. 교사를 대상으로 한 어느 설문조사[59] 결과도 이를 뒷받침한다.

'아이들을 돌볼 때 가장 큰 어려움은 무엇인가요?'라는 항목에서 대부분의 교사들은 위의 '3무 無'를 말하고 있다. 그래서 '주일학교 아이들이 우리의 신앙의 바통을 이어받는 다음세대가 아니라 신앙을 모르는 다른 세대가 되어 가는 것은 아닐까?'라는 막연한 두려움이 생기는 것도 사실이다. 과연 다음세대는 다른 세대로 되어 갈까?

다음세대는 하나님의 비밀 병기다

역사적으로 보면 다음세대는 하나님의 비밀 병기였다. 지난 시간 동안 크고 작은 장벽들을 마주할 때 하나님의 돌파구는 당시의 다음세대일 때가 많았기 때문이다. 대표적인 예를 들어보면 다음과 같다.

요셉은 믿음으로 고난과 유혹을 이겨내고 많은 사람을 흉년의 위기를 무사히 지나도록 했다. 다윗은 믿음으로 골리앗과 맞서 싸워 백성을 블레셋의 손에서 벗어나게 했다. 다니엘은 믿음으로 바벨론의 우상 문화에서 하나님을 섬겼다. 요셉, 다윗, 다니엘이라는 굵직한 인물들은 하나님의 백성들이 마주했던 사회적, 신앙적, 문화적 장벽들을 타개해 나가는 데 결정적인 역할을 했다. 그들은 각 시대마다 하나님이 예비하신 비밀 병기였다. 이들의 공통점은 다음세대였다.

다음세대는 어두운 시대일수록 빛났다

다음세대 하면 늘 생각나는 이야기가 있다. 처칠클럽 Churchill Club 이야기이다. 제2차 세계대전 당시 독일군은 파죽지세로 유럽의 여러 나라를 침공했다. 침공당한 나라들은 속절없이 무너져서 자유와 재산들을 강탈당했다. 당시의 히틀러는 악의 화신이기도 했지만 두려운 존재이기도 했다. 몇몇 나라 중에는 별다른 저항 없이 독일의 점령을 쉽게 받아들이기도 했다. 그중에 한 나라가 덴마크였다. 자국민을 보호한다는 명목을 내세웠지만 실상은 자포자기였다. '싸워도 불가능한 상대'라는 생각이 지배적이었기 때문이다. 대부분의 사람은 '별수 없다'는 무기력함으로 침묵했다.

그 상황에서 다음세대 아이들은 침묵하지 않았고 도리어 분노했다. 그들은 '처칠클럽'이라는 모임을 결성해서 히틀러에게 조직적으로 대항하기 시작했다.[60] 이들의 저항은 히틀러 군대에게 적지 않은 피해를 입혔고 침묵하던 국민들을 일깨웠다. 그 영향으로 제2차 세계대전 중에 가장 극적인 스토리가 만들어졌다. 독일군이 덴마크 유대인들을 죽음의 수용소로 넘기기 직전에 덴마크인들이 그들 대부분을 안전한 곳으로 탈출시킨 것이다. 이 스토리는 꼭 먼 나라만의 이야기가 아니다. 우리의 굴곡진 역사에서도 다음세대는 큰 역할들을 해 왔다. 한 예로, 일제 강점기에서 독립운동으로 국민과 함께 싸웠던 분들 중 많은 이들은 다음세대였다. 다음세대는 어두운 시대일수록 빛났다.

지금도 여전히 빛나는 다음세대

지금도 다음세대는 빛나고 있다. 서울 중랑구의 한 교회는 다음세대 아이들과 더불어 예비창업 과정을 거쳐서 창업을 준비한다. 교회가 다음세대 아이들로 하여금 장을 마련해 주는 일이다. 팬시와 서적에 대한 창업을 통해 사회참여를 연습하고 구제와 선교를 위한 장에 참여할 수 있도록 한다.

경기도 화성의 한 교회는 다음세대 아이들과 더불어 자비량 선교를 하고 있다. 태국의 한 지역 선교를 위해서 다음세대 아이들이 일 년간 선교에 필요한 비용을 마련한다. 용돈에서 일부를 떼어내기도 하고, 절기예배가 있는 날에는 쿠키와 음료를 만들어서 성도들에게 판매해서 기금을 마련하기도 한다. 전체 성도들에게 아르바이트 구직 광고를 내서 토요일을 활용해서 아르바이트 부모님 동의서를 작성한 후에 를 한다. 아르바이트 종류는 다양하다. 공장을 운영하는 성도님은 청소 아르바이트를, 어린 자녀를 두고 있는 성도님은 자녀와 놀아주는 돌봄 아르바이트를, 일손이 필요한 성도님은 함께 일손을 거두는 아르바이트를 요청한다. 특히 주특기 피아노 연주, 영어 공부 를 가진 아이들에게는 과외를 요청하는 가정도 있다. 알바비는 학생들에게 직접 지불하지 않고 교회에서 수금해서 학생들의 이름에 적립을 해 준다. 그 적립금이 한 해 동안 쌓이면 개인 선교비가 마련되는 것이다. 학생들은 자발적으로 적립된 선교비에서 일부를 떼어 선교비를 일부 마련하지 못한 학생들을 위해 기부한다. 교회와 다음세대가 서로 하나 되어 선교를 준비하는 것이다.

지금까지의 사례와는 결이 다르지만, 경남 고성의 한 교회는 다음세대 아이들과 더불어 지역선교와 한국교회를 위해 지속적으로 기도하고 있다. 노인 인구가 절대적으로 많은 시골 마을에 모인 다음세대 아이들 20명가량이 매주 토요일 저녁마다 모여 영혼구원과 한국교회 부흥을 위해 기도하고 있다. 주위 대도시에서는 이 소식을 듣고 다음세대들이 그 교회를 찾아와 기도에 동참하고 있다.

다음세대 아이들이 지금도 여전히 빛나고 있는 예화들은 이 제한된 지면에 모두 담을 수 없을 정도로 많다. 도시들과 시골 곳곳에서 다음세대들로 인해 예배가 회복되고, 지역에 선한 일들이 생겨나고 있다. 지금까지 살펴본 세 가지 예시에는 하나의 공통점이 있다. 교회 또는 부서에서 다음세대 아이들이 활동할 수 있는 장을 마련해 준 것이다. 다음세대를 빛나게 하는 일은 바로 여기에서 시작된다.

다음세대에게 플랫폼이 필요하다

다음세대는 플랫폼에 익숙한 세대다. 플랫폼이란 참여자들 간의 상호작용으로 인해 서로에게 도움을 주는 곳이다.[61] 한마디로 서로가 함께 뛰어놀 수 있는 마당을 만들어 주는 곳이다.

현재의 다음세대들에게 익숙한 개념이 플랫폼이다. 인스타그램, 틱톡, 유튜브와 같은 SNS나 음식을 식당에서 가정까지 전달해 주는 배달 앱까지 모두 플랫폼이라고 할 수 있기 때문이다.

한국교회에는 전통적으로 다음세대를 위한 플랫폼이 있었다. 바로 '문학의 밤'이다. 문학의 밤을 통해 아이들과 교사들은 콘텐츠시 낭송, 재능 발표를 준비하고, 사람들을 초청하여 상호작용을 통해 서로에게 유익한 시간을 나눴다. 지금은 주일학교 내에 이런 플랫폼을 찾아보기가 힘들다. 기껏해야 성탄절 발표회 정도이다. 그것도 미취학 아동들의 재롱잔치로 전락한 면도 없지 않다.

경기도의 한 교회는 매해 자주 '교회 와서 놀자'라는 프로그램을 진행하고 있다. 거창한 프로그램은 아니다. 말 그대로 아이들이 놀 수 있도록 교회를 개방하는 것이다. 평일 예배가 없는 날, 교회를 개방해서 미리 정한 놀이에 따라서 뛰어노는 시간이다. 예를 들어 술래잡기 놀이를 한다고 하면, 술래를 정해서 모든 아이가 잡힐 때까지 진행하는 형식이다. 약간의 재미를 가미하기 위해서 교회의 모든 조명등을 끄고 어두운 상태에서 술래에게만 참여한 인원수에 맞게 형광 팔찌를 제공한다. 잡히는 사람들에게 그 팔찌를 채워준다. 팔찌가 채워진 아이들은 지정된 방에 모여 있고, 술래는 자신이 가지고 있는 팔찌가 사라질 때까지 사람들을 잡으러 다니면 된다. 플랫폼이라고 해서 거창한 것을 고려하지 않아도 된다. 머리 아프도록 심각하게 고민할 필요도 없다. 위의 술래잡기처럼 우리 어른 세대에게 익숙한 형식도 괜찮다. 중요한 것은 함께 공간과 경험을 공유할 수 있는 장을 마련하는 것이다. 데이비드 키네먼과 마크 매틀록이 공동 집필한 「디지털 바벨론 시대의 그리스도인」에서는 다음과 같이 힘주어 강조한다.

'단기 선교 여행, 봉사 여행, 멘토링, 신학기를 준비하기 위한 쇼핑, 박물관 세대를 연결해 줄 수 있는 모든 형태의 경험을 공유하면 사람들이 함께 어울릴 수 있는 기회가 마련되고, 이런 활동에 우선적으로 노력을 기울여야 한다.'[62]

다음세대와 함께하는 플랫폼을 위한 지침

다음세대 아이들과 함께하는 플랫폼과 관련해서 다음의 세 가지를 기억하는 것은 큰 도움이 된다.

1) 포기하지 않고 마지막까지 자리를 지키라

보통의 경우에 다음세대 아이들과 함께하는 장이 마련되지 않는 것은 반응에 성급하게 대처하기 때문이다. 처음 시도했을 때 아이들이 많이 참석하지 않거나 반응이 신통치 않으면 재빠르게 다른 프로그램으로 대체하거나 취소해 버린다. 하지만 어떤 프로그램이든 1년 이상을 버텨야 정착하기 시작한다. 2년 이상 버티면 문화로 자리 잡기 시작한다. 왜냐하면 새롭게 그 부서로 올라오는 신입생들은 이미 있는 프로그램을 따라와야 하기 때문이다. 그래서 어떤 일이든 1년 이상은 버틴다는 마음으로 포기하지 않고 꾸준히 해야 한다. 꼭 필요하고 중요한 일일수록 그에 맞는 시간과 노력은 반드시 필요하다. 지속적인 참여가 가능하기 위해서 전략적으로 시험 기간이 끝난 당일, 또는 직후로 잡는 것도 도움이 된다.

2) 룰을 정하는 것에 아이들을 적극적으로 동참시키라

정해진 플랫폼 장소, 시간 안에서 아이들이 룰을 정할 수 있도록 유도하는 것이 필요하다. 앞의 술래잡기를 예로 든다면 술래를 몇 명을 할 것인지, 다른 친구들을 잡은 표시를 어떻게 할 것인지, 이미 잡힌 아이들을 다시 살릴 수 있는 기회를 제공할 것인지, 시간제한을 어떻게 둘 것인지, 제한된 시간 동안 게임을 마칠 시 서로에게 어떤 상 또는 벌칙을 줄 것인지에 대한 세부 사항들을 아이들이 직접 정할 수 있도록 유도하는 것이 좋다. 그것이 아이들의 참여도를 높일 수 있는 전략이기 때문이다. 여기에서 간과하지 말아야 할 것은 큰 틀은 교역자나 교사가 정해야 한다는 점이다. 술래잡기면 술래잡기, 영화 보기면 영화 보기, 캠핑하기면 캠핑하기라는 전체적인 테마는 섬기는 분들이 미리 정해야 한다. 그렇지 않으면 아이들의 서로 다른 기호와 입장으로 인해 비생산적인 소모전을 펼칠 가능성이 높아진다.

3) 기꺼이 친구와 동행하도록 분위기를 조성하라

믿지 않는 아이들을 초청할 수 있는 분위기를 조성해야 한다. 보통 아이들은 평일에는 교회 친구들이 아닌 학교나 학원 친구들과 가까이 지낸다. 단짝 친구들은 평상시에 가까이 있는 친구일 가능성이 높기 때문이다. 아이들과 함께하는 플랫폼이 교회 행사라는 이미지가 짙으면 교회 다니는 친구들을 데려와야 한다는 생각에 진입 장벽이 높게 느껴진다. 그렇다고 단짝 친구를 배제하고 교회를 오기에는 여러 제약이 많을 수 있다. 이에 교회 행사라는 이미지보다는 단지 교회라는 장소에서 서로가 함께 어울린다는 느낌을 줄 수 있어야 한다. 어느 교회에는 평일에 함께 모여 노는 프로그램에도 예배 형식을 갖추거나 기도 시간을 꼭 가져야 하는 분위기도 있다. 이런 분위기는 믿지 않는 단짝을 데리고 올 다음세대 아이와 낯선 공간으로 들어올 아이를 배려해서 최대한 지양할 필요가 있다. 최대한 아무 목적 없이 그저 아이들과 어울릴 수 있는 장을 마련하는 것이 중요하다. 이런 기회에 교회에 처음 온 친구들이 함께 친밀하게 어울리거나 의미 있는 활동을 하는 경험이 늘어갈수록 결과적으로 교회에 정착할 확률이 아주 높아진다.

경기도의 한 교회는 이 플랫폼을 마련해서 학생들이 편안하게 동참할 수 있도록 했다. 위의 세 가지 ^{꾸준한 실천성, 아이들 주도성, 친밀함 조성}를 충실하게 실천했다. 그럼에도 하나의 애로사항이 생겼다. 초대되어 오는 아이들 중에 소위 '일진' 아이들이 오기 시작했다. 같은 학교를 다니거나 이 무리에 대한 소문을 익히 들어서 아는 평범한(?) 아이들은 슬슬 모임을 기피하기 시작했다. 시간이 갈수록 일진 아이들이 모여들고, 그렇지 않은 아이들은 자취를 감추었다. 어른들 사이에서도 이 플랫폼은 실패였다고 자평하는 분위기가 생겼다. 하지만 이 장을 포기하지 않고 지속적으로 시도했다. 일진 아이들에게 때론 적극적으로, 때론 방어적으로 예민하고 세심하게 접근했다. 행동에 대한 선 ^{실내에서는 흡연 금지, 침을 뱉거나 욕설과 폭행을 사용하지 않기 등}을 확실하게 그어주고, 그 선 밖을 넘지 않도록 했다. 결과적으로는 이 플랫폼이 일진 아이들을 전도하여 교회로 인도하는 다리 역할을 하게 되었다. 일진 아이들이 교회 친화적으로 바뀌자, 평범한 아이들도 다시 그 플랫폼으로 돌아오기 시작했다. 이 또한 지금까지 살펴본 세

가지의 원칙을 따랐기에 가능했다.

다음세대들로 가슴 뛰게 하기 1: 참여 만들기

"아이들이 반응이 없어요. 어떻게 해야 하나요?", "우리 부서의 아이들은 아무런 활력이 없어요. 왜 그런 건가요?"라고 묻는 분들이 많다. 특히 코로나 팬데믹의 영향을 많이 받은 교회와 부서일수록 이런 질문들이 잦다. 이에 대한 답을 찾기 위해서는 질문의 방향을 달리해야 한다. '왜 반응이 없는가?'가 아니라 '왜 반응을 해야 하는가?'라고 질문해야 한다. 다음세대 아이들이 반응하고 참여할 수 있는 객관적인 조건이 마련되지 않는다면 반응할 이유가 없기 때문이다. 아이들은 '의미'에 반응한다. 아무리 좋은 일이어도 자신에게 의미가 없다면 반응하지 않기 때문이다. 실례로 교회에서 헌금을 잘 하지 않는 아이들도 기부나 기증을 활발히 하는 경우가 있다. 자신에게 의미가 있을 때 어떤 모양이든 반응을 준다.

다음세대 아이들은 '참여'에서 의미를 찾는다. 자신이 어느 공동체를 세우는 참여자로서 직접적으로 참여할 수 있을 때 의미를 발견한다. 그래서 오늘날 일반 교육에서 장려되는 교육은 상호적인 Interactive 교육이다. 어른의 일방적인 지시나 주입식 교육이 아니라 서로 토론하고 연구하며 참여하는 교육을 중시한다. 그것이 근래에 자주 언급되는 거꾸로 학습법이나 자기주도학습, 메타인지학습 등이다.

오늘날 주일학교 현장에서 다음세대 아이들이 참여하는 유형을 다음의 네 가지로 요약할 수 있다.[63]

구분	내용
유형 1	나는 그것을 한다
유형 2	나는 그것을 하고, 너는 돕는다
유형 3	너는 그것을 하고, 나는 돕는다
유형 4	너는 그것을 하고, 나는 다른 것을 시작한다

위의 표에서 '나'는 섬기는 이를, '너'는 다음세대 아이들을 의미한다. 각각의 유형을 설명하자면 다음과 같다.

먼저 유형 1은 교역자나 교사가 부서의 모든 일을 감당하는 경우이다. 수련회를 예로 든다면, 주제 정하기부터 프로그램 기획과 물품 구입, 진행 전반에 이르기까지 어른들이 담당한다. 다음세대 아이들은 몸만 참가하면 되는 경우이다.

유형 2는 교역자나 교사가 주된 일을 하고, 다음세대 아이들은 허드렛일을 돕는 경우이다. 수련회장을 치우거나 설거지를 돕는 정도이다. 이 유형이 한국교회에서 가장 흔히 볼 수 있는 유형이다.

유형 3은 어른들이 허드렛일을 하고, 다음세대 아이들이 모든 것을 주도하는 경우이다. 담당 교역자는 설교 외에 모든 일정과 행사에 일절 관여하지 않고, 교사들은 아이들이 필요하다고 요청하는 부분에 있어서

만 도움을 준다. 방임에 가까운 유형이라고 할 수 있다. 이 유형 또한 심심치 않게 발견되는 현상이라고 할 수 있다. 특히 사역의 양에 비해 사역자의 수가 턱없이 적거나 분열이나 여타의 이유로 침체를 겪는 교회에서 주로 나타난다.

유형 4는 어른들과 다음세대 아이들이 각자의 사명을 지니고 동역하는 경우이다. 수련회를 예로 든다면, 주제 정하기부터 프로그램 기획까지 서로가 함께 의견을 주고받으며 정한다. 구체적인 준비에 대한 역할 분담을 한다. A가 포스터 작성을, B가 홍보물 기획을, C가 물품 구입을, D가 특정 프로그램 진행을 하는 등 각자가 맡은 역할 분담에 따라 수련회를 준비할 수 있다. 이 유형의 강점은 어른들과 다음세대 아이들 간에 맡겨진 사역에 집중할 수 있다는 점이다. 어른들은 가르치고 훈련시키는 일에, 아이들은 주어진 일을 하기 위해 훈련받고 실행하는 것에 집중할 수 있다.

집중할 수 있다. 실례로 어느 교회에서는 수련회 전반에 대한 회의를 아이들과 함께하고, 역할 분담을 한 후에 서로가 다음과 같이 다짐했다고 한다.

"다음세대 너희들은 맡은 일 준비, 진행 을 충실하게 수행해다오! 우리 섬김이들은 다른 것 설교, 복음제시, 특강, GBS 을 시작할 테니! 다만, 너의 일을 적극 도울 테니 나의 하는 일에 적극 참여하길 바란다."

이처럼 아이들에게 파격적으로 역할을 맡기고 신뢰해 주는 시도는 아이들로 하여금 어른들의 가르치는 본질적인 사역에 적극적으로 동참하도록 하는 동기부여가 된다. 이런 사역 유형은 수련회와 같이 특별한 행사만이 아니라 평상시의 주일예배에도 적용할 수 있다. 다음세대들을 가슴 뛰게 만드는 사역은 이와 같이 아이들을 사역에 참여시키는 유형 4에 가깝다.

이 사역 유형은 단순한 이론이 아니다. 이 사역은 성경말씀에 기반을 두고 있다. 이를 에베소서 4장 11-12절에서 살펴볼 수 있다.

'그가 어떤 사람은 사도로, 어떤 사람은 선지자로, 어떤 사람은 복음 전하는 자로, 어떤 사람은 목사와 교사로 삼으셨으니 이는 성도를 온전하게 하여 봉사의 일을 하게 하며 그리스도의 몸을 세우려 하심이라.'

성경에서는 우리를 목사이자 교사로 부르셨다고 말씀하신다. 원문에서는 현재의 교역자와 같은 전임 사역자를 의미한다. 하지만 교사 또한 반 소그룹 목회자라는 관점에서는 섬기는 우리 모두에게 해당되는 말씀이다. 부르심의 목적이 (1) 다음세대 아이들을 온전하게 하여, (2) 봉사의 일을 하게 하고, (3) 그리스도의 몸을 세우기 위해서 라고 말씀한다. 각각을 세 부분으로 분류하면 아래와 같다.

구분	내용
가르침	다음세대 아이들로 온전하게 한다
하게 함	다음세대 아이들로 봉사의 일을 하게 한다
공동체	그리스도의 몸을 세우게 한다

아이들로 온전하게 하고, 봉사의 일을 하게 하고, 그리스도의 몸을 세우는 일은 유형 4의 '너는 그것 봉사 을 하고, 나는 다른 것 온전하게 하는 가르침 을 시작한다'로 접근할 때 용이하다. 이를 더 잘 구현해 낼 수 있는 구체적인 방법을 다음 3가지로 제시한다.

첫째, 소수에서 시작하라. 교회나 부서의 분위기가 침체기일수록 더욱 소수에 집중해야 한다. 교사 중에서도 적극적인 소수의 교사, 학생 중에서도 임원부터 시작해야 한다. 특히 학생 임원은 절대로 놓치지 말아야 할 가능성이다. 물론 임원단 전체가 침체된 분위기일 수 있다. 서로 간에 친하지 않거나 혹은 싫어하는 사람이 있거나, 억지로 임원이 되었을 경우에 그럴 수 있다. 그러나 이유를 불문하고 임원 그룹은 무조건 살려 놓아야 한다. 그들이 가장 합법적이고 공식적인 마지막 불쏘시개이기 때문이다. 임원 그룹을 놓치면 사역의 가능성은 더 희박해진다.

소수의 인원인 아이들에게 물적·시간적 투자를 아끼지 않고 결속력을 끌어올려서 분위기 반전을 이뤄야 한다. 소수의 임원 아이들에게서 다수의 아이들에게 좋은 분위기가 흘러가도록 해야 한다. 임원 그룹의 분위기가 좋을수록 매해 올라오는 신입생들의 참여도도 높아진다. 새롭게 올라온 아이들의 입에서 "나도 임원이 되고 싶어요"라는 소리가 나오면 다음세대 아이들로 가슴 뛰게 만드는 사역은 시간문제이다.

둘째, 믿어주고 기다려주라. 교회와 부서의 사역을 다음세대들에게 맡기고 동역하기 힘든 이유는 분명하다. 어른들이 하는 것보다 신통치 않을 때가 많기 때문이다. 예를 들어 주일 찬양인도를 다음세대 아이에게 맡길 수 있다. 그런데 만약 이 아이의 찬양인도가 어른의 입장에서 만족스럽지 않거나 가끔 주일예배를 결석한다면 '그냥 우리 어른들이 하는 것이 결과적으로 좋지 않을까?'하는 심각한 고민에 빠지게 된다. 어떨 때는 아이들이 그저 조용히 자기 자리에 앉아 있어 주는 것이 사역을 돕는 것이라는 느낌도 들 수 있다. 그렇지만 아이들도 익숙해질 수 있는 일련의 과정이 필요하다. 그 과정 동안 우리들은 믿어주고 기다려줘야 한다. 믿어주는 만큼 성장하고, 기다려주는 만큼 강해지기 때문이다.

셋째, 코칭하라. 다음세대 아이들을 믿어주고 기다려주는 것으로 충분치 않다. 아이들이 성장할 수 있도록 코칭해야 한다. 교육을 뜻하는 단어 'education'은 '이끌어내다'[64]라는 뜻을 지닌다. 기본적으로 교육은 아이들 안에 소양과 열정을 이끌어내는 일이다. 교육이라는 개념을 논할 때 통상적으로 말하는 두 가지 요소가 있다면 티칭과 코칭이다. 두 가지의 개념을 단순화해서 비교해 볼 수 있다. 티칭이 아이들의 외부에 있는 것 지식, 개념 을 주입하는 것이라면, 코칭은 아이들의 내부에 있는 것 가능성, 열정 을 이끌어내도록 돕는 일이다. 교육에 있어서는 이 두 가지 요소가 필수적이다. 그러나 지금까지의 다음세대 아이들에게는 티칭으로서의 교육만 강조된 점이 없지 않았다. 우리에게는 또 하나의 교육으로서 코칭이 필요하다.

코칭은 다음세대 아이들에게 현재 있는 지점에서 그들이 바라는 더 유능하고 만족스러운 지점까지 나아가도록 인도하는 기술이자 행위[65]라고 할 수 있다. 이처럼 다음세대 아이들을 코칭하는 일은 이들에게 동기를 부여하고 믿어주고 이끌어 주는 일이다.

위의 수련회를 예로 들면 다음과 같다. 만약 수련회 프로그램 진행을 맡은 아이가 있다면, 그 아이에게 공동체를 함께 세워 나가는 동역자임을 일깨워 준다. 이어서 잘할 수 있음을, 어설퍼도 괜찮음을 알려준다. 구체적으로 어떤 상황과 변수에서는 어떻게 대처하면 좋을지, 어떻게 진행하면 좋을지에 대해 알려준다. 실제적으로 수련회가 진행되는 중에서도 근거리에서 또는 뒤에서 지속적으로 격려하고 지지해 준다. 이처럼 아이들에게 단순히 역할만 부여하는 것으로 그쳐서는 안 된다. 이 과정을 통해 자신이 공동체의 중요한 일원으로 부름을 받았음을 알게 되고, 더 성장할 수 있도록 이끌어내야 한다.

다음세대들로 가슴 뛰게 하기 2 : 이야기 만들기

다음세대 아이들을 섬기는 분들에게 자주 추천하는 콘텐츠가 있다. 유튜브에서 볼 수 있는 '세바시 세상을 바꾸는 시간 15분 청소년 스피치'이다. 이 콘텐츠 내에는 십대 아이들이 주어진 시간 동안 자유주제로 자신의 이야기를 하고 있다. 이들의 이야기를 듣다 보면 주제들에 대한 번뜩이는 지혜와 통찰을 느끼며 감탄하게 된다. 무엇보다 인상적인 것은 아이들의 눈빛이 살아있다는 점이다. 그들은 주일날 교회에서 보는 아이들과 전혀 다른 아이들이 아니다. 같은 대한민국에서 학교를 다니고, 교복을 입고 등교하는 아이들이다. 이들의 눈빛이 살아있는 이유는 단순하다. 자신의 이야기를 하고 있기 때문이다. 보통의 주일학교에서는 아이들이 수동적으로 듣는 것에 익숙하다. 수동적인 시간이 압도적으로 많으면 눈빛이 풀릴 수밖에 없다. 의미를 느끼지 못하기 때문이다.

교회에서 자신의 이야기를 할 수 있게 하기 위해서는 질문이 필요하다. 공동체의 지속가능성은 중단 없는 질문에서 가능[66)]하기 때문이다. 다음세대 아이들이 교회에서 질문하도록 적극 권장해야 한다. 특히 아이들은 발달 과정 중에 전통과 관습에 대한 비판적인 사고를 시작한다. 이전까지는 당연하게 받아들이고 수용했던 것들도 비판적으로 사고하는 판단력이 생성되기 때문이다. 교회를 다니는 아이들에게 전통과 관습은 기독교와 성경이다. 모범적으로 교회를 잘 출석했던 아이가 어느 날 느닷없이 말한다. "저, 하나님이 계시는지 모르겠어요!" 이런 말에 어른들은 충격을 받기도 하고 실망하기도 한다. 믿음이 좋아 보였던 아이의 말일수록 그 충격은 배가 된다. 하지만 자신의 입 밖으로 고민을 털어놓는 학생이 더 다행인지도 모른다. 보통의 경우에는 자신의 신앙적인 고민과 질문을 입 밖으로 내놓지 못한다. 친인척 관계가 서로 얽히고설킨 교회

공동체 특성상 자신의 고민을 말했다가 덕 될 것이 없다고 느끼기 때문이다. 이런 아이들은 주일학교를 졸업하면서 신앙까지 졸업하게 된다.

교회공동체 내에서 아이들이 자신의 내면에 관한 이야기를 꺼내도록 하는 일에 사활을 걸어야 한다. 아이들은 자신의 이야기를 할 수 있는 곳에 의미를 느낀다. 이에 대한 전략을 세 가지로 알아볼 수 있다.

첫째, 공적으로 은밀하게 질문을 받으라. 예배 시간이나 수련회 특강 시간이라는 공적인 시간을 통해 무기명으로 질문을 받을 수 있다. 예를 들어 '솔까 즉문즉답 솔직히 까놓고 즉시 묻고 즉시 답한다'[67]을 활용할 수 있다. 아이들에게 궁금한 점을 포스트잇에 쓰라고 한 다음, 작성된 종이를 앞에 위치한 화이트보드에 붙이면 설교자나 진행자가 하나씩 떼어 가면서 답하는 방식이다. 기독교와 성경에 관한 예민한 질문이나 성性 과 같은 민감한 주제를 다루는 것도 좋다. 무턱대고 질문을 받는 것보다는 명확한 주제를 제시하고 그 안에서 질문하도록 하는 것이 좋다.

둘째, 질문을 장려하는 분위기를 조성하라. 프란시스 쉐퍼는 "기독교 진리는 정직한 질문에 정직한 답변을 한다"[68]고 말했다. 질문을 안 하는 것보다 하는 것이 훨씬 낫다. 그래서 질문을 하는 데 있어서 거리낌이 없도록 분위기를 조성할 필요가 있다. 적어도 자신의 궁금점을 꺼내 놓기에 두려움 평가 또는 판단에 대한 두려움이 생기지 않도록 해야 한다. 그럴 수 있기 위해서는 기독교와 성경 때론 부정적인 질문이어도에 대해 질문하는 것이 나쁜 것이 아니라 좋은 것임을 자주 언급해야 한다. 왜냐하면 정직한 질문은 정직한 답변을 가져오기 때문이다.

셋째, 진리의 길을 걸어가는 동반자의 자리를 내어주라. 다음세대 아이들이 기독교와 성경에 대한 질문을 하면 어른들은 겁부터 먹는다. 간단하고 쉬운 질문들도 있지만 어렵고 난해한 질문들도 있을 수 있기 때문이다. 어떤 어른들은 혹시 오답을 말하거나, 만족스러운 답변을 주지 못할 것에 대한 부담을 느끼기도 한다. 하지만 그럴 필요 없다. 다음세대 아이들은 답을 구하기도 하지만 어른들의 반응을 살피기 때문이다. 일방적으로 '답은 이거야!' 내지는 '믿으면 돼!'라고 말하기보다, '내 생각에는 이거야!' 내지는 '우리 함께 책 한 권 정해서 읽어 볼까?'라는 모습에서 더 신뢰감을 느낀다. 아이들에게는 답 이상으로 함께 진리의 길을 걸어가는 선배 동반자가 필요하기 때문이다. 예민하고 어려운 질문이어도 당황할 필요 없다. 그 질문을 격려하고 함께 알아가기를 약속하며 답을 구체적으로 찾아가는 여정을 함께 시작하는 것이 더 좋다.

다음세대들로 가슴 뛰게 하기 3 : 공동체 만들기

다음세대 아이들은 코로나 엔데믹을 지나면서 교회공동체 교제에 대한 중요성을 깨닫고 있다.[69] 꼭 사회적인 특수상황이 아니어도 다음세대 아이들은 공동체 안에서의 소속감과 교제를 통해서 깨어난다. 데이비드 키네먼과 마크 매틀록이 공동 집필한 「디지털 바벨론 시대의 그리스도인」에서는 아주 유의미한 문장을 소개하고 있다.

> **"자기 교회 교인들을 둘러보며, '이들은 나의 사람들이야. 나는 여기에 속해 있어'라고 생각하는 다음세대들은 "주님은 제 하나님이십니다. 저는 주님이 계신 곳에 속해 있습니다"라고 말할 가능성이 매우 크다."[70]**

이처럼 다음세대 아이들은 공동체를 경험하고 확신할수록 가슴 뛰는 아이들로 설 수 있다. 반면에 공동체를 경험하지 못한다면 그 가능성은 희박해진다. 다음세대 아이들이 공동체를 경험할 수 있는 구체적인 전략을 세 가지로 소개한다.

첫째, 다음세대 아이들과 함께 부서 비전을 정하라. 부서마다 매해 비전을 정하고 공포한다. 통상적으로는 소수의 사람 교역자 또는 교사 들이 비전을 정하고 발표한다. 분명한 것은 다음세대 아이들은 그런 비전과 목표에 관심도 없고, 기억도 못한다는 것이다. 본인들이 참여해서 정한 것이 아니기 때문이다. 그래서 의미를 발견하지 못하는 것이다.

경기도의 한 교회 주일학교에서는 매년 비전을 아이들과 함께 정한다. 매년 연말, 다음세대 아이들로 하여금 다음 해에 부서에서 보완해야 할 것이나 꼭 필요한 것을 고민하도록 한다. 두 주간 동안 내년의 비전을 위해서 기도하는 시간을 가지고 주일에 모여 포스트잇에 '내년 우리 부서에 꼭 필요한 것?'이라는 물음에 대한 답을 적는다. 각자가 적은 종이를 앞에 위치한 화이트보드에 붙인다. 가장 많이 나온 주제를 골라서 비전에 대한 방향으로 정한다. 교제면 교제, 선교면 선교, 영성이면 영성으로 하나의 방향을 정한다. 정해진 방향에 따라 소그룹별로 모여서 구체적인 실천 방안을 브레인스토밍 방식으로 나눈 다음 발표한다.

한 예로, 내년의 비전 방향이 교제로 결정 났다면 부서의 교제를 원활하게 하기 위해서는 어떤 실천사항들이 있는지를 서로 나누고 소그룹별로 나와 발표하는 방식이다. 나눈 내용으로 내년 행사의 뼈대를 잡는다. 마지막으로 비전에 대한 슬로건이 남았다. 이 부분은 상품을 걸고 공모를 한다. 슬로건이 정해지면 발표한다. 이렇게 내년의 비전은 소수의 사람이 정하는 것이 아니라 모두가 참여하여 만들게 된다. 이런 노력들이 공동체를 '당신들의 공동체'가 아니라 '나의 공동체'가 되도록 한다.

둘째, 교회의 성도들을 확대가족으로 소개하라. 부서의 공동체가 가족이라고 한다면, 교회의 성도들은 확대가족이다. 아이들은 교회 내에 자신의 이름을 불러주는 어른들이 많을수록 공동체에 잘 정착한다. 부서에는 공적인 확대가족이 있다. 바로 부모님들이다. 부서에서 자주 부모님을 초청하고, 선택 특강을 부탁하고, 함께 활동하는 빈도가 늘어갈

수록 다음세대 아이들은 교회 내에서 아는 어른이 증가한다. 이것이 공동체성을 경험하는 하나의 디딤돌이 될 수 있다.

셋째, 아웃팅을 적극 활용하라. 다음세대 아이들에게는 교회 외적인 장소에서 만나는 것도 필요하다. 동일한 내용을 가르쳐도 장소에 따라 다르게 다가온다. 장소의 변화가 건강한 스트레스를 주기 때문이다.[71] 야외예배, 야외 체육대회만이 아니라 학년별 캠핑, 성별 남녀 따로 파자마 파티, 반별 근거리 여행 등 익숙한 장소를 떠나 낯선 공간에서 함께 활동하는 시간을 통해서 서로의 존재를 한층 더 가깝게 느끼게 하고 친밀한 공동체성을 가질 수 있도록 돕는다.

• • • • • • • • •

정석원 목사
예수향남교회 협동목사이자 총회 교육국 집필위원이며 '다음세대는 한국교회의 가능성이다'라는 마음으로 주일학교 사역을 해 왔다. 총신대학교 신학대학원에서 신학을, 고려대학교 일반대학원에서 철학을 공부했다. 저서로는 「청소년 사역 핵심파일」(홍성사), 「청소년 교사를 부탁해」(홍성사), 「청소년, 기도 많이 걱정 조금」(사자와 어린양), 「기독교 세계관이 필요해」(홍성사) 등이 있다.

사역 관점 리부트
– 마른 뼈도 살아난다

청소년 사역, 메마른 뼈도 살아날 수 있다

어떤 청소년 사역자가 메마른 뼈와 같은 청소년들을 만난 기록이 있다. 청소년 사역을 처음 시작할 때는 큰 기대감을 가지고 있었다. 그러나 부임하고 첫 예배에 들어가 보니 큰 예배당에 15명 정도의 청소년들만 모여 있어서 조금은 당혹스러웠다. 게다가 그 아이들에게는 어떤 기대감도 보이지 않았다. 부모님의 잔소리를 피하여 도망 온 것처럼 그저 기대감 없이 졸거나 잠을 잘 태세였다. 그렇게 듣지 않으려는 청소년을 향해 설교를 한다는 것은 고역이다. 그럼에도 그는 청소년 사역자이기에 설교를 해야만 했다. 그렇게 누군가는 이 메마른 뼈를 살려야 했기에, 청소년 사역자가 된 자신의 소명을 자각하는 데서 사역을 시작했다.

메마른 뼈도 생기가 들어가면 살아난다

메마른 뼈를 살리는 일은 누가 하는가? 사역자이다. 교사이다. 청소년들이다. 메마른 뼈가 살아나는 현장에는 공통적인 현상들이 있다. 청소년을 탓하지 않는다는 것이다. 상황이나 환경, 조건을 탓하지도 않는다. 자신에게 주어진 길이 메마른 뼈를 살리는 것임을 믿기에 모든 것을 다 던져서 헌신하는 사역자, 교사, 청소년들이 있다. 헌신만으로는 변화가 일어나지 않는다. 그렇다면, 변화는 어떻게 가능할까?

느헤미야서를 묵상하면 변화의 방향이 나온다. 느헤미야가 무너진 성벽을 재건할 때, 먼저 기도하고 자신의 준비를 먼저 한다. 그 이후에 하나님이 주신 감동을 따라서 철저하게 준비하고 동역자들과 더불어 소명을 감당한다.

메마른 뼈가 살아난다는 것은 어렵다. 그러나 하나님이 함께하시고, 꿈의 동역자가 함께한다면 얼마든지 메마른 뼈가 다시 살아날 수 있다. 메마른 뼈가 살아나기 원한다면 사역자가 먼저 기도로 준비해야 한다. 기도하면서 현실적인 하나님의 도우심과 인도하심을 받아야 한다.

메마른 뼈를 살려야 한다고 생각했던 15명의 청소년을 맡은 그 사역자는 자신의 부족함을 인식하였다. 이에 기도하면서 하나님이 주시는 지혜로 섬기기 시작했다. 그는 그때부터 청소년을 연구하기 시작했다. 청소년들의 눈높이에서 모든 사역을 섬겼다. 2년 뒤에 놀라움을 금할 수 없었다. 15명이 아니라 70명의 청소년들이 뜨겁게 예배를 드렸다.

그 청소년 사역자를 통해서 메마른 뼈도 살아날 수 있다는 것을 확인하고 청소년 사역이 건강하게 세워진 몇 교회들을 살펴보았다. 그리고 그 교회들을 통해 발견한 요소들을 대안으로 제시하고자 한다. 청소년 사역은 상황과 환경과 여건은 달라도 적용이 가능하다. 교회의 출석 성도 수와 관계가 없다. 메마른 뼈가 살아나는 것은 하나님이 하시는 일이기 때문이다.

메마른 뼈를 살리는 7가지 방법

메마른 뼈가 살아난다는 것은 하나님을 향한 믿음에서 출발한다. 이 때 하나님이 먼저 질문하신다. "너는 이 청소년들이 살아난다고 믿느냐? 이 메마른 뼈가 능히 살겠느냐?" 이 질문 앞에 사역자가 어떻게 대답하느냐가 중요하다. 믿음의 대답이 있고, 의심과 회의의 대답도 있다. 메마른 뼈가 살아나는 곳곳마다 그들의 대답은 동일하다. "주 여호와여, 주께서 아시나이다" 겔 37:3. 결국 주께서 아신다. 우리는 최선을 다하면 된다. 결과는 주께 맡긴다. 하나님이 우리에게 요구하시는 것은 최상이나 최고가 아니다. 최선이다. 그리고 주를 향한 전적인 신뢰를 가진 사역자를 통해서 하나님은 언제나 일하신다.

사역자는 대언자다. 하나님의 말씀을 듣고 전하면 된다. 하나님은 말씀하신다. "너는 이 모든 뼈에게 대언하여 이르기를 너희 마른 뼈들아 여호와의 말씀을 들을지어다" 겔 37:4. 사역자가 먼저 듣지 않으면 전할 수 없다. 청소년 사역자가 먼저 하나님의 음성을 들어야 한다. 그리고 먼저 자신이 말씀을 듣고 살아나는 은혜를 깊이 경험해야 한다. 그 이후에 하나님께서 말씀하시는 대로 순종함으로 대언하면 되는 것이다. 하나님은 여전히 말씀하신다. "내가 생기를 너희에게 들어가게 하리니 너희가 살아나리라" 겔 37:5. 문제는 사역자가 이 음성을 듣지 못해서 아무런 변화도 일어나지 않는 경우가 허다하다는 것이다. 꼭 숫자적인 변화를 말하는 것이 아니다. '진짜 메마른 뼈가 살아나는 경험을 하는 청소년 사역자가 있는가'의 문제를 말하는 것이다.

구체적으로 메마른 뼈가 살아나는 과정을 하나님은 이렇게 말씀하신다. "힘줄을 두고 살을 입히고 가죽으로 덮고 너희 속에 생기를 넣으리니 너희가 살아나리라" 겔 37:6. 메마른 뼈가 살아나는 것은 정교하다. 섬세하다. 과정이 있다. 죽어있는 공동체를 살린다는 것은 저절로 되지 않는다. 그만큼 치밀하고 치열하게 준비하고 헌신하는 것이 필요하다. 그 과정에서 숱한 장애물도 만난다. 그것을 예상해야 한다. 그만큼 기도해야 한다. 그렇다면, 청소년 사역 현장에서 어떻게 하면 청소년들이 살아날 수 있는가? 메마른 뼈를 살아나게 하는 사역자는 7가지를 기억해야 한다.

1) 성경 : 하나님의 말씀이 들어가면 살아난다

의외로 많은 사역자가 말씀의 중요성을 모른다. 그러니 시간을 내어서 성경을 읽지 않는다. 성경을 정기적으로 연구하고 묵상하지 않는다. 성경을 삶으로 연결하고 적용하지 않는다. 사역에서 영혼을 변화시키는 것은 '하나님의 말씀'이다. 모든 건강한 사역은 말씀을 토대로 시작하고 진행되어야 한다.

부흥은 말씀에서 시작된다. 죽었던 영혼이 살아나는 부흥은 말씀에서 시작된다. 잠자던 영혼이 깨어나는 것은 말씀에서 시작된다. 사역자는 말씀에 있어서 양보가 없어야 한다. 말씀이 변화의 핵심이기 때문이다. 디모데후서 3장 15-17절은 이렇게 말씀한다.

'또 어려서부터 성경을 알았나니 성경은 능히 너로 하여금 그리스도 예수 안에 있는 믿음으로 말미암아 구원에 이르는 지혜가 있게 하느니라 모든 성경은 하나님의 감동으로 된 것으로 교훈과 책망과 바르게 함과 의로 교육하기에 유익하니 이는 하나님의 사람으로 온전하게 하며 모든 선한 일을 행할 능력을 갖추게 하려 함이라.'

하나님의 말씀은 구원에 이르는 지혜뿐만 아니라 교훈, 책망, 바르게 함, 의로 교육하는 것을 통해 사람을 내적으로는 온전하게, 외적으로는 선한 일을 행하도록 변화시킨다. 말씀의 힘을 히브리서 4장 12절에서는 이렇게 말씀한다.

'하나님의 말씀은 살아 있고 활력이 있어 좌우에 날선 어떤 검보다도 예리하여 혼과 영과 및 관절과 골수를 찔러 쪼개기까지 하며 또 마음의 생각과 뜻을 판단하나니.'

그렇다. 하나님의 말씀은 혼과 영과 관절과 골수를 찔러 쪼갠다. 생각과 뜻을 판단하고 변화시킨다. 결국 말씀이다.

청소년을 살리는 것도 말씀이다. A교회는 말씀사역이 거의 없었다. 분반공부도 형식적이었고 깊이 있는 말씀공부가 이루어지지 못했다. 예배 때 아이들은 졸거나 자기에 바빴다. 말씀에 대한 기대감이 전혀 없었다.

청소년 사역자는 큐티 모임을 시작했다. 소수의 청소년을 대상으로 1달 동안 온 마음을 쏟아서 헌신하자 말씀의 맛을 본 청소년들이 변하기 시작했다. 그러자 말씀묵상과 나눔을 하던 큐티 모임에 다른 아이들도 몰려오기 시작했다.

청소년 사역자는 행복한 고민에 빠졌다. 문제는 지도할 교사가 없다는 것이었다. 기도하면서 먼저 훈련된 청소년들을 과감하게 큐티 모임의 동역자로 세우고 그 아이들이 큐티 모임의 교사가 되었다. 이성적인 문제가 생기기 쉬움으로 전체 모임은 남녀가 같이하면서도 나눔 모임은 각각 진행하였다. 선배가 교사로 헌신하여 후배들을 최선을 다해 섬기자 영적인 분위기가 달라지기 시작하였다.

큐티 모임을 통해 말씀을 경험한 아이들은 예배 시간에도 말씀에 집중하기 시작했다. 그리고 분반 모임 시간에 선생님들께 영적인 질문을 하기 시작했다. 선생님들도 대충 준비하면 대답을 하지 못하기에 분반 모임을 준비하기 시작했다. 큐티 모임이 가져온 변화였다. 크고 거창한 것이 아니라 말씀을 읽고, 말씀을 삶으로 적용하는 것이 변화의 핵심이었던 것이다. 말씀을 스스로 읽고 묵상하면서 아이들은 꿈을 가지게 되고, 중독에서 벗어나며 자유를 경험한 것이다. 여전히 모든 사역의 핵심은 말씀이어야 한다. 말씀이 들어가야 살아나고 하나님의 군대가 된다.

2) 성령 : 기도 가운데 성령의 역사가 있으면 살아난다

청소년 사역이 가장 강력한 순간은 성령의 임재가 나타나는 때이다. 사역은 재주와 재미로 하는 것이 아니다. 사역은 하나님의 일하심이 있어야 열매가 맺어진다. 하나님의 일하심은 성령의 임재 사건을 통해 구

체적으로 나타난다.

B교회에서 청소년 사역이 1년 만에 4배가 된 역사가 있었다. 자세히 살펴보니 청소년 사역자가 토요일과 주일에 청소년들과 정기적으로 기도회를 가졌다. 처음에는 1명이나 2명, 임원단만 참석해서 기도했다. 시간이 지나면서 성령의 역사하심이 구체적으로 경험되어지자 다른 청소년들이 모이기 시작했다. 그래서 20명에서 30명이 모여서 기도하는 광경이 펼쳐졌다.

청소년이지만 성령님의 역사를 경험하니 달라지기 시작한 것이다. 그 교회 학생들은 성령의 임재를 경험하자 자신들의 공부에도 더 집중하고 기도회에 참석하는 학생들의 성적이 떨어지지 않고 오히려 올라가는 기현상이 벌어졌다. 그러자 학부모들이 자녀가 기도회에 나가는 것을 좋아하고 권하는 수준까지 되었다. 사춘기 학생들이 기도를 하면서 하나님의 은혜를 받으니 부모님과의 관계도 좋고 성적도 올라가니 일석이조처럼 느꼈던 것이다.

10대들은 기도가 불붙으면 살아난다. 10대들은 기도를 하지 않을 것이라는 선입견이 있다. 아니다. 성령의 역사를 경험하면 누구보다 더 뜨겁게 기도한다. 불쏘시개가 타올라서 10대들에게 불을 붙이기만 하면 엄청나게 타오른다. 그때 꿈이 생긴다. 관계적 성숙이 나타난다. 하나님 나라를 위하여 헌신하기 시작한다. 그래서 기도해야 한다. 기도의 불이 타오르도록 사역자는 불쏘시개가 되어야 한다.

사역자는 기도를 먼저 배우고 기도하면서 기도를 가르쳐야 한다. 기도는 기적의 재료이다. 기도는 부흥의 재료이다. 기도는 좋은 변화의 핵심이다. 불타오르는 기도는 10대들을 하나님의 군대가 되게 한다.

3) 성숙 : 양적 성장 중심의 관리가 아닌 성숙을 추구하는 관계로 바뀌면 살아난다

시대가 급변하고 있다. 팬데믹을 거치면서 사역의 패러다임도 완전히 바꾸어야 할 때이다. 과거에는 청소년 사역도 관리가 주를 이루었다면 이제 관리의 시대는 끝났다. 여전히 관리에만 집중하는 청소년 사역은 무너지고 황폐해질 것이다.

지금은 관계의 시대이다. 10대 청소년들은 관계가 세워지지 않으면 반응하지 않는다. 그러나 관계가 세워지면 반응하는 세대가 청소년들이다.

C교회의 청소년 사역자는 편지나 엽서가 사라진 시대에 손으로 직접 글씨를 쓴 편지와 엽서를 10대들에게 나누기 시작했다. 한 명 한 명을 위해서 기도하면서 하나님이 주시는 마음을 담고 하나님이 주시는 생각을 담아서 격려와 응원의 메시지를 적어서 주일마다, 또 틈나는 대로 아이들에게 전해 주었다. 처음에는 별 반응이 없었다. 그러나 청소년 사역자가 꾸준히 하자, 어느 시점부터 아이들이 자신들도 손으로 쓴 편지와 엽서를 적어서 답장을 하기 시작했다. 자신들의 고민을 부모나 친구들, 선생님께도 털어놓지 못했지만 진정성 있는 청소년 사역자의 헌신에 솔직한 고민을 털어놓기 시작했다. 놀랍게도 깊은 관계가

맺어지기 시작하자 10대들이 더 많은 사랑을 청소년 사역자에게 돌려주었다.

오늘 우리 사역에 관리는 있으나 관계가 사라진 곳이 많다. 관계가 세워지지 않으면 결국 열매 맺는 사역은 어렵다. 10대들을 하나님 나라의 군대로 세우는 것은 힘들다. 어떤 방식이든지 개인적으로 접근해야한다. 인격적으로 만나야 한다. 10대들의 이름을 담은 메시지를 나누고 기도하면서 진정성이 느껴지도록 해야 한다. 나를 사랑하고 진심으로 나를 위해 기도해 주는 분이라는 것을 보게 하고 듣게 하라. 그러면 반드시 때가 되면 반응한다. 때가 되면 하나님의 군대로 바뀔 것이다.

4) 성장 : 숫자만 모이는 무리에 머물지 않고 영적으로 성장하는 제자로 바뀌면 살아난다

10대들의 신앙과 삶은 무리에 머무는 경우가 많다. 이는 개인적이고 인격적으로 예수님을 주요, 그리스도요, 하나님의 아들로 만나지 못해서이다. 청소년 사역은 그들을 각각 생명으로 인도하여 예수님과의 사귐이 일어나도록 도와야 한다. 그리고 예수님을 영접하고 예수님의 제자로 살리고, 키우고, 세워 가야 한다.

청소년 사역은 10대들이 예수님의 제자로 부름을 받고 쓰임받는 세대라는 확신을 가질 때 더 건강해진다. 무리는 쉽게 상황에 따라 움직인다. 상황에 따라서 요동친다. 상황 따라 반응한다. 중간고사와 기말고사가 되면 교회로 가지 않고 학원으로 간다. 그것에 대해서 문제의식을 느

끼지 않는다. 부모세대도 자녀가 공부하겠다면 주일예배를 빠져도 바로 잡지 않고 오히려 더 부추기기도 한다.

청소년 사역자는 바로 이 지점에서 고민해야 한다. 무엇을 위해 공부하는가를 10대들이 알도록 해야 한다. 그러기 위해서 필요한 것은 제자훈련이다. 10대들은 제자훈련이 안 된다고 생각한다면 정말 안 된다. 그러나 10대들에게도 꿈을 꾸고 하나님 나라를 위하여 살아가려는 열망이 있다고 생각하면 제자훈련은 된다. 결국 사역자가 중요하다.

제자훈련은 방법이 중요하지 않다. 사람이 중요하다. 제자훈련은 책이 중요하지 않다. 가르치는 사람이 중요하다. 제자훈련은 시간이 중요하지 않다. 본질을 담아내는 내용이 중요하다. 제자훈련은 관계가 세워져 있다면 대면과 비대면이 모두 가능하다. 바쁜 청소년을 위하여 비대면으로 제자훈련을 하는 것도 하나의 길이다. 이제는 온라인과 오프라인이 모두 유용한 도구가 되었다. 무리에 머물게 하지 않고 어찌하든지 제자로 키우는 것이 사역의 초점이 되어야 한다. 그리고 제자훈련을 할 때 예수님의 제자로 세우면서 전인적인 돌봄이 함께 가야 한다. 영적 건강도 챙겨야 하지만 10대들의 학교와 학업에도 관심을 두고 기도하고 공부하고, 공부하면서 기도하는 10대 제자가 되도록 도와야 한다. 묵상하면서 공부하고, 공부하면서 묵상하는 10대로 키운다면 메마른 뼈 같은 10대들이 부모세대보다 더 아름답게 쓰임받는 자녀세대로 하나님의 군대를 이룰 것이다.

5) 주체 : 장년 중심이 아니라 다음세대가 주체가 되도록 바꾸면 살아난다

10대들의 사역을 누가 준비하고 진행하는가? 대부분의 경우는 장년에 의해서 계획되고 준비되고 진행된다. 10대들은 그저 참석만 해 주어도 고마워하는 것이 현실이다. 그런데 생각을 바꾸어 10대들이 계획하고, 10대들이 준비하고, 10대들이 진행하게 하는 것은 어떨까? 부모세대의 교사가 모든 것을 결정하고 따라오도록 하는 것이 아니라 다음세대가 주체가 되어 주관하고 주도하도록 하면 어떨까? 10대들은 충분히 새로운 문화를 만들어 낼 능력이 있을 것이다. 그들만의 은사를 살릴 것이다. 그러려면 사역자와 교사는 후원자요 지지자로 뒤에서 돕는 키다리 아저씨의 자리에 서는 것이 필요하다. 믿고 맡기면서 코칭과 멘토링만 적절하게 해 줄 수 있다면 10대들이 스스로 모든 것을 하면서 새로운 창조적인 사역을 일으킬 것이다.

D교회에서 10대들을 전도하고 초청하는 행사를 준비하게 되었는데 처음에는 교사 중심으로 준비를 했다. 교사들이 계획하고, 준비하고, 실행했지만 잔치 자리가 아니라 초상집 분위기였다. 잔칫상도 마련하고, 잔치 음식도 많이 준비했지만 정작 있어야 할 잔치 자리에 오는 손님이 하나도 없었던 것이다. 충격을 받고 말을 잃었다. 그리고 고민하기 시작했다. 어떻게 하면 잔치 자리에 주인공들이 올 것인가? 기도하고 나누다가 10대들에게 믿고 맡겨 보자는 결정을 하였다. 모든 계획과 준비와 실행을 10대들이 하게 하자는 것이다. 10대들이 좋아하는 프로그램을

만들었다. 10대들이 좋아하는 음식을 만들었다. 10대들이 좋아하는 잔 칫상을 준비했다. 놀랍게도 10대들은 믿지 않는 친구들이 좋아할 만한 잔치 자리를 만들고 스스로 초대장을 만들어 돌렸다. 1명도 오지 않았 던 잔치 자리가 차고도 넘쳤다. 그리고 잔치가 끝나고 깊은 여운이 남아 서 다시 교회로 나온 믿지 않는 아이들로 넘치고 전도가 되었다.

10대는 어린 나이가 아니다. 과거에는 장가가고 시집도 갔던 나이 다. 가정을 꾸리고 가문을 일으켜 세웠던 나이다. 지금은 입시 위주로 생각하기에 너무 좁은 사고 속에 갇혀 있다. 10대들이 주체가 되는 사 역은 10대들이 마른 뼈가 아니라 하나님의 군대로 살아나게 한다. 메마 른 뼈가 살아나면 하나님의 영광을 위하여 달려가는 세대가 되게 한다.

6) 설교 : 무감각한 설교에서 들리는 설교, 보이는 설교로 바뀌면 살아난다

10대 아이들은 설교에 큰 기대감이 없는 것이 보통이다. 그것은 그 만큼 사역자들이 설교의 중요성을 놓치고 형식적인 설교에 머물고 있다 는 반증이다.

10대 사역을 하면 설교를 고민해야 한다. 10대들에게 설교가 들리 지 않으면 아무런 일이 일어나지 않는다. 설교가 들리지 않으면 예배 시 간은 인내력 테스트 시간이 된다. 설교가 들리지 않으면 예배 공간은 졸 거나 아예 잠을 자는 영적으로 죽어 있는 공간이 된다. 그러나 10대들 이 설교를 듣기 시작하면 설교에 반응한다.

E교회의 청소년 사역자는 그 교회에 부임하고 말씀 준비에 전심전력을 다했다. 청소년들에게 전하는 설교 20분을 위해 10-20시간을 쏟아부었다. 설교를 준비하면서 청소년들의 이야기로 바꾸었다. 청소년들의 언어로 바꾸었다. 본문의 본질을 붙잡으면서도 실제적이고 구체적인 적용 중심으로 바꾸었다. 그러자 매주 한 명, 한 명이 깨어나기 시작했다. 아무런 기대감 없이 졸던 아이들이 자신들의 이야기가 들려지자 반응하였다. 자신들의 언어로 들려지는 설교에 깨어날 뿐만 아니라 마음이 열리기 시작하였다. 그러자 아이들은 친구들을 전도하기 시작했다. 청소년들도 은혜를 받으면 반응한다. 어떤 세대보다 더 뜨겁게 반응한다. 자신들의 언어와 자신들의 이야기로 설교하는 사역자가 없어서 졸거나 자다가 가는 것이지 들려지면 더 열정적으로 반응한다. 설교가 들려지면 형식적인 예배에서 하나님이 임재하시는 예배로 바뀌게 된다. 하나님의 말씀이 영혼을 만지고 들려지는 순간부터 성령의 역사가 일어난다. 그때 메마른 뼈 같은 10대들도 은혜를 받으면 받을수록 강력한 하나님의 군대로 살아난다.

7) 중심 : 행사 중심이 아닌 사람 중심으로 바뀌면 살아난다

행사 중심이 아닌 양육 중심이어야 사람이 바뀐다. 행사를 하는 것은 필요하다. 더 중요한 것은 그것이 10대를 중심으로 바뀌어야 한다는 것이다. 사람 중심으로 섬기려면 사역일기를 적어 보면 유익이 크다. 사역

일기를 적으면서 일 중심의 사역이 사람 중심으로 바뀔 때 일어나는 변화를 관찰할 수 있기 때문이다.

F교회 청소년 사역자는 어떻게 하면 다음세대가 축복의 통로가 될까를 많이 고민했다. 그는 청소년 사역자로 사역하면서 다음세대들이 얼마든지 축복의 통로가 될 수 있다고 믿었다. 그래서 다음세대를 축복의 사람이 되도록 훈련시켜 주고 하나님의 선하시고 기뻐하시는 뜻을 실천하도록 했다. 사역일기에는 그러한 섬김이 어떤 결과를 가져왔는가에 대해 기록했다. 다음은 그 당시의 사역일기이다.

'세뱃돈을 모은 사랑의 헌금이 824,700원이 나와서 ***집사님을 섬겼다. 당뇨 합병증으로 수술을 하시는데 너무 어려운 가정이어서 함께 심방을 하면서 기도를 해 드리고 섬겨드린 것이다. 하나님이 주신 마음을 가지고 세뱃돈을 힘든 이웃을 위해 사용하자고 설교를 했었는데 아이들이 824,700원이나 목적 헌금을 한 것이다. 이것이면 떡볶이를 824번 먹을 수 있다. 그런데 아이들이 이웃을 돕겠다면서 헌금을 하니 놀랍다. 감사하다.'

사역자가 10대들을 믿고 어려운 가정의 이야기를 나누자 아이들이 자원하여 수술비를 마련해서 섬겨 준 일의 기록이다. 이 일은 10대 아이들도 축복의 사람이 될 수 있음을 알게 했다. 아이들의 세뱃돈을 존중하고 섬김을 존중하자 자신이 게임할 돈을 자원하여 내놓았다. 아이들을 존중하자 억지로나 인색함으로가 아닌 기쁨으로 나누었던 것이다.

G교회 사역자도 사역일기를 기록하는 습관이 있었다. 그 교회는 50명의 중등부 아이들이 순식간에 100명이 되었다. 문제는 교사였다. 그때 교회에 교사를 요청하고, 광고를 통해 교사를 모집했지만 효과가 없었다. 그러다가 생각을 바꾸기로 하였다. 10대가 10대를 가르치도록 결정한 것이다. 중학교 3학년이 1학년이나 2학년의 교사가 되게 한 것이다. 10대 교사들은 매일 큐티를 하고 청소년 사역자와 미리 공과공부를 하면서 소그룹 분반공부 섬김을 준비했다. 다음은 그 당시의 사역일기다.

'감사한 것은 4달 만에 50명이었던 중등부 아이들이 갑자기 100명으로 늘어난 것이었다. 그러나 교사가 부족했다. 장년교사를 구하기도 어렵고 힘들었다. 결국 설득을 해서 10대가 10대를 가르치는 식으로 동세대를 교사로 세우기로 하고 16세의 청소년들이 교사로 세워졌다. 10대 교사들은 일주일 동안 큐티를 하고 주일에는 먼저 모여서 매일 큐티한 것을 점검한다. 그리고 나와 함께 분반공부를 하고 그 내용을 가지고 다시 1학년과 2학년 분반교사로 섬긴다. 그런데 참 열심이다. 이 아이들을 위해서라도 인성, 지성, 영성의 전인적인 돌봄을 해야겠다.'

이러한 믿음의 시도 결과는 대성공이었다. 그 교회에서 최고의 교사가 탄생한 것이다. 큐티하고, 교사 모임에 미리 10대들이 참석하고 가르치기 위해서 공부를 하니 자신들이 먼저 은혜를 받고 바뀌기 시작한 것이다. 교회에 새로 나온 10대들도 딱딱하고 알아듣기 힘든 종교적 용어가 아니라 선배 언니와 형으로부터 쉽고 이해하기 좋은 말들로 공부를 하니 변화가 가속화되었다.

사실 10대를 교사로 세운다는 것은 일종의 모험을 한 것처럼 느낄 수 있다. 10대 아이들을 교사로 세우는 일이 한국교회에는 거의 없었기 때문이다. 청소년 사역자에 대한 여러 염려도 있었지만 10대들을 교사로 세울 수 있었던 것은 10대 아이들이 큐티 모임을 꾸준히 하고 있었기 때문에 가능했다. 청소년 사역자로서 비록 10대지만 은혜를 받으면 좋은 리더가 될 수 있다고 생각했고, 그것을 믿고 교회를 설득하여 10대 교사를 세웠던 것이다. 무엇보다 언니가 동생들을 가르치고, 형들이 동생들을 가르치면서 롤 모델이 된다면 효과적인 섬김이 가능하다고 믿었다. 그렇게 10대를 주체로 세워서 10대를 변화시키는 시도를 통해 사람을 키우고, 사람을 세우는 일을 시도한 것이 청소년 사역을 획기적으로 변화시킨 것이다. 단지 교실 교육이라면 어려울 것이다. 10대를 무조건 교육 대상으로만 보기 때문이다. 그러나 그 청소년 사역자는 10대들과 꾸준히 큐티를 하면서 하나님의 세대로 자라나는 청소년들을 보았다. 그런 변화들을 목격하면서 소명감 없이 구태를 반복하는 것보다 어쩌면 10대들이 더 잘 가르치는 교사가 될 수도 있을 것이라고 믿었던 것이다. 특히 10대 교사는 자신들이 직접 가르치기 위해서 배움에 임하기에 더 효과적으로 배우고 헌신했다. 그러자 메마른 뼈 같은 공동체가 생기로 가득하게 변화되었다.

우리는 10대들을 너무 어리게만 생각하는 경향이 있다. 그래서 모든 것을 다 해 주려고 한다. 그러나 10대들을 존중해 주어야 한다. 스스로 할 수 있는 것은 스스로 하도록 해야 한다. 학생들을 봉사에 참여시키면서 자라게 해야 한다. 인격적으로 존중하면서 스스로 길을 찾아가도록 도울 때, 더 좋은 리더로 성장하고 자라가기 때문이다. 한국교회는 10대 아이들을 믿어주면서 키워야 한다. 시시때때로 실수도 하고 실패도 하지만 격려해 주어야 한다. 10대를 향한 존중이 그들을 자라게 할 것이다.

메마른 뼈를 살리려면 교회는 어떻게 해야 하는가?

메마른 뼈를 살리는 일은 총체적이어야 한다. 한 사역자의 열심히 아닌 교회 전체적인 하나님의 열심히 필요하다. 그러려면 다음의 것들이 필요하다.

첫째, 다음세대 사역을 위한 자원, 지원, 후원이 필요하다. 어찌하든지 좋은 인적 자원이 헌신해야 한다. 교회에서 가장 우선순위를 다음세대 살리기와 키우기와 세우기에 두어야 한다. 교회의 재정적 지원도 필요하다. 물질이 가는 곳에 마음이 간다. 다음세대를 섬기는 재정을 최고의 중요 순위에 두고 실제적인 지원을 지속 반복해 가야 한다. 다양한 실제적인 후원이 계속 이어져야 한다. 다음세대들이 현장에서 피부로 느낄 정도로 사랑하고 섬기며 격려해 주어야 한다.

둘째, 가정이 자녀에게 하듯 교회도 다음세대에게 해야 한다. 다음세대를 살리는 일은 우리 자녀와 자손을 살리는 일이라는 것을 기억해야 한다. 이것이 내 자녀가 살아나는 일임을 기억하며 공동체적으로 헌신해야 한다. 가정은 자녀교육에 대부분 가장 많은 재정을 사용한다. 교회는 이 부분에 있어서 말이 아닌 실제적인 헌신을 해야 한다. 그리하면 다음세대를 엘리 제사장의 아들이 아닌 사무엘로 살리고 키우며 세우게 될 것이다. 하나님의 임재를 모르는 다음세대는 세상의 풍조에 휘둘리고 어찌 보면 세상보다 더 악하게 살아가게 된다. 그러나 하나님 앞에서 성장하는 사무엘세대는 세상의 영향을 받기보다 하나님의 음성을 듣고 순종하며 자라게 된다. 교회가 다음세대에게 우선순위와 중요 순위를 선명히 두고 실제적인 자원과 지원, 지속적인 후원과 반복, 집중해 갈 때 메마른 뼈는 반드시 살아날 것이다.

가정에서 부모세대는 어떻게 해야 하는가?

우리 시대에 중요한 자녀 신앙을 세우는 핵심이 있다. 그것은 부모의 자리이다. 부모는 자녀를 교회에만 맡기지 말고 1차 영적 교사가 되어야 한다. 그래야 자녀가 산다. 과거에는 영적 부모의 구실을 교회학교와 주일학교 교사들이 감당해 주었다. 또 선배들이 후배들을 영적으로 지도해 주었다. 그러나 이제는 부모의 관심과 헌신이 절대적으로 필요하다. 1/168 시간을 교회에서 예배드리고 형식적인 분반공부를 하고 학원으로 향하는 자녀세대에게 신앙전수는 어렵다. 이제 자녀들을 주일이면 학원을 보내지 말고 교회에 보내야 자녀가 산다는 것을 기억해야 한다.

신앙교육은 부모가 본이 되어야 한다. 부모가 먼저 제자가 되어서 자녀를 제자로 삼아야 한다. 부모가 말만 하고 삶으로 가르치지 않는다면 자녀도 형식적인 신앙으로 흘러가고 성인이 되어서 교회를 떠나기 쉽다. '삶으로 가르치는 것만 남는다'라는 말처럼 우리의 신앙과 삶의 자리가 신앙 유산을 전수하는 자리라는 의식의 전환이 시급하다. 부모가 먼저 하나님 중심이 분명하면 자녀가 산다. 보고 듣고 배우기 때문이다.

메마른 뼈가 살아난다

청소년 사역의 부흥은 구약과 신약의 시대와 오늘 우리 시대가 크게 다르지 않다. 영원하신 하나님께서 여전히 통치하고 다스리시기 때문이다. 우리는 10대라는 메마른 뼈가 살아나는 7가지 본질적인 방법을 더 치열하게 고민하고 적용해야 한다.

첫째로 성경, 하나님의 말씀이 들어가면 살아난다.

둘째로 성령, 기도 가운데 성령의 역사가 있으면 살아난다.

셋째로 성숙, 양적 성장 중심의 관리가 아닌 성숙을 추구하는 관계로 바뀌면 살아난다.

넷째로 성장, 숫자만 모이는 무리에 머물지 않고 영적으로 성장하는 제자로 바뀌면 살아난다.

다섯째로 주체, 장년 중심이 아니라 다음세대가 주체가 되도록 바뀌면 살아난다.

여섯째로 설교, 무감각한 설교에서 들리는 설교, 보이는 설교로 바뀌면 살아난다.

일곱째로 중심, 행사 중심이 아닌 사람 중심으로 바뀌면 살아난다.

우리 시대는 절망에 익숙해져 간다. 부흥이 어렵다고 체념하고 산다. 그러나 우리가 문제이지 하나님은 여전히 일하신다. 하나님이 메마른 뼈도 군대를 이루게 하는 우리의 하나님이시기에 우리는 확신할 수 있다.

"메마른 뼈도 살아날 수 있다!"

이상갑 목사

산본교회 위임목사이며 청년사역연구소와 OM선교회, 한국기독교 목회지원 네트워크 이사로 섬기고 있다. 아세아연합신학대학, 장신대학원, 풀러신학대학원에서 공부했으며 저서로는 「설래임」(생명의 말씀사), 「바이블정신」(예수전도단), 「결국 말씀이다」(CLC)가 있다.

3부

다음세대, 온에어

인터뷰와 정리

김도인 목사

아트설교연구원 대표이자 '글과길 출판사'를 운영하고 있다. 지천명에 독서를 시작해 독서가가 되었으며 15년 전부터 (설교) 글쓰기 선생질을 하고 있다. 몇 년 전부터 책 쓰기 코칭까지 하고 있다. 저서로는 「설교는 글쓰기다」(CLC), 「나만의 설교를 만드는 글쓰기 특강」(꿈미), 「설교는 인문학이다」(두란노서원), 「설교를 통해 배운다」(CLC), 「설교자와 묵상」(CLC), 「독서짱에서 독서광으로」(목양), 「책 쓰기! 나도 할 수 있다」(글과길), 「목회트렌드 2023」(글과길), 「목회트렌드 2024」(글과길) 등 18권을(공저 포함) 저술했다.

이경석 목사

바실교회(BASIL Church) 담임. 문학(BA)과 경영학(MBA)을 공부한 후 증권사, 대학, IT 기업, 잡지사 등에서 다양한 직업을 경험했다. 횃불트리니티신학대학원대학교에서 신학(MDiv, ThM)을, 미국 트리니티복음주의신학대학원(TEDS)에서 박사학위(DMin)를 받았다. 온누리교회와 (재)기독교선교횃불재단을 섬겼으며 한국교회의 새로운 부흥을 꿈꾸며 '목회트렌드 연구소'를 섬기고 있다. 「격차의 시대, 격이 있는 교회와 목회」(글과길), 「목회트렌드 2023」(글과길), 「목회트렌드 2024」(글과길)를 공저했다.

야성을 회복해야 한다

대학생 선교단체가 동아리방 유지도 어려운 실정이다

"현재 재학생은 2명입니다." 순간 잘못 들었다고 생각했다. 하지만 사실이었다. 한국교회의 리더들로 활동하는 동문들만 몇 명인데 재학생 숫자가 한 자리라니. 이것은 80-90년대 한국교회의 예배에 새바람을 이끌었던 대표적 캠퍼스 선교단체의 이야기다. 벌써 10여 년 전, 신촌의 모 대학 선교단체에 방문했을 때 알게 된 캠퍼스 상황이었다. 대학생 선교단체가 그렇듯 체계적인 제자훈련과 다양하고 창의적인 사역으로 수많은 회원과 역동적인 움직임을 자랑하던 일들은 이미 과거의 영광이 되어 버린 것이다.

대학생을 대상으로 활발하게 선교하던 캠퍼스 선교단체는 어려움을 겪고 있다. 취업난과 극심한 경쟁, 그리고 불확실한 진로, 거기에 교회의 대사회적 이미지 실추는 캠퍼스 선교단체로 향하던 발걸음을 멈추게 하고 있다.

많은 선교단체가 캠퍼스에서 동아리방도 유지하기가 버거울 만큼 내우외환을 겪고 있다. 하지만 이런 상황에서도 꾸준히 성장하는 선교단체가 있다. JDM으로 알려진 예수제자운동 이하 JDM 이다.

JDM은 윤태호 목사로부터 40년 동안 이어 왔다

JDM의 시작은 1977년으로 거슬러 올라간다. 강원도 춘천에서 청년 윤태호를 중심으로 7명의 젊은이가 모인 것이다. 이후 윤태호의 제자훈련에 따라 주님을 사랑하는 젊은이들은 전 생애를 예수 그리스도를 위해 살기로 작정한다. 주님께서 "만인을 그리스도의 제자로 삼으라" 마 28:19 는 비전을 주심으로 그 일을 위하여 모인 작은 무리의 모임이 캠퍼스를 복음으로 뒤흔드는 JDM으로 나아가게 된 것이다.

그 순간을 설립자 윤태호 목사는 이렇게 기억한다.

"77년, 내가 청년 때 모임을 시작했어요. 나는 대학 문턱도 밟아 보지 않은 고졸이었어요. 그때 청년부 회장을 했는데 성경을 좀 배우고 싶다는 성장을 위한 하나의 갈망으로 일곱 명을 데리고 신혼방에서 처음 시작했어요. 원래 모임 이름이 없었어요. 그때 모임을 하면서 개인적으로 번 돈으로 시골교회를 도왔어요. 그런데 그 교회 총각 전도사님이 결혼을 하게 되어 선물을 주려니 겉에 뭐라고 써야 하잖아요? 생각하다 뭐라고 썼냐면 '주님과 작은 무리의 모임.' 이렇게 썼어요. 기도할 때마다 우리가 '이 작은 모임은 주님과 함께하는 거다'라고 했거든요. 그래서 그걸 줄여서 '작은 모임'이라고 그랬거든요. 80년인가 81년도에 캠퍼스사역을 하자 생각했어요. 그런데 그 이름으로는 안 될 것 같았어요. 그래서 정한 이름이 '예수제자운동'이에요. 그때는 학교 등록용으로 쓴 거지 이렇게 일반화될 줄은 몰랐어요. JDM은 가족공동체를 의

미하는 말이고, 가족공동체는 예수님을 포함한 공동체로서의 의미가 있는데 이것이 세계선교를 위해 사역 공동체로서의 JDM이 된 겁니다."

윤태호 목사는 이 모임의 성장과 함께 총신대 신대원에서 공부하고 춘천에서 교회를 개척한다. 나이 마흔에 개척한 그 교회에는 당시 춘천에서 신앙생활을 열심히 해 보겠다는 지식인들이 많이 모인 교회로 유명했다. 교회는 계속 성장을 거듭해 연평균 1억 원을 JDM 사역에 지원하는 든든한 후원자의 역할을 해냈다.

그러나 윤 목사는 50세가 되던 해에 목회를 그만둔다. 개척을 시작하면서 10년만 목회하기로 마음을 먹었기 때문이다. 하지만 하나님은 준비된 탁월한 리더를 그냥 두지 않으셨다. JDM 리더들과 윤 목사로부터 훈련받은 사람들을 중심으로 JDM 본부 교회가 시작된 것이다.

"지금 성도들은 한 120명쯤 돼요. 그중 어른들이 50여 명이에요. 장로님이 두 분 계시는데 다 제가 스무 살 때 가르친 제자들이에요. 권사님 열두 명도 80%가 제 제자죠. 스무 살 때 가르친 제자들이 다 60세가 되고, 나이 제일 많으신 노인이 81세가 되는데 그분도 제게 훈련받은 분이에요. 그렇게 지금까지 온 거예요. 그 세월이 시골교회에서 6년, 개척교회에서 10년, 그리고 여기선 지금 22년이 됐어요. 지난주가 22주년이었어요. 목회는 올해부터 선교원 목사님에게 넘겨줘서 그분이 다 알아서 하고 저는 가끔 설교 목사로 불러주라고 했습니다. 국내 대표를 맡고 있는 엄상섭 목사님도 중1 때 제게 학교에서 성경을 배웠던 사람이에요. 그리고 해외선교 책임자는 나이가 예순인데 제가 대학 1학년 때부터 가르쳤던 사람이죠. 그때 함께 훈련받았던 사람들이 지금 유학생 팀장, 해외 국제선교훈련원장과 같이 책임자급으로 다 일하고 있어요. 저하고 열두 살 터울인데 올해 60대들이 되었어요. 저하고 벌써 40년을 같이한 거예요. 이런 단체는 별로 없습니다. 거의 없죠. 장로님들도 건축위원장도 하고 다 그랬는데 지금 나이가 칠십이에요. 저하고 45년 된 사람들이에요."

JDM의 제자훈련은 생활훈련을 강조한다

일반적으로 제자훈련으로 다져진 탄탄한 관계성은 선교단체의 특징이다. 하지만 JDM의 끈끈함에는 다른 선교단체와는 다른 특별한 점이 있다. JDM의 제자훈련에는 어떤 특별함이 있는 것일까? 그 핵심이 무엇인지에 대해 윤 목사는 이렇게 말한다.

"단적으로 얘기하면 우리는 생활훈련을 시킵니다. 보통 성경을 가르칠 때 밑줄에 답을 다는 형식을 취합니다. 주어가 뭐고, 목적어가 뭐고, 히브리 원문은 뭐라고 설명하는지 등을 가르치죠. 하지만 저희는 그게 아니고 '이 말씀을 어떻게 살아낼 수 있는가'에 집중합니다. 예를 들어 오늘 데살로니가전서 1장을 공부했다면 그다음 주에는 공부한 것을 어떻게 생활에 적용했는가를 꼭 보고하도록 해요. 소감문이라는 것을 제출하는 겁니다. 배운 말씀을 실제로 적용한 게 없으면 의미가 없습니다. 정말 믿음의 역사와 사랑의 수고와 소망의 인내를 공부했으면 역사하는 믿음이 어떻게 표현됐는지를 보고하도록 하는 겁니다. 그렇게 하니까 이런 보고가 올라오는 거예요. '목사님 제가 돈이 만 원밖에 없었는데 옆 친구가 너무 힘들어하는 거예요. 저는 만 원 가지고 일주일을 살아야 하는 상황이지만 친구가 너무 힘들어해서 제가 믿음의 역사로, 주님이 역사하시겠지 하고 친구에게 줬습니다. 그랬더니 정말 주님께서 그걸 기쁘게 생각하셔서 어떤 사람을 통해 제게 오만 원을 주신 거예요. 참믿음은 행동하는 것이란 걸 경험했습니다.' 이런 식의 말씀을 살아내는 경험을 하게 하는 겁니다. 물론 이게 어떤 면에서는 주관적일 수도 있어요. 하지만 어쨌든 말씀을 체험하는 신앙을 목표로 합니다. 그러니까 신유 은사 체험이 아니라 성경을 체험하고 성경을 세뇌시키는 거예요. 문제는 리더가 그런 삶을 살지 않는 것입니다. 말재주에 불과한 것은 의미가 없어요. 우리 모임에도 위기가 있습니다. 입술의 은사가 크게 활동할 때가 있어요. '목사님, 강의 너무 잘해요. 설교 너무 잘해요. 너무 좋아요.' 이런 것이 진짜 위험한 거거든요. 사실 우리는 공동체니까 밥 잘 짓는 사람, 건물 잘 관리하는 사람, 글 잘 쓰는 사람, 또 책 만드는 사람 등 다양하게 있잖아요. 그런데 공동체가 타락할 때 나타나는 현상은 강대상이 높아지는 거예요. 말 잘하는 사람들이 존중을 받고 높아지고 그 나머지 사람들은 별로 쓸모가 없는 것처럼 되는 거죠. 그러면 사람들이 자꾸 그런 쪽을 추구하게 됩니다. 그러면 이건 공동체가 아니에요. 그냥 스타가 만들어지는 거죠. 공동체에선 스타가 아니라 모두 종이 되어야 합니다. 스타가 있으면 공동체가 되지 않거든요. 그런 면에서 교회가 말씀을 구체화시킬 수 있는 모델, 그 말씀을 추구해 나가는 에너지, 그리고 그 말씀에 대한 적용점. 이런 것들이 지금 너무 약한 것이 문제라고 봅니다. 그러니까 JDM 사역의 철학이라고 하면 '본질적인 것들에 집중하는 것'이라고 할 수 있습니다."

다음세대는 말씀을 살아내고 말씀을 체험해야 한다

다음세대에게 말씀을 살아내고 말씀을 체험하는 것에 초점이 맞춰진 훈련은 중요하다. 말씀에 대한 주관적인 해석이라는 약점을 넘어서 살아 계신 하나님을 체험하는 초월성으로 이끌어 주기 때문이다.

윤 목사는 성경에서 말씀하는 그대로를 가르치기 위해 30년 전부터 말씀사경회라는 이름으로 말씀을 집중 양육하고 있다. 성경에 쓰여 있는 그대로를 가르치려는 그의 진정성은 보통 목회자들이 매우 꺼리는 주제인 헌금 설교도 주저 없이 하도록 했다. 예를 들어 목회를 할 때 10년 동안 매년 1월 둘째 주는 십일조 설교, 셋째 주는 선교헌금 설교, 그리고 넷째 주에는 구제헌금 설교를 하는 식이다. 지금까지 30년간 진행된 사경회에는 열매도 많아서 간사들은 지금도 "2012년 목사님이 요한복음 사경회할 때 제가 회심했고, 몇 년도 대학 집회 때 무슨 말씀 듣고 간사로 헌신했다"라고 고백한다. 사실 JDM 제자훈련의 특징은 말씀훈련과 생활훈련에만 있지 않다. JDM의 수련회에서는 오순절 교단을 연상시킬 정도로 뜨겁게 찬양하고 뜨겁게 기도한다. 시대 흐름에 따라 변하는 청년들에게 맞춰 2일이나 3일 정도의 짧은 일정으로 진행되지도 않는다. 보통 5박 6일 동안 진행되며 원색적인 복음을 통해 복음적 생활습관을 만드는 데 집중한다. 이런 본질적이고 집중적인 훈련은 지금까지 탁월한 리더들을 양성해 내는 힘이었다. 그런데 윤 목사는 이렇게 양성된 리더들을 곁에 두기보다는 주저 없이 내보낸다. 보통 대표간사 5-6년 차가 되면 해외로 개척을 내보낸다고 한다. 그 이유는 무엇일까? 그는 사무실 한 벽면에 걸려있는 빛바랜 사진을 가리키면서 이렇게 설명한다.

"JDM에는 독수리 오형제라는 별명으로 불리는 사람들이 있어요. 모두 제가 대학교 1학년 때부터 가르쳤던 제자들입니다. 사진 왼쪽에 있는 사람은 공무원 하다가 서울에서 간사로 헌신해 선교사 둘을 만들어 놓고 대전지부를 개척한 캠퍼스 운동의 선각자예요. JDM 캠퍼스 운동의 부흥을 실제로 보았고 대전에서 학생들 데리고 4층 건물을 지은 사람이죠. 그리고는 홀연히 인도로 가서 간사 한 사람을 훈련시키고 추방당해 지금은 한국에서 유학생 사역을 하고 있어요. 그 옆의 선교원 목사는 지금 해외 담당이에요. 원래 전공을 좇아 발굴하는 일을 하다가 간사가 돼서 광주지부를 개척했어요. 그다음에 다시 미국 개척을 위해서 나갔다가 돌아와서 본부를 맡았어요. 우리 엄 목사는 영국의 아주 좋은 학교에서 박사학위를 받은 사람이에요. 운동가들이 30

명이면 디렉터, 즉 브레인이 있어야 합니다. 그리고 내부적으로 성경에 대한 논쟁이 일어날 때 그것을 정리해 줄 공부한 사람이 필요합니다. 그래서 엄 목사가 공부를 한 것이죠. 그다음에 있는 사람은 1호 간사입니다. 충청 대표 간사로 사역하다가 우즈베키스탄 지부를 개척했죠. 우즈베키스탄 마을 사람들을 데리고 10개의 가정교회를 했어요. 정말 탁월하게 하다가 추방당하기 직전에 탈출해서 지금 필리핀에서 잘하고 있어요. 정말 인격이라든가 모든 사역자 중 모범이고 완전한 스타일을 보여주고 있죠. 이렇게 이 사람들이 각자의 영역에서 자리를 잡고 있어요. 만약 이런 거물들을 내 수하에 두면 이 사람들이 자라면서 뿌리가 다 엉켜서 어떻게 크겠어요? 못 커요. 클수록 내보내서 지경을 넓혀 줘야지 만일 이 사람들을 내가 데리고 있었으면 윤태호 똘마니밖에 더하겠습니까? 여기 선교원 목사님은 꼼꼼한 성격에 관리자 스타일이에요. 그래서 항상 내 옆에서 수첩에 적어 가며 일을 추진해요. 제가 '안식년에 영국에 가서 공부를 하라'고 했어요. 그때가 이 건물을 지으려는 때였어요. 그러니 이사들이 난리가 난 거예요. 이사들은 저에게 '이런 때 손 목사님을 보내면 어떡해요? 목사님 옆에서 돕고 관리를 하고 그래야 되는데'라고 말했어요. 하지만 저는 이렇게 대답했죠. '젊은 사람을 똘마니 만들래? 비서를 만들래? 타이피스트를 만들래? 지금 내 비서가 뭐가 중요해? 내가 불편한 게 뭐가 중요하냐? 사람을 사람 되게 해야지. 그냥 나가라고 해.' 그렇게 해서 영국에는 막혀서 못 들어가고 미국에 가서 풀러신학교에서 박사학위를 받았어요. 그러니까 제 생각은 큰 인물일수록 대륙을 책임지고, 나라를 책임지고,

도시를 책임져야 한다는 겁니다. 거물 다섯 명이 있어도 서로 경쟁하며 이렇게 엉겨 있으면 사람이 역할을 못 해요. 한 나라를 맡으니까 역량이 달라지고, 역할이 달라지고, 일이 달라지고, 자기 생각이 달라집니다. 그러니까 내보내야 그들의 삶도 보람있게 됩니다. '목사님, 제가 헌신해서 제 인생이 값어치 있었고 보람이 있었어요.' 이런 이야기를 듣고 싶은 거지. '나 여기 와서 간사한 거 후회스럽습니다.' 이렇게 하는 건 저도 괴로운 거예요. 그냥 빨리 그만두는 게 낫죠."

JDM의 건강함을 유지하는 세 가지 비결

2012년부터 JDM의 국내 대표를 맡고 있는 엄상섭 목사는 JDM과 윤 목사에 대해 어떻게 생각하고 있을까? 그의 대답을 들어 보았다.

"JDM이 지금도 건강함을 유지하는 것은 세 가지 이유 때문이라고 생각합니다. 캠퍼스에서 1년간 휴학하고 자비량으로 전적으로 전도하고 양육하는 워커라는 학생들이 있는데 그들과 같은 헌신이 첫 번째입니다. 예수제자운동이 구호가 아니라 실제임을 보여주는 헌신이죠. 둘째는 말씀과 기도가 생활화된 생활공동체입니다. 각 지역에서 함께 거주하며 생활공동체로 살아가는 JDM 지체들이 많습니다. 또 헌신된 지체들은 매월 소그룹으로 모여서 수련회와 사경회로 훈련을 받잖아요. 그들이 선교단체로서 JDM의 질을 책임져주는 역할을 한다고 볼 수 있어요. 그리고 셋째로 야성입니다. 저희 지부들에

선 지금도 대학생들과 가장 추울 때 산기도도 가고 캠퍼스에서 열심히 전도합니다. 그냥 접촉만 하고 교제만 하는 전도가 아니라 복음을 전하는 전도를 하고 있어요. 그런 기도와 전도의 영성으로 무장된 야성이 있습니다. 헌신과 공동체성과 야성, 이 세 가지가 JDM의 건강함을 유지하도록 하는 특징이라고 할 수 있습니다. JDM을 설립하신 윤 목사님과는 40년 동안 함께했어요. 사실 윤 목사님과 오랫동안 사역하면서 언제나 옳다고 생각하지는 않았어요. 하나님이 아니니까 다 옳을 수는 없잖아요. 그럼에도 그분을 존경하는 이유는 제게 가르쳐주신 대로 사시기 때문이죠. 어떤 중요한 결정을 하실 때 제가 아직은 이해 안 가는 부분도 있었어요. 그런데 결국 목사님이 옳았다는 게 인정이 됩니다. 미래를 내다보는 게 탁월하신 거죠. 윤 목사님에 대해선 제게 두 가지 관점이 있어요. 첫째는 JDM이라는 단체의 CEO라는 개념이에요. 또 다른 관점은 아비시죠. 저를 키워주신 분이니까. 사실 CEO라면 그 곁을 떠날 수 있죠. 조직이라면 떠날 수 있는 거죠. 그런데 아버지를 떠나는 법은 없잖아요. 가족은 못 떠나죠. 저는 죽을 때까지 이곳에 남을 거예요. 사실 저는, 혹시라도 그럴 일은 없겠지만 목사님이 잘못되시면 저는 마지막까지 남아 있어야 할 사람이라고 생각합니다. 끝까지 아버지를 보필하고 책임지는 게 아들의 역할이니까요."

한국교회를 걱정하고 대학 캠퍼스를 걱정하는 소리는 많다. 그리고 이것이 방법이고 또 저것이 대안이라고 소리를 높이는 사람도 많다. 조용히, 그러나 강력한 제자운동으로 계속해서 청년들의 가슴에 불을 지르고 삶에 체화되어 말씀을 살아가는 청년들을 세워 가는 단체가 있다는 것은 큰 안도감을 준다. 더 나아가 기대를 품게 한다. 다음세대를 어떻게 할까를 고민한다면 본질이라는 다림줄을 내리고 스스로를 비춰 보라. 그것이 중요한 시작이 아닐까?

● ● ● ● ● ● ● ● ●

윤태호 목사

한국의 자생적 선교단체 JDM(예수제자운동, 1977년)의 설립자이자 대표로 제자운동가로서 특유의 뜨거운 호소력과 열정으로 젊은이들을 일으켜 세우고 있다. JDM은 단순한 선교단체를 넘어 그리스도인 공동체의 이상을 추구하며 평생 헌신의 삶을 사는 제자운동을 목표로 하고 있다. 이는 곧 선교운동으로 이어진다.

그래도 다음세대에게 기회를 줘야 한다

개척 동기는 두 가지다

균형을 갖춘 목회자를 많이 만나 보지 못했다. 김광영 목사는 균형을 갖춘 목회자이다. 그는 영력, 지력, 체력, 관계력에 균형을 유지하며 목회를 한다. 이를 지속적으로 실천하며 하나님, 사람과의 소통을 중시하며 목회를 한다. 그의 균형은 다음세대 사역에서도 뚜렷하게 나타난다. 기성세대와 다음세대의 균형을 통해 다음세대에 활기를 불어넣는다.

보통 목회는 이른 나이에 할지라도 교회 개척을 이른 나이에 하지 않는데, 그는 이른 나이인 27세에 개척했다. 흥미로운 것은 그의 개척 동기다. 개척 동기가 의외이다. 많은 목회자가 교회 개척을 함에 있어 개척에 대한 뚜렷한 사명감으로 하는 경우가 많다. 하지만 김광영 목사는 개척 동기가 단순하다. 하나는 오랫동안 섬긴 아동부 사역 대신 장년부 사역을 하고 싶어서이다. 다른 하나는 담임목사나 교회가 부교역자를 소모품으로 여기의 것의 반작용이다.

개척은 탄탄대로였다. 짧은 기간에 자립의 문턱까지 갔다. 하지만 간증 하나로 공든 탑이 무너졌다. 교인 한 분이 전한 하나님의 은혜로 부유케 되었다는 인간적인 자랑으로 교회는 풍비박산이 났다. 하나님의 영광이 드러나야 하는데 인간이 영광을 받자 하나님이 흐트러뜨리셨다.

당시 20명이었던 교인이 뿔뿔이 흩어지는 참담함을 맛보았다.

개척 실패, 본질에 더 집중하게 하다

개척 실패는 본질에 집중하게 했다. 그의 개척 실패는 실패로 그치지 않았다. 자신을 되돌아보는 계기가 되었다. 실패는 성공의 어머니라고 했듯이 그에게 실패는 본질만을 붙들어야 한다는 결단의 계기가 되었다. 그는 교회가 깨진 뒤 진리를 추구하지 않았다는 것을 깨달았다. 깨달음에 따라 자신이 먼저 진리 가운데 있어야겠다고 생각했다. 본질 추구는 다름 아닌 '말씀에 미치는 것'이었다. 그는 아침부터 시작해 때론 새벽 4시, 혹은 새벽 5시까지 말씀에 푹 잠겼다.

말씀을 붙들면서 시작한 것이 전 교인 성경공부였다. 2020년부터 8주간 교육으로 시작한 성경공부는 2023년까지 200명이 수료를 했다.

본질인 하나님의 말씀을 붙들자 인간의 영광은 숨겨졌다. 오직 하나님의 영광만 드러났다. 교회에 말씀이 흥왕하기 시작했다. 교회가 말씀에 푹 잠기자 하나님은 그를 기도로 이끄셨다. 이로써 교회가 기도하는 교회로 거듭났다.

2018년부터 교회는 말씀과 기도가 함께 가야 함을 절감한 뒤, 기도 용사를 세우기 시작했다. 당시 교인에게 새벽기도보다는 저녁기도가 합당하다고 생각해 저녁기도회를 시작했다. 먼저는 김광영 목사 자신이 기도 용사로 세워지고자 했다.

말씀과 기도가 균형을 이루자 교회에 일꾼이 필요했다. 즉 교회의 기둥과 같은 일꾼이 필요했다. 그는 초대 고린도교회에서 중추적인 역할을 감당한 브리스길라와 아굴라와 같은 평신도를 보내 달라고 기도했다. 얼마 후 하나님께서 그의 교회에 브리스길라와 아굴라와 같은 평신도 지도자 한 가족을 보내주셨다.

교회는 본질을 붙잡는 것이 중요하다. 본질을 붙잡지 않으면 교회는 생명력을 잃는다. 이에 그는 지금도 본질을 붙들고 목회하고 있다. 본질이 교회를 교회답게 만들고 있다. 성장의 동력도 되었다. 성도가 30명 전후에서 70명으로 성장함은 물론, 교회 재정도 두 배 이상으로 증가했다.

기성세대도 다음세대다

다음세대 목회를 하는 리더들의 공통점이 있다. 첫째, 공동체적 공동체를 지향하고, 둘째로 남을 위해 헌신하는 마인드를 가지고 있으며 셋째, 선교적이다. 그리고 넷째로 영혼에 불타오르며 다섯째, 자신만의 철학이 철저하다.

김광영 목사는 다음세대에 대한 철학에 남다른 면이 있다. 기성세대도 다음세대로 포함시킨다. 그는 다음세대를 이렇게 정의한다.

'다음세대는 나이가 어린 세대가 아니라 하나님의 나라를 꿈꾸면서 이 땅에 하나님 나라가 도래하는 그날까지 하나님 나라를 위하여서 삶을 살아가는 세대이다.' 그리고 덧붙인다. '오늘 살던 이가 내일을 살아간다면 그들도 다음세대이다'라고.

다음세대는 나이가 어린 세대가 아니다. 그는 다음세대를 하나님의 나라를 꿈꾸면서 이 땅에 하나님 나라가 도래하는 그날까지 그 나라를 위하여서 삶을 살아가는 '모두'라고 한다. 이런 그의 목회의 중심축은 다음세대이다. 기성세대도 다음세대에 넣으니 그의 목회는 다음세대 목회이다. 관점을 바꾸니 목회가 다음세대에 맞춰져 있다.

그는 '모두의 다음세대론'을 펼친다. 그는 다음세대만 주장하면 기성세대가 소홀해지니 기성세대도 다음세대에 포함해 젊은 목회를 하는 것이 중요하다고 역설한다. 작금의 한국교회는 다음세대를 위해 기성세대도 살려야 한다.

다음세대가 시간이 흐르면 나이가 들어 기성세대가 된다. 만약 교회가 다음세대에만 집중하면 기성세대를 소홀하게 여기게 되는 경우가 의외로 많다. 무너진 다음세대의 회복만으로 그칠 것이 아니라 기성세대도 살리면서 다음세대도 살려야 한다. 그러면 교회는 다음세대 목회, 곧 젊은 목회를 하게 된다.

홈스쿨링으로 다음세대 교육의 대안을 찾다

김광영 목사는 홈스쿨링을 한다. 그가 홈스쿨링을 하는 이유가 있다. 다음세대 교육의 대안이라고 확신하기 때문이다. 성경적으로 홈스쿨링은 일차적으로 부모가 자녀와 함께하는 시간이다. 자녀들과 시간을 함께함으로 부모의 삶을 자녀들과 함께 사는 것이다.

부모의 역할은 자녀와 삶을 함께하는 것에 있다. 즉 부모의 역할은 자녀들이 학습을 잘하도록 돕고, 교육에 있어 재정적으로 충분히 서포트하거나 1타 강사가 있는 유명 학원에 보내는 것에 그쳐서는 안 된다. 부모가 자녀와 함께해야 한다. 그것의 일환으로 홈스쿨링은 다음세대를 살리기 위한 방법 중 하나이다. 수직선교가 중요한 시대가 되었다. 다음세대인 자녀가 교회의 든든한 버팀목 역할을 수행하기 때문이다. 목회자 가정은 어떤가? 성도를 목회하지만 정작 자신에게 맡겨진 가정은 등한시하는 게 목회자가 가장 쉽게 저지르는 실수 중 하나이다.

자녀교육은 부모와 함께하는 시간을 통해 부모의 삶을 계속 보여주는 것이다. 그렇게 할 때 자녀교육은 다음세대의 이음줄 역할을 하게 된다.

예수님의 교육은 보여주시는 것이었다. 김영광 목사의 멘토인 김영한 목사도 그에게 지속적으로 보여주고 있다. 홈스쿨링 목회를 통해 자녀인 다음세대에게 보여주는 교육을 한다. 이처럼 홈스쿨링 교육이 다음세대를 살리는 데 중요한 역할을 한다.

홈스쿨링은 미니멀처치를 하는 데 최적화되어 있다. 숫자가 적은 게 미니멀처치가 아니다. 홈스쿨링을 통해 주님이 우리의 머리 되시고, 우리는 지체가 되어 하나님의 나라를 이루는 공동체가 미니멀처치이다. 이에 김영광 목사는 홈스쿨링이 다음세대 교육의 대안이라고 생각하며 전심전력하고 있다.

한국교회는 다음세대에게 집중해야 한다

다음세대가 더 중요해졌다. 이제는 초등학생 아래인 알파세대도 이해해야 한다. 다음세대의 핵심인 MZ세대는 PC와 스마트폰의 영향을 받아 SNS를 기반으로 살아간다. 2011년부터 2025년도까지 탄생한 세대인 알파세대는 스마트폰과 디지털 세계의 영향을 받은 로봇과 ChatGPT등 인공지능의 영향을 받으며 살아가고 있다.

다음세대는 복음의 바통을 이어받을 세대이다. 다음세대는 솔직하다. 그 솔직함이 두렵기도 해 점점 꼭꼭 숨기기도 한다. 솔직하지만 누군가 자기를 솔직하게 표현하면 힘들어한다. 교회는 이러한 다음세대를 이해해야 한다.

교회에 다음세대가 세워지려면 다음세대 교역자에게 투자해야 한다. 김광영 목사는 다음세대 교역자를 향한 투자에 적극적이다. 교역자에게 적극적으로 투자하는 것은 교역자가 잘 준비되어 있어야 하기 때문이다. 교역자는 다음세대에게 매력적인 사람이어야 한다.

한국교회가 다음세대에게 집중하려면 선배의 용퇴가 있어야 한다. 고루한 사고를 가진 선배들은 다음세대를 품는 데 제한적일 수 있다. 선배들의 조금 이른 용퇴가 다음세대의 회복에 일정 기여한다고 할 수 있다. 그뿐 아니라 젊은 목회자가 다음세대에게 다가갈 수 있는 준비가 되어야 한다. 도전과 경험은 실수와 실패를 불러온다. 실수와 실패를 통해 다음세대를 더 잘 이해하며 다가가야 한다.

한국교회의 가장 큰 약점은 다음세대 젊은이들에게 기회의 장을 열어주지 않는 것이다. 아직 어리기 때문에, 아직 경험이 일천하다며 기회를 주는 것에 주저한다. 그러나 다음세대가 활발하게 활동하려면 많은 기회가 주어져야 한다.

다음세대에도 문제가 있다. 기성세대는 말씀과 기도 생활로 신앙의 깊은 체험이 있어 신앙적으로 흔들림이 거의 없다. 하지만 다음세대는 신앙적인 체험이 부족한 것도 사실이다. 그러므로 다음세대도 변해야 한다. 더 많은 시간을 하나님 앞에 엎드려야 한다. 수도원 영성을 통해 신앙의 영적 체험을 쌓아 가야 한다.

다음세대와 함께 비즈니스 선교를 시작하다

바울의 사역은 비즈니스 선교였다. 이 모티브가 현대 다음세대 사역에도 접목되어야 한다. 유대인은 아이들에게 두 가지를 가르친다. 하나는 말씀이고 다른 하나는 손으로 하는 기술이다. 다음세대에게 말씀과 함께 손으로 하는 기술, 곧 비즈니스 선교를 통해 세상에 나아가도록 해야 한다.

교회에는 다음세대들이 꽤 있다. 다음세대는 도전하는 것을 두려워한다. 이들에게 비즈니스 선교를 통해 세상에 도전할 수 있는 힘을 길러 주어야 한다. 하나님의 도우심으로 세상에서 무에서 유를 창조하고자 해야 한다.

김광영 목사는 빨래방으로 비즈니스 선교를 하고 있다. 다음세대에게 법정 아르바이트 비용보다 더 많은 값을 지불하면서 비즈니스 선교에 동참토록 하고 있다.

● ● ● ● ● ● ● ● ●

김광영 목사

주빛교회 담임이며 하나님의 은혜를 체험하고 구습을 깨고 다음세대에 복음이 닿도록 헌신하는 '깨닮음선교회'의 기획 목회자이다. '안녕, 난 빨래방'을 통해 일터선교를 감당하고 있다.

자원을 계발하고 기꺼이 후원하며 전적으로 지원해야 한다

다음세대에는 장수가 필요하다

김영한 목사는 다음세대 사역에 있어 맨 앞에 서 있다고 할 수 있다. 동시에 최정상에 있다고 할 수 있다. 그는 25년째 다음세대 사역을 하고 있다. 대부분의 목회자는 다음세대 사역 10년 후면 기성세대 사역으로 발길을 돌린다. 그러나 김 목사는 아직까지 다음세대 사역에 온 힘을 쏟아붓고 있다.

김영한 목사의 다음세대를 향한 사랑은 사역 분야가 좁지 않고 넓음에서 알 수 있다. 그의 사역 대부분은 다음세대와 관련되어 있다. 하는 것도 10가지는 족히 되는 듯하다. 오랜 시간 다음세대 사역을 감당하는 데서 알 수 있듯이 그의 다음세대 사역의 정체성은 '장수론'에서 찾아볼 수 있다. 그의 '장수론'은 이렇다.

'장수는 버텨주어야 한다.'

군대에서 병사는 18개월이면 제대한다. 장수는 최소한 20년은 해야 가능하다. 그가 생각하기에 다음세대 사역자들이 하나씩 떠나니 자신이라도 버텨주기 위해 장수론을 펼친다. 전쟁터에서 장수가 죽으면 싸움에서 패배한 것이나 진배없다. 그의 말에 따르면 다음세대 사역은 최전선에서 전쟁하는 것과 비슷하다고 한다.

교회는 세상과 일전을 치르고 있다. 교회는 공격이 아니라 수비를 한다. 엄청난 수의 적군이 쳐들어오고 있다. 급박한 전투 상황에서 장수가 먼저 앞장서서 막아내야 한다. 그런데 막아내야 할 장수들이 떠나고 있다. 그가 장수론을 펼치다가 마음이 울컥했는지 이런 말을 덧붙인다.

"현장에 있다 보니 다 떠나더라."

현장에 있어 보니 장수들이 다 떠난다. 전쟁터의 일진일퇴 공방전에서 패색이 짙어지기 때문이다. 자칫 잘못하다간 자신만 개죽음당할 것 같다. 패색이 짙은 싸움터에서 안 떠나면 바보가 된다는 생각이 든다. 하지만 그는 바보짓을 자처하고 있다. 위기의 다음세대를 위해 한 장수라도 남아 맞서 싸워야 한다는 심정이다. 급격하게 스러져 가는 다음세대를 지키기 위해 자신이라도 남아 싸우고 있다.

다음세대는 거쳐 가는 곳이 되지 말아야 한다

장수들에게 다음세대는 거쳐 가는 곳이 되고 있다. 많은 다음세대 장수들이 담임이 되려고, 교구 사역을 하려고 떠난다. 장수들이 다음세대는 거쳐 가는 사역으로 여기고 있다. 그럼 다음세대가 더 힘들어진다. 장수들은 다음세대를 거쳐 가는 사역 단계라고 생각하지 않아야 한다. 하나님이 가장 사랑하는 다음세대를 위해 인생을 바치거나 올인해야 한다. 그저 자기들이 한 단계 나은 사역 장소로 찾아가는 코스로 여기면 안 된다.

떠나는 장수들을 보면서 그가 알게 된 것이 있다. 그들은 다음세대가 자기의 부르심이 아니었다고 말한다는 것이다. 또한 떠나는 장수들은 자기들의 부르심은 선교사나 담임, 교구 사역이라고 말한다. 이런 사람들을 볼 때 '저 사람도 살길 찾아가는구나'라는 생각에 아쉬움이 많다.

그도 다음세대를 버릴 환경이 종종 있었다. 하지만 다음세대가 이리저리 얻어맞아 피를 철철 흘리는데 신앙양심으로 버릴 수 없었다. 몇 번, 중대형 교회 등에서 담임 청빙이 왔다. 하지만 자신이 머물러야 할 사역지는 다음세대라는 소명감으로 응하지 않았다.

한 번 디딘 다음세대를 위한 사역을 평생 하고자 해야 한다. 다음세대에 대한 은사가 거의 없다면 어쩔 수 없다. 하지만 그렇지 않다면 전문가의 시대에 다음세대 사역은 담임이나 부목사 등으로 거쳐 가는 징검다리가 되면 안 된다. 그러면 다음세대에게 다음은 없다.

'40일 밤에 뜨는 별' 기도회

다음세대에 디딤돌을 놓으려 한다. 다음세대와 함께 다음세대를 살리려 몸부림친다. 그중 하나가 '40일 밤에 뜨는 별'이다. 이 사역은 김영한 목사의 사역 중 가장 돋보이는 사역이기도 하다.

최근 미국의 에즈베리신학교에서 부흥의 불길이 타오르고 있다. 세계적인 청교도 개혁신학자 거두 제임스 패커 박사의 「성령을 아는 지식」 Keep in Steps with the Spirit 에서는 부흥을 이렇게 정의한다.

'부흥은 하나님께서 하나님의 교회를 소생시키는 일', '하나님께서 자기 백성들의 마음에 찾아오시는 일이다.' 그리고 '하나님께서 자신의 은혜의 주권을 드러내심이다.'

에즈베리신학교에서의 부흥에는 특징이 있다. 자발적인 부흥운동으로 초대교회와 1907년 평양 부흥처럼 찬양과 기도와 말씀이라는 두 본질이 기둥 역할을 하고 있다는 것이다. 흥미로운 것은 예배인도자가 화려하거나, 사람이 높여지지 않는다. 오직 예수그리스도만 높인다.

2023년 에즈베리 부흥은 학교가 기획하거나 주도하지 않았다. 2월 12일 열리는 2023 슈퍼볼대회가 열리기 며칠 전인 8일에 부흥운동이 점화되자 교직원, 친구, 대학의 이웃이 즉석에서 혼합되어 빠르게 동원되었다.

김영한 목사를 중심으로 진행되고 있는 '40일 밤에 뜨는 별'은 자발적인 참여자가 중심이다. 설교자가 화려하지 않다. 사람이 높여지지 않는다. 오직 예수 그리스도만 높인다.

자발적인 헌신으로 진행되기에 설교자, 예배인도자, 기도자, 찬양팀 등이 무료로 참여한다. 가까운 거리가 아닌 먼 거리에서 스스로 찾아와 헌신으로 진행되고 있다.

사람이 아닌 오직 예수 그리스도만 높이는 무리의 모임이기에 예배의 현장은 뜨겁다. 참여자의 눈물이 잦다. 이 모임은 두 가지 형태로 진행된다. 하나는 대면이다. 다른 하나는 비대면이다. 말씀, 기도, 찬양이 대면으로 이루어지는 현장이 뜨겁다. 온라인으로 참여하는 교회와 성도들의 열기 또한 뜨겁다. 하나님의 역사의 현장을 목도하고 있다.

'40일 밤에 뜨는 별'은 2021년 코로나19와 함께 시작되었다. 코로나19는 대면으로 함께 기도할 수 없으니 온라인으로라도 기도해야 한다는 절실함으로 시작했다. 2023년이 벌써 3년째이다. '40일 밤에 뜨는 별'은 몇 년만 하는 프로그램이 아니다. 앞으로 10년 이상, 20년은 꾸준히 이어질 것이다. 미국의 에즈베리 부흥처럼 한국에서도 영적 부흥이 일어나길 소망하는 마음이 크다.

그가 하는 말 중 흥미로운 말이 있다. '무브먼트 Movement 는 작게 시작해야 된다.' 동시에 '꾸준히 굴러가야 한다'가 그것이다.

그는 작게 시작해 무브먼트가 되고 있다. 그리고 꾸준히 하고 있다. 어떤 것이든 꾸준히 하는 것이 쉽지 않다. 한 번을 위해 예배에 몇십 명의 헌신자가 필요한 '40일 밤에 뜨는 별'은 꾸준하기가 쉽지 않다. 하지만 여전히 꾸준히 진행되어 간다. 그는 버티는 자가 살아남는다는 말로 이 사역을 앞장서서 섬기고 있다. 어떤 예배이든 처음에는 작게 시작한다. 하지만 꾸준히 굴러가면 거대해진다. 이 원리로 '40일 밤에 뜨는 별'은 하나님의 충만한 은혜로 굴러가고 있다. 지금처럼 꾸준히 굴러가면 반드시 거대해진다. 거대해지는 순간, 에즈베리 부흥과 같은 단어가 한국교회에 접목될 것이다.

다음세대에 초점을 맞춘 문서사역을 하고 있다

김영한 목사가 하는 사역은 많다. '40일 밤에 뜨는 별', 「히즈스토리」, '다양한 세미나 주최', '미디어 사역', '목회 코칭', '설교 코칭' 등이다.

다음세대를 위한 문서사역 중 하나가 묵상집 「히즈스토리」를 발행하는 것이다. 「히즈스토리」는 월간지로 매주 1만 4천 명이 PDF 형태로 하나님의 말씀과 만날 수 있도록 가이드한다. 또한 종이책으로도 만들어져 다음세대들에게 도움을 주고 있다.

목회자들이나 평신도를 위한 문서사역도 한다. 성격 각 권을 배우고 싶은 사람에게 1년에 한 번 연말 신청서를 받아 매달 성경 각 권을 연구한 자료를 무료로 나눠 주고 있다. 이것은 매달 1,500명에게 전달이 되고 있으며 인스타그램, 페이스북, 유튜브 등에도 해당 자료를 올린다.

연합 사역에 목숨걸고 있다

어떤 분이 이런 말을 했다. "목사님들은 모이면 성경 해석 문제로 일치를 이루지 못한다." 이 말은 한국교회의 연합이 불가능하다는 말이다. 시편 133편 1절은 연합의 아름다움을 이렇게 표현한다.

'보라 형제가 연합하여 동거함이 어찌 그리 선하고 아름다운고.'

이 아름다운 것이 이루어지지 못한다. 한국 기독교처럼 이단이 많은 곳도 없다고 한다. 이단도 많고 작은 성경 해석의 차이로 일치를 보이기가 쉽지 않다. 이런 상황에 연합은 하늘의 별 따기다.

김영한 목사는 이 어려운 연합 사역에 뛰어들었다. 이에 대해 그가 하는 말은 두 종류다.

하나는 '연합 사역은 아주 어렵다'이고 다른 하나는 '지금 기회가 있을 때 작더라도 연합을 해야 한다'이다. 연합하면 모두가 산다.

연합 사역을 해야 하는 이유가 있다. 연합하지 않으면 큰 교회, 작은 교회 할 것 없이 모두 공멸하기 때문이다. 어떤 대형 교회 목사는 우리의 교회는 크고 나름대로 잘 운영되니 연합이 필요 없다고 할지 모른다. 하지만 다른 교회와의 연합을 잘라내면 결국에는 혼자만 남는다. 김영한 목사는 연합의 필요성을 강조하며 이런 말을 한다.

"연합이 안 되니 대형 교회들이나 큰 기관들이 다 힘들어졌다."

연합을 하지 않아서 대형 교회들도 더 힘들어졌다고 한다. 이는 타당한 말이다. 한국교회가 사회와의 관계, 이단과의 관계에 연합해야 하는데 하지 못한다. 연합이 안 되니 모든 교회가 힘들어한다.

김영한 목사는 대형 교회가 연합하지 않아 힘들어지는 원인을 '숲 이론'에서 찾는다. 자기 나무는 건강하다. 하지만 나무가 모여 이루어진 숲은 다 망가졌다. 숲이 망가지니 동물들이 떠나갔다. 산소도 부족하다. 필요한 물을 끌어와야 한다. 하지만 물이 말라 버려서 끌고 올 수 없다. 이전에는 스스로 필요한 물을 끌어올 수 있었다. 지금은 생태계가 무너져 자기네도 끌어올 물이 없다. 그는 이렇게 말한다. "숲이 무너지면 작은 나무가 쓰러지는 것이 아니라 큰 고목부터 쓰러진다"고 말이다.

연합의 실패로 한국교회는 장차 건물조차 유지하기 힘들게 될 것이다. 큰 건물을 보유한 대형 교회는 부채와 전기세 감당이 어려워 먼저 쓰러지게 된다.

연합은 나눔으로부터 출발한다. 대형 교회가 무엇인가를 소유하고 있을 때 작은 교회와 파이를 나누어야 한다. 나눔은 상생의 구조를 만들어 낸다. 상생의 구조가 되지 않으면 한국교회는 다 무너진다. 그러므로 목이 터지도록 교회들에게 연합을 외친다.

연합 사역에는 공식이 있다. 그것은 교회 간의 소통이다. 교회 간의 소통이 이루어지지 않으면 교회마다 고통이 온다. 고통이 오기 전에 빨리 소통하며 연합해야 한다. 연합 사역의 출발은 소통이다. 소통은 소통으로만 그치지 않고 형통이 된다. 다음세대도 연합이 어렵다. 기성세대가 연합이 안 되니 다음세대는 더 어렵다. 다음세대는 더 똘똘 뭉쳐야 한다. 똘똘 뭉칠 때 다음세대에게 희망이 넘칠 것이다.

코로나 이후 다음세대는 수직선교를 통해 살려야 한다

선교에는 두 가지가 있다. 하나는 수평선교이다. 다른 하나는 수직선교이다. 수평선교는 이웃에게 복음을 전하는 선교이다. 한국교회는 20년간 세계선교 전략의 중심이었던 10/40창에서도 씨를 뿌렸다. 관계전도를 강조하며 이웃에게 복음을 전하게 했다. 인권 차별, 사회악 제거, 인권과 인간성 회복에 주안점을 두었다. 이처럼 교회는 수평선교에 열정적이었다. 이제는 수직선교를 해야 한다. 지금까지는 아래로의 선교인 수직선교를 하지 않았다. 그래서 다음세대가 아사 직전에 있다. 우리는 수직선교를 통해 세상으로 보내질 수평선교에 쓰임받을 다음세대를 준비해야 한다.

에반겔리아대학교 선교학과 남후수 교수는 신약교회가 오래가지 못하고 자꾸 사라지는 것은 자녀들에게 복음을 전수하는 수직선교에 대한 구약의 지상명령을 등한히 했거나 소홀히 한 것이 그 원인이라고 말한다. 복음 확장이 힘들어진 우리는 다음세대를 살리기 위해서라도 수직선교에 관심을 기울여야 한다.

삼원 투자가 다음세대의 답이다

죽어가는 다음세대를 살려야 한다. 그들을 살리려면 투자가 필수이다. 사람 투자에는 소요되는 비용이 적지 않다. 그래서인지 교회의 다음세대를 향한 투자는 인색하다. 어른들 투자에 밀려 다음세대에게 속 시원하게 투자하는 교회를 찾기란 쉽지 않다. 교회는 다음세대를 위해 단순히 물질적인 투자에 머물면 안 된다. 삼원 투자를 해야 한다. 그렇다면 삼원 투자는 무엇인가.

첫 번째 '원'은 '자원'이다. 이 자원은 다름 아닌 전문가이다. 부모는 자녀를 학원에 보낼 때 삼류 강사가 아니라 일타 강사에게 보낸다. 결코 아르바이트 선생에게 자녀를 맡기지 않는다.

한국교회의 다음세대는 전문가가 양성해야 한다. 전문가가 아닌 파트 교육전도사를 낮은 비용을 투자하여 사역자로 세우면 그는 그에 해당하는 값어치만큼만 사역한 뒤 다른 사역지로 옮긴다. 교회는 다음세대 전문가를 양성해야 한다. 다음세대 전문가를 키우지 않으면 멀리 봐서 손해 보는 장사를 하는 것과 같다. 김영한 목사는 이런 말을 한다.

"한 명의 전문가가 10명의 비전문가보다 훨씬 더 효과적이다."

그의 말처럼 미래에 있어 훨씬 더 효과적인 다음세대 전문가를 양성해야 한다.

두 번째 '원'은 '후원'이다. 다음세대를 후원해야 한다. 어떤 장로님이 이렇게 말한다.

"요즘 애들이 내 이름을 모른다."

그 말에 이렇게 답변했다.

"장로님, 아이들 고기 한 번 사 줘 보셨나요?", "권사님, 아이들에게 아이스크림 한 번 사 줘 보셨나요?"

장로님, 권사님이 교회 모임, 수련회 등에서 아이들에게 고기 한 번 사 주면 아이들은 그 장로님의 이름을 생명책에서 지우지 않는다. 권사님이 아이들에게 아이스크림을 사 주면 아이들은 그 권사님이 지나가면 이렇게 말한다.

"저 권사님이 우리 교회에서 믿음이 제일 좋은 권사님이야, 제일 미인이야, 저 권사님은 영원히 이 땅에 살아야 해."

많은 장로님과 권사님, 집사님 등은 아이들이 내 얼굴을 몰라서 인사를 하지 않는다고 말한다. 하지만 이것은 그들이 아이들에게 관심을 보이지 않았기 때문이다.

교회는 다음세대에 대한 후원에 무지하다. 김영한 목사는 딸들과 잠실운동장에서 야구 관람을 한 적 있다. 딸들이 야구 규칙을 모르니 야구는 안 보고 치킨만 먹었다. 그도 야구를 그다지 좋아하지 않아 '괜히 왔네'라고 읊조리고 있었다. 1회가 종료되자 이벤트가 진행되었다. 사회자의 질문에 관중이 답하는 이벤트였다. 관중 한 명이 답을 맞혔고 그에게는 '3박 4일 가족 전체 휴양지 티켓'이 상품으로 주어졌다. 브레이크 타임에는 게임을 한다. 게임 참가자 두 명 중 한 명이 이기니, 50만 원의 상금이 지급되었다. 이러니 야구 관람을 하지 않고는 배기지 못한다.

과거 교회는 아이들에게 먹기 힘든 초코파이를 주었다. 먹을 것을 주었다. 음악, 연극 등을 가르쳐주었다. 교회는 아이들에게 재정적인 후원을 해야 한다. 후원이 없으니 교회 다니는 자부심이 거의 없다. 자식처럼 대하지 않고 서자처럼 대한다. 서자이니 대학생이 되고 직장인이 되면 100명 중 70명이 교회를 떠난다. 교회가 나를 귀하게 여기지 않으므로 부모 때문에 교회를 다녀준 것이다.

세 번째는 '원'은 '지원'이다. 다음세대에게 물질적인 지원이 중요하다. 그리고 장소 지원도 중요하다. 다음세대가 모이는 장소는 어른 교인보다 더 열악하다. 어른들에게는 에어컨이 설치된 장소를, 아이들은 선풍기도 없는 장소를 사용하곤 한다. 어떤 장소는 냄새까지 난다. 다음세대에게는 커피숍보다 좋은 공간을 제공해야 한다.

어떤 교회는 다음세대를 위한 비전관을 신축했다. 어른들이 비전관에서 예배드리면 좋겠다고 하니 다음세대를 위해 신축된 비전관을 어른들을 위한 예배 공간으로 바뀌었다.

지원에 있어 공간뿐 아니라 시간의 지원도 중요하다. 요즘 아이들은 주일이 되면 몇 시에 일어나는가? 늦게 일어난다. 7시, 혹은 8시에 일어나는 아이는 거의 없다. 늦잠을 자야 하는 아이들의 예배 시간은 오전 9시이거나 10시이다. 반면 어른들의 예배 시간은 11시이다. 아이들은 오후 3시나 4시여야 한다. 다음세대를 위한 시간 지원이 절실하다. 만약 청년부가 오전 11시에 예배를 드린다면 망하는 지름길이다.

다음세대에게는 이와 같은 삼원 지원이 절실하다. 지원이 이루어지지 않으면 대학생, 직장인이 되면 교회를 떠난다. 최근에는 중학생만 돼도 교회를 떠나고 있다. 다음세대가 어렸을 때는 부모에게 끌려 교회에 가 준다. 그렇게 하지 않으면 부모에게 꾸중을 듣기 때문이다. 그렇게 억지로 교회에 나오던 아이들이 대학생이 되면 교회에 와서 주보만 사진 찍거나 헌금만 하고 간다. 여전히 부모가 확인하기 때문에 말이다.

• • • • • • • • •

김영한 목사

품는교회 담임이며 'Next세대 Ministry'와 '다음세대 선교회' 대표이다. 총신대학원을 졸업한 후 캐나다 벤쿠버 트리니티웨스턴 대학원에서 성서학을 공부했다. 저서로는 「중독 A to Z」(넥스트), 「결혼 고민이 뭐니?」 (목양), 「청년아! 깨어나라!!!」(목양) 등이 있으며 22권의 저자 혹은 공저자이다.

가치를 느끼게 해 주어야 한다

스쿨처치 경험이 스쿨처치 사역자의 길로 들어서게 했다

한 가지 일을 10년 이상 하기는 쉽지 않다. 40세도 되지 않은 나이에 다음세대 사역을 10년 동안이나 했다는 것은 놀라운 일이다. 다음세대 사역자 중 이런 꾸준함으로 눈에 띄는 한 사람이 있다. 바로 나도움 목사이다.

그는 2012년부터 2023년인 지금까지 열정적으로 스쿨처치 사역을 하는 11년 차 다음세대 사역자이다. 그가 이렇게 스쿨처치 사역과 하나님을 위해 인생을 바칠 수 있었던 까닭은 고등학생 때 경험한 스쿨처치 때문이었다. 그가 그곳에서 체험한 좋았던 경험, 필요하다고 느꼈던 생각, 스쿨처치는 반드시 지속되어야 한다는 사명감이 그를 스쿨처치 사역자의 길로 들어서게 했다.

그가 고등학교에 다닐 때는 기도를 중심으로 하는 스쿨처치가 많았다. 그래서 그는 이런 의문을 품었다.

'스쿨처치는 기독교 재단을 기반으로 하는 학교인 미션스쿨과 공립학교나 사립학교 중에 어디에 더 많을까?' 그가 이런 의문을 품은 까닭은 스쿨처치가 더 많다고 느꼈기 때문이다. 이는 스쿨처치에 대한 좋은 경험에서 기인한다. 그래서 그는 스쿨처치가 더 많아야 한다고 생각했고 이 생각은 그를 스쿨처치에 전적으로 헌신하는 삶으로 이끌었다.

그는 스쿨처치의 미래를 보았다. 당시 전주교육대학교에 다니던 친한 여동생이 2005년 즈음에 학교 기도 모임들을 사이월드를 통해 200개 학교를 연합했다. 이런 스쿨처치 연합운동은 당시의 문화이기도 했다.

좋은 문화는 계속 이어져야 한다. 하나님은 좋은 교회문화가 세상에 널리 퍼지길 원하신다. 이 경험이 나도움 목사를 다음세대 사역자로 만들었고, 코로나19 위기에 빠진 다음세대에게 그는 교회 밖에서 대안을 제시하고 있다.

어떤 단체이든 포물선을 그리며 나아가는 것 같다. 스쿨처치도 다르지 않았다. 그는 고등학생 때 스쿨처치의 부흥의 역사를 보았다. 부흥의 역사는 2007년 즈음에 사그라지기 시작했다. 로마의 멸망이 내부 문제이듯 스쿨처치도 내적인 문제로 시달렸다. 어른들의 이권 다툼이 발생한 것이다. 아이들은 언제나 순수하지만 어른들은 이익이 발생한다 싶으면 자신의 유익 추구에 혈안이 된다. 2007년 당시의 스쿨처치 문제도 이와 같았다. 어른들이 스쿨처치를 자기 유익을 추구하는 장소로 만들려고 했다.

무엇이든 상황이 좋지 않으면 관심 밖으로 내몰린다. 누구나 탐낼만하면 '자신이 주인이 되겠다'라고 하면서 벌 떼처럼 몰려든다. 당시 아이들은 그런 어른들로부터 상처를 받아 서서히 사라지기 시작했다.

스쿨처치를 통해 하나님의 은혜와 쇠퇴기를 직접 경험한 나도움 목사는 신학대학원 3학년이 되자 그리웠던 스쿨처치를 생각하게 된다. 그러던 어느 날 그는 어릴 적 추억을 떠올리게 되었고 스쿨처치를 깊이 생각하게 되었다.

그의 고등학교 시절, 스쿨처치는 가장 좋은 추억 중 하나였다. 기독교문화의 가치를 느끼는 다시 한번 젖고 싶은 기도운동이었다. 그는 추억을 새기다가 좋은 기독교문화가 사라지는 것이 안타까워 기도하기 시작했다. 아니, 하나님이 그날 이후 스쿨처치를 위한 기도를 시키셨다. 그때가 2012년 1월이다. 기억 속의 소중한 스쿨처치를 위해 그는 이렇게 기도했다.

"스쿨처치가 존재한다면 지하철로 갈 수 있는 학교 한 곳이라도 달려가겠으니 연결시켜 주세요."

2012년 1월에 시작한 이 기도는 8월이 되어도 응답되지 않았다. 응답이 없자 기도를 바꾸었다.

"하나님! 거리, 시간 상관없이 불러주면 어디든지 가서 섬기겠습니다."

하나님은 이 기도에 즉각 응답해 주셨다. 그의 방향성이 정해지는 기도 응답이었다. 그가 행복하게 사역하고 있는 다음세대 사역 한복판으로 뛰어드는 날이었다. 그의 기도 응답은 한 번도 가 보지 않은 지역, 지하철과 연결되지 않은 먼 거리에 있는 학교였다. 그 이후 그는 많은 학교에서 스쿨처치 사역을 시작했다. 연결된 학교를 중심으로 서서히 퍼져 가기 시작했기 때문이다. 그 후 이웃 학교의 다음세대로부터 이런 연락이 왔다.

"저희도 하고 싶어요", "어떻게 하면 돼요?"

이런 도움의 요청에 따라 연결된 학교마다 스쿨처치를 만들어 갔다.

스쿨처치, 다시 시작해야 한다

2023년을 스쿨처치를 다시 시작하는 원년으로 삼아야 한다. 스쿨처치를 통해 다시 한번 다음세대를 향한 대안을 만들어 가야 한다. 이는 현재 교회 내 위기에 처한 다음세대를 바라보며 과거의 영광을 재현하자는 것이 아니다. 하나님의 영광을 위해 스쿨처치에 관심을 기울여야 한다.

나도움 목사는 스쿨처치 사역을 시작한 이래 매년 40개 학교에서 50개 학교를 찾아다닌다. 2019년에 전국 중고등학교가 6,000-7,000개였다. 그중에 적게는 500개 학교, 많게는 1천 개 가까운 학교에 스쿨처치가 존재했다. 전국 5분의 1 정도의 학교에 스쿨처치가 있었다.

나도움 목사가 스쿨처치를 시작할 때만 해도 교회 안에는 다음세대인 학생들이 넘쳐 났었다. 교회에서 작은 행사만 해도 다음세대가 몰려왔었다. 코로나19를 지난 지금은 교회에 다음세대가 거의 없다. 다음세대의 모임이 존재했던 교회에도 이제는 다음세대 모임을 가질 수 없다. 코로나19로 인해 교회는 다음세대 사역에 위기를 맞았다. 교회는 이제 교회 밖 황금어장인 스쿨처치 사역, 위기 청소년 사역 등에서 대안을 찾아야 한다. 원래 스쿨처치는 교회의 마이너에 속한 사역이었다. 하지만 지금은 메이저 사역으로 자리매김하고 있다.

2023년, 교회는 다음세대를 향한 대안으로 스쿨처치에도 관심을 가져야 한다. 코로나19 때는 고3이 아닌 이상 다음세대를 대면으로 만날 수 없었다. 2023년을 기준으로 초기화된 스쿨처치를 다시 활성화시켜야 한다.

스쿨처치는 2000년 초반에 시작해 중반에 이르러서야 활성화되었다. 좀 더 정확히 말하면, 2012년도에 시작해 2019년에 활성화되었다고 할 수 있다. 그런데 2020년 시작한 코로나19로 인해 초기화되었다. 이제 스쿨처치를 다시 시작해야 한다. 2023년을 스쿨처치 재점화를 위한 원년으로 삼을 때, 교회 안에 다음세대가 다시 넘칠 기회가 찾아올 것이다.

다음세대가 성장하면 다른 사역이 펼쳐진다

다음세대는 평생 다음세대로 머물지 않는다. 다음세대는 시간이 흘러 기성세대가 된다. 스쿨처치를 통해 성장한 다음세대는 또 다른 하나님의 나라 확장에 뛰어든다.

나도움 목사는 20년 가까이 스쿨처치와 함께했다. 스쿨처치를 통해 만난 중고등학생들이 세월이 흘러 대학생과 직장인이 되었다. 그들이 하나님 나라 확장에 주도적으로 활동을 시작한다. 다음세대가 대학생, 직장인이 되자 나도움 목사의 사역도 넓어졌다. '익명의 고민 상담', '내일로 전도 여행', '서울역 노숙인 사역', '청년들을 위한 1박 2일 프로그램', '기독학생대회', '고려인 아이들과 친구 맺기' 등으로 확장되었다.

위의 사역 중 하나인 '익명 고민 상담'은 2016년도부터 시작했다. 이 사역은 스쿨처치를 통해 성장한 다음세대와 함께하는데, 그 시작은 '당신의 이야기를 들어드립니다'였다. 줄임말로 '당이들'이라고 부르는데 이 사역을 시작한 데는 특별한 사연이 있다.

2016년도 초에 20살이 된 여자가 있었다. 나 목사는 그녀와 고등학교 때부터 3년 정도 알고 지냈다. 그런데 다음 주면 대학에 입학해야 할 2016년도 2월에 그녀가 실종되었다. 가출한 것도 아니었다. 결국 그녀는 사라진 지 하루만인 화요일에 시신으로 발견되었다. 붙잡힌 가해자는 나도움 목사와 아는 사이였다. 친구가 친구를 죽인 사건이 벌어진 것이다.

둘은 같은 학교, 같은 교회, 같은 동아리, 같은 대학교에 합격한 친한 친구였다. 사건의 발단은 2015년 12월에 알게 된 여자의 임신이었다. 두 사람은 부모님에게 알리지 않은 채 비밀 연애를 하고 있었다. 그러던 중 여자는 남자가 딴짓하는 것을 알게 되었고 그만둘 것을 경고했다. 하지만 몇 번의 경고는 소용이 없었고 여자는 남자에게 최후통첩으로 이런 말을 했다. "너 한 번만 더 그러면 나 이제 엄마 아빠한테 말할 거야!" 이 말에 남자는 정신을 차렸어야 했으나 이성을 잃고 말았고 여자를 강가로 유인해 목 졸라 살해한 뒤 갈대밭에 버린 것이다. 나도움 목사는 이 사건을 접한 뒤 이런 생각을 하는 데 이르렀다.

'고민 상담할 곳이 있으면 막장까지 가지 않았을 것이다.' 이 생각으로 시작된 것이 '당신의 이야기를 들어드립니다'이다. 이 상담은 익명의 오픈 채팅방을 통해서 이루어지기에 누구나 접속하여 상담자에게 말을 걸 수 있다.

2016년 3월부터 12월까지 9개월 동안 '당이들'에서 나도움 목사에게 말을 건 이들은 550명이 넘는다. 그 뒤 해마다 자원봉사자 청년 10명 정도와 함께 코로나19 상황에서도 매년 200명에서 400명의 고민을 들어주고 있다.

학생들이 주로 하는 상담 요청 내용은 인간관계이다. 엄마 아빠와의 관계, 친구와의 관계, 연인과의 관계이다. 이밖에 신앙 문제나 담당 목회자와의 의견 충돌 등이 주를 이룬다. 최근에는 한 학생이 갓 부임한 교역자와 소통이 안 된다며 상담을 요청하기도 했다. '당이들'은 문제 해결이 아니라 주로 듣는 것에 집중한다. 들어주는 것만으로도 죽지 않고 산다는 생각으로 듣기에 주력하고 있다.

최근에는 다음세대의 성장으로 다른 사역이 시작되고 있다. 대표 사역으로는 '서울역 노숙인 사역'과 '고려인 아이들과 친구 맺기'가 있다.

다음세대 사역은 '가치' 여부가 지속력을 결정한다

우리가 할 일은 교회에 다음세대가 지속적으로 유입되게 하는 것이다. 다음세대의 교회 유입이 지속되려면 여러 가지 방법이 필요하다. 그중 한 가지가 바로 학생이 '진리'라고 말하는 맛있는 것을 제공하는 것이다. 사람들이 하는 말 중에 이런 말이 있다. "천주교나 불교는 통닭이나 피자는 주는데 교회는 초코파이를 준다."

기독교는 학생들이 진리라고 하는 맛있는 음식을 주는 것에 인색하다고 할 수 있다. 이런 말을 들었기에 나도움 목사에게 "청소년들에게 무엇을 주어야 하나요?"라고 물었다. 의외의 대답이 돌아왔다. "가치를 느끼게 해 주면 됩니다." 이 말은 진리와 같은 말이었다.

학생들은 맛있는 것을 주기 때문에 스쿨처치에 오는 것이 아니다. 궁극적으로 다음세대는 어떤 단체가 무엇을 주기 때문에 참여하지 않는다. 어떤 가치를 느끼게 해 주느냐가 그들의 참여를 결정짓는다. 그러므로 다음세대는 사역은 학생들에게 물질적인 것을 채워주려 하기보다는 가치를 느끼게 해 주어야 한다. 교회는 다음세대가 가치에 반응하게 해 주어야 한다.

다음세대는 서울역 노숙인 사역 있는 날이면 멀리서도 온다. 경상도, 전라도 등에서도 기차를 타고 봉사하러 온다. 가치 있는 일이기에 거리를 마다하지 않는 것이다. 이처럼 다음세대는 가치가 느껴지면 강요하지 않아도 동참한다. 입소문까지 내는 것을 즐겨한다.

하용조 목사의 "예수님을 만나고 싶니? 그럼 낮은 곳으로 가라. 내가 도와주어도 유익이 되지 않는 곳으로 가라"는 말은 낮은 곳으로 가는 것에 가치를 느끼게 한다. 도와주어도 내게 유익이 되지 않는 일에는 가치가 넘쳐 난다. 다음세대 사역을 위해 교회는 냄새나는 곳으로 가야 한다. 내가 도와줘도 결코 유익이 돌아오지 않는 곳으로 가야 한다. 다음세대 사역은 이런 정신으로 해야 한다. 낮은 것, 소외된 곳으로 가셨던 예수님이 거기 계시기 때문이다. 예수님을 만나는 사역이 가치를 느끼게 한다.

다음세대 사역에서는 반드시 본질을 붙들어야 한다. 본질이란 다름 아닌 하나님을 만나게 해 주는 것이다. 하나님을 만나면 변화된다. 프로그램이나 간식의 종류가 아니라 하나님을 만날 수 있는 통로를 열어주어야 한다. 다음세대는 그런 사역에게 무한한 가치를 느낀다.

니즈를 파악해야 한다

한국교회 다음세대 사역이 위기에 몰린 이유 중 하나는 다음세대의 니즈 파악에 실패했기 때문이다. 한국교회는 하나님의 니즈 파악은 잘한다. 하지만 다음세대의 니즈가 무엇인지는 알려고 하지 않는다. 그래서 나도움 목사는 '당이들' 상담에서도 상담자가 많은 말을 하기보다는 내담자의 말을 들어 주려고 한다. 왜 입이 하나이고 귀가 2개인지에 관한 지혜를 들려 준 「탈무드」를 통해서도 이 원리를 깨달을 수 있다. 상담자는 말을 덜 하고, 내담자의 말을 들어 주는 것이 더 중요하기 때문이다. 마르틴 루터도 '이웃에게 그리스도가 되는 것이 모든 그리스도인의 의무다'라고 했다. 이웃이 우리 주변에 있을 때 싫어하는 방식으로 접근할 것이 아니라 원하는 방식으로 접근하는 것이 정답일 것이다.

이웃과 평생 함께 지낼 것이라면 이웃을 함부로 대하지 않아야 한다.

그들이 원하는 옆에 가만히 있어 준다면 그들이 교회의 필요를 느끼는 상황이 온다. 어렵고 힘들 때 교회로 찾아온다. 교회가 다음세대의 니즈를 파악하고자 한다면 그 기회는 꼭 온다.

교회는 다음세대의 니즈를 파악하려 해야 한다. 다음세대와의 접촉점을 만들려면 그들의 니즈를 고려해야 한다. 다음세대와 접촉점을 만들지 못하면 그냥 우리끼리의 모임으로만 그친다. 다음세대를 소중히 여긴다면 니즈를 파악해 지속적으로 소통해야 한다.

스쿨처치를 하는 사람도 학생들의 니즈에 맞춰 활동해야 한다. 교회가 아닌 장소에서 만나는 것도 그들의 니즈를 파악한 결과이다. 주일날이 아니라 주일 아닌 날 만나려고 하는 것, 시간과 장소를 가리지 않는 것도 다음세대의 니즈를 고려한 것이다.

한번은 경상남도 창원에서 학생들의 요청이 있어 찾아갔다. 학생들이 시험을 앞두고 있기에 시간이 15분밖에 없어서 짧은 시간 동안 만나야 했다. 그 15분의 만남을 위해 왕복 8시간을 투자한 것이다. 이런 사역들이 밑 빠진 독에 물 붓기같이 여겨질지 모른다. 하지만 짧게라도 만나는 것이 중요하다.

결론적으로 교회는 다음세대에 관해 연구하고 또 연구해야 한다. 다음세대는 사랑하고 또 사랑을 주어야 한다. 관심을 주고 또 주어야 한다.

나도움 목사에게 다음세대 사역을 하면서 느꼈던 어려운 점이 무엇이었는가를 질문했다. 돌아온 대답은 '전혀 없다'였다. 이런 생각을 가졌기에 누가 알아주지 않고 어려움만 가중되지만 다음세대를 위한 희생이 가능한 것이다. 마지막으로 그는 이런 말을 덧붙인다.

"주를 위해 살면 개고생은 하는데, 망하지는 않는다."

명언과 같은 말이다. 교회는 이 말을 새겨들어야 한다. 하나님의 일은 개고생일 수 있다. 그러나 하나님의 일이기에 망하는 일은 결코 없다. 세상 기준의 성공이 아니기에 믿음으로 다음세대를 위해 헌신해야 한다. 그는 다음세대 사역을 하면서 다음세대의 문제를 보려고 하지 않는다. 그들로부터 희망을 보려고 한다. 하나님 안에는 희망이 가득하다. 희망이 가득한 다음세대, 앞으로도 교회의 다음세대에게는 희망이 가득할 것이다.

• • • • • • • • •

나도움 목사
스쿨처치 사역과 청소년, 청년들을 섬기는 스탠드그라운드 대표이며 20년 이상 청소년, 청년들을 직접 만나며 뒹굴고 있는 현장 사역자이다. 총신대학교신학대학원(M.Div) 졸업 후 청소년지도사 자격증을 취득했으며 CBS '새롭게 하소서'에 출연했다. 저서로는 「난 너의 도움이야」(더제이), 「얘들아 학교를 부탁해」(생명의 말씀사)가 있다.

말씀과 기도에 목숨을 건다

다음세대를 마음속에 품어야 한다

하나님은 우리의 삶을 주권적으로 이끌어 가는 분이시다. 과정 중에 있을 때는 확인할 수 없다. 하지만 어느 시점에 뒤를 돌아보면 보이는 발자국이 그것을 증명한다. 어지럽게 찍혀 있는 발자국 사이로 분명하고 뚜렷한 자국은 부인할 수 없는 그분의 것이다. 인천에서 교회를 개척하고 4년 차에 접어든 김진원 목사의 삶에도 그런 자국은 뚜렷하다. 그는 자신의 청소년기를 어둠의 시기로 기억한다. 친구들과 선후배와 어울려 다니던 그는 어느 시점에 감당할 수 없는 흐름 속에 빨려 들어가고 있는 자신을 발견했다. 그러나 자칫하면 어둠의 길로 들어설 뻔한 자신을 사역자의 길로 가도록 채찍질한 것은 어머니의 지치지 않는 기도였다. 그래서 지금도 사역자의 길로 이끌어 주신 하나님의 은혜에 감격한다. 그리고 그런 청소년기의 경험으로 지금도 신앙생활에서 의리를 굉장히 중요하게 생각한다고 고백한다.

그는 22세에 인천에서 전도사로 사역을 시작했다. 사역에 한창 기쁨을 느낄 무렵 청주에 있는 모교회의 부름을 받는다. 대형 교회였던 모교회에 분쟁이 생겨 이를 수습하기 위해 아버지처럼 섬기던 담임목사님이 그를 부른 것이다. 담임목사님은 전면에서 활동하기 어려운 상황이라 그는 수석목사로서 담임목사처럼 사역했다. 하나님의 은혜로 점차 상황이 수습되면서 담임목사님은 그에게 여러 가지를 제안하셨다. 수석목사로 몇 년만 더 섬겨주면 지성전을 지어주겠다는 것이었다. 하지만 그럴 경우 마음속에 품고 있던 자신만의 목회철학을 이룰 수는 없다고 생각했다. 결국 그는 모든 제안을 거절하고 인천으로 오길 결단한다. 사실 교회를 섬기면서도 개척하고자 하는 마음은 계속 있었으나 개척에 트라우마가 있는 아내 때문에 용기를 낼 수 없었다. 개척교회 목사의 딸로 태어나 많은 어려움을 겪었던 아내는 이혼을 불사하겠다고까지 했다. 그리고 개척을 앞두고서는 초등학교 6학년이었던 딸도 울며 아버지를 말렸다. 가족들의 적극적 반대에 그는 눈물로 하나님께 기도할 수밖에 없었다. 이때 하나님께서 주신 말씀은 그의 마음에 확신을 주었다. 결국 김 목사는 승용차에 자신의 짐만 싣고 무작정 인천으로 향했다. 계속 개척을 반대하던 가족들은 3개월 후에야 합류했다. 인천에 도착해 처음 한 일은 승용차를 팔고 승합차로 바꾸는 것이었다. 교회를 개척하기 위해서는 승용차보다 승합차가 더 요긴하다고 생각했기 때문이었다. 그런데 이때 만난 중고차 딜러가 전에 인천에서 사역하면서 만났던 문제 학생이었다. 하나님의 예비하심이었다. 그 친구는 승합차를 알아봐 주고 나중엔 개척한 교회에 출석했다. 그리고 지금은 운영하고 있는 카페의 메인 셰프로 섬기고 있다. 그야말로 반전 인생이 된 것이다. 이 청년으로부터 시작해 과거 사역을 통해 만났던 청년들이 알음알음 모여들기 시작했다. 그리고 마침내 2018년에 송구영신예배로 개척교회가 시작됐다. 교회 간판도 강대상도 없었다. 김 목사는 온몸이 떨리는 추위를 온기 없는 상가교회에서 버티며 본격적으로 사역을 시작했다. 필요한 것들은 중고마켓에서 구입하고 어렵고 힘든 마음을 안고 달려온 청년들을 마음에 품고 섬기는 사역을 한 것이다.

다음세대 니즈를 최우선으로 두라

그는 언제나 청년들이 좋아하는 것, 필요로 하는 것에 최우선적으로 관심을 두었다. 그런 그의 눈에 제일 먼저 들어온 것은 게임에 몰두하고 있는 청년들의 모습이었다. 그는 최고급 사양의 컴퓨터를 구비하고 피시방에 가는 대신 교회로 오라고 독려하기도 하고, 커피를 좋아하는 청년들을 위해 커피를 내려주기도 했다. 주일예배 후 청년들을 먹일 식사도 스스로 담당했다. 마치 어머니가 자녀들의 밥을 챙기는 심정으로 섬기려 했다. 그래서 주일 오전 6시면 교회에 나와 식사 준비를 했다. 그런 김 목사의 진심을 알아준 청년들이 친구들을 하나둘 전도하니 청년들의 공동체는 커져 가기 시작했다. 청년사역에는 공동체성이 중요한데 청년들은 밥을 먹이고 밤늦게까지 함께 있어 주는 것에서 김 목사의 진정성을 본 것이다. 지금도 신앙 의리와 공동체성을 강조하는 김 목사는 청년들이 요청하면, 또 필요하다면 세종시이든 싱가포르이든 혹은 베트남이라도 사비를 들여서라도 심방을 간다. 그는 개척 초기부터 어둠 속에 있는 청년들을 공동체성으로 품고 섬겨 왔다. '우리 교회가 최고야'보다는 '우리 공동체는 정말 귀하다'라는 생각을 갖게 하려고 노력한 것이다.

다음세대가 목회의 핵심가치가 되어야 한다

김진원 목사는 예수이룸교회를 통해 일하신 하나님의 역사하심을 이렇게 설명한다.

"저희 교회에는 복음, 성령, 선교, 다음세대라는 핵심가치가 있습니다. 청년들이 점점 모여들었는데 이런 가치를 향해 나아가기 위해서는 공간의 문제를 해결해야 했습니다. 그래서 개척 1년이 지난 후에 작정기도를 시작했어요. 기도를 시작한 지 1주일이 지났는데 어떤 분으로부터 한 목사님을 찾아가 보라는 이야기를 들었습니다. 그래서 은퇴를 앞둔 목사님을 찾아갔어요. 그 교회는 상가 한 층을 구매해 사용하는 교회였는데 여러 사람이 인수하려고 찾아와서 이미 구두계약을 마친 상태라고 하시는 겁니다. 그래서 낙담하고 돌아왔는데 몇 주 후에 전화가 온 거예요. 그래서 찾아갔더니 면접하시는 것처럼 여러 가지를 물으시는 거예요. 그러다가 웃으시며 2억 6천만 원까지 해 주시겠다는 겁니다. 건물 크기가 107평이었는데 그 목사님은 그 물건을 2억 6천500만 원에 구매하셨어요. 그런데 그렇게 제안을 해 주신 거예요. 그래서 계약을 하고 난 후 실내 인테리어를 위해 직접 일하기 시작했어요. 그러자 제가 어려운 상황에서 교회 건물을 계약하고 직접 인테리어를 하고 있다는 소식이 주변에 알려진 모양이에요. 그 모습이 안쓰러웠는지 한 장로님께서 연락을 주셨어요. 그분은 지금의 장소를 보여주시며 5년간 이 장소를 사용하라고 하셨어요. 그래서 바로 다음 주부터 공사를 시작하고 3개월 동안 실내 인테리어 공사를 했습니다."

하나님의 놀라운 인도하심이었다. 그는 청년들과 함께 이 건물의 2층은 교회로, 아래층은 카페로 만들었다. 공사를 김 목사와 청년 성도들이 대부분 감당했기 때문에 어려움도 많았다. 철거를 하다가 김 목사는 팔이 부러지는 중상을 입기도 했다. 또한 지금은 전도사로 사역하는 청년은 날카로운 도구에 인중 부분이 베어 응급실에도 실려 가기도 했다. 그러나 지금은 그 모든 것이 예수 그리스도의 흔적처럼 교회를 세우기 위한 헌신으로 가슴에 남아 있다.

지금은 그래도 나아졌지만 당시는 주변 모두가 공사판이었다. 이런 곳에서 카페를 하는 것은 불가능했다. 그래서 처음부터 카페는 교회 재정과 완전히 분리했다. 카페가 교회에 부담이 될 가능성을 미리 차단한 것이다. 실제로 코로나 기간에는 너무 어려워 청년들에게 월급을 주기 위해 김 목사가 소상공인 대출을 받기도 했다. 하지만 지금은 지역의 핫플레이스가 되었다. 이 교회의 섬김에 감동받아 재능기부를 한 일류 셰

프의 교육 덕분에 뛰어난 맛을 자랑하는 카페가 되었기 때문이다. 그리고 작년 연말에는 처음으로 흑자를 기록하는 등 점점 안정되어 가고 있다. 하지만 지역 주민들의 원성도 높다. 예배를 위해서는 언제든 카페문을 닫았기 때문이다. 작년 연말에도 예약이 넘쳐 났지만 예배를 위해 과감히 영업을 포기했다. 처음엔 이런 이해할 수 없는 영업 방식에 화를 내는 주민도 있었다고 한다. 그러나 지금은 지역 주민도 저녁 시간을 피해서 카페를 찾는다.

"사실 카페는 청년들이 제가 내려 준 커피 대신 카페의 커피를 마시는 것을 보고 해야겠다고 마음을 먹었어요. 그러다가 지금은 일자리를 만들어 주기 위한 역할도 하고 있습니다. 그리고 수익금 전액은 선교를 위한 목적으로 사용하고 있어요. 코로나 기간 중 교회는 몇백 퍼센트 부흥했어요. 제가 코로나에 걸린 때를 제외하고는 예배를 멈춘 일이 없었거든요. 청년들이 밥과 커피, 그리고 게임과 공부도 가능한 교회와 카페에 몰려들었기 때문이에요. 그 기간 동안 주변 지역에 독거노인을 돕는 사역을 했고 선불카드를 발급해 어려운 아이들도 마음껏 찾아와서 차를 마실 수 있도록 했어요. 장소도 지역사회가 문화공간으로 활용할 수 있도록 공개했습니다. 청년들을 중심으로 지하철역 앞에서 지역 전도도 하고 있어요. 우리 교회가 아니라 예수님이 전해지길, 또 믿는 사람들에게는 도전을 받아 전도 현장으로 나가길 원하는 마음으로 하고 있습니다."

교회에서 다음세대는 객체가 아니라 주체여야 한다

이런 놀라운 부흥을 경험하고 다양한 사역을 펼치고 있는 김진원 목사가 생각하는 다음세대의 문제와 대안은 무엇일까?

"다음세대는 말로만 하면 움직이지 않습니다. 더구나 다음세대를 교회의 주체가 아니라 객체로 취급하는 것이 문제가 아닐까 생각해요. 저희 교회에서는 다음세대의 목소리를 대변하지 못하는 제직회를 없앴어요. 그리고 청년들 80%가 참여하는 리더회를 두어 그들이 결정하도록 합니다. 담임목사의 사례비와 목회활동비도 그들이 결정하도록 맡겼어요. 다음세대가 교회의 주인 역할을 하도록 해야 한다고 생각해서 의사결정 구조를 바꾼 겁니다. 그러려면 장년들이 자신의 자리를 내어줄 수 있어야 해요. 장년들은 자신이 설 자리를 생각합니다. 그걸 내려놓는 것이 필요하지 않을까요? 교회 재정도 투명하게 공개했습니다. 가족들이 가정의 경제 상황을 알아야 한다는 철학 때문이죠. 그렇게 하니까 교인들 스스로 자신이 해야 할 일에 헌신하더라고요. 그리고 다음세대에게는 시간 투자를 해야 합니다. 마음을 나누는 것이 필요하기 때문이에요. 인적 자원과 시간 투자가 절대적으로 필요하다고 생각합니다."

이런 그의 생각과 행동은 과격해 보이기까지 하다. 하지만 자신과 관계된 것까지 전적으로 내려놓고 다음세대를 믿고 맡기는 리더십 앞에 모두 순종하고 있다. 예수님은 말 대신 언제나 행동으로 솔선수범하셨다.

다음세대 사역은 사명으로 해야 한다

다음세대 사역은 사명으로 해야 한다. 그는 다음세대 사역자에 대한 안타까움도 숨기지 않는다.

"후배들에게 삯꾼이 아니라 목회자가 되어야 한다고 강하게 권합니다. 어떤 사역자들은 하나님이 주신 현장에 충실하지 않고 자신이 원하는 것만 하려고 해요. 저는 주어진 상황에 최선을 다하면 결국 하나님이 그 사람이 할 수 있는 사역을 열어주신다고 생각해요. 자신이 하고자 하는 그럴듯한 사역만 추구하면 결국 사역지를 찾아 유목민으로 지내게 되는 것 같습니다. 사역이 아니라 일로 생각하기 때문이죠. '9시 이후 전화 받지 않습니다'라는 메시지를 자신의 SNS에 적어 놓은 사역자를 이해할 수 없어요. 사역을 사명이 아니라 직업으로 생각하는 거죠."

사역자라면 가슴에 손을 얹고 곱씹어 볼 대목이다.

말씀이 다음세대 사역의 최후 보루다

그렇다면 그가 다음세대 사역을 위해 가장 중요하다고 생각하는 것은 무엇일까? 계속 들어보자.

"말씀이 최후의 보루라고 확신합니다. 제가 여러 가지 사역으로 눈코 뜰 새 없이 바쁘게 지내지만 사역에서 가장 바쁠 때는 예배를 준비할 때죠. 예배, 즉 말씀과 기도에 목숨을 건다고 말씀드릴 수 있어요. 사역을 해 보면 결국 다음 세대의 심령에 말씀이 뿌리내리지 않으면 다른 것은 다 필요가 없더라고요. 그래서 전 기도를 많이 시킵니다. 매일 카페 영업을 시작하기 전에도 통성으로 기도합니다. 말씀 양육에도 신경을 가장 많이 쓰지만 무엇보다 뜨겁게 기도하도록 해요. 예배 시간에 특히 부르짖는 기도를 열심히 하고 1시간씩 기도합니다. 모든 예배가 수련회와 같은 형식이에요. 특히 금요예배를 드릴 때는 뜨겁게 기도합니다. 새신자가 오면 이런 모습이 꺼려진다고 걱정하는 사람도 있지만 눈치 보지 않고 이 컬러를 고수하고 있어요. 기준을 높여야 한다고 생각하기 때문이에요. 기준을 타협하기 시작하면 더 이상의 전진은 기대할 수 없기 때문입니다."

연합이 다음세대를 살린다

그는 다음세대를 살리기 위해 지역교회와의 연합이 필요함을 제안했다.

"연합하는 것은 쉽지 않더라고요. 모두 자기 교회가 부흥하고 성장하는 것에 우선순위를 두고 있기 때문이겠지요. 하지만 해 보니 연합을 원하는 목회자들은 분명히 있다는 것을 알게 됐고 연합을 위해 헌신하고자 하는 담임목회자들이 모이니 여러 가지가 가능하게 되었습니다. 큰 집회에서만 하나님이 일하시는 것이 아니에요. 작은 교회들의 연합에도 하나님의 은혜가 분명히 있었어요. 그렇게 작은 교회들이 연합했더니 여러 성도에게서 헌신이라는 결과가 생기더라고요. 하나님의 마음을 가진 모임은 크기와 상관없이 큰 폭발력을 가집니다. 그런 작은 모임의 연합을 통해 점점 큰 연합이 이뤄지고 있습니다. 연합에는 언제나 헌신이 필요하고 주도하는 분들은 욕먹을 각오가 필요하다고 생각해요. 떡볶이 촌에는 떡볶이집 천지입니다. 그런 것을 볼 때 옆 교회가 잘되어야 전체 교회가 잘될 수 있다고 생각해요. 나만 살자고 하면 다 죽는 상황 아닐까요? 결국 모두가 잘되려면 서로 연합해야 하죠. 지금 한국교회의 문제는 이기주의와 이해타산만 생각했기 때문에 야기된 것이 아닐까 생각합니다. 연합을 하기 위해 모일 때 인적, 물적 자원의 투입이 필요한데 여기서 걸려 진전이 안 돼요. 하지만 서로 각자가 할 수 있는 것을 겸손하게, 또 기꺼이 내놓을 때 역사가 이루어지더라고요. 저희 교회도 은사나 재능이 많이 없지만 허드렛일이라도 하겠다고 할 때 다른 교회들과 연합하게 되었습니다."

그는 같은 비전과 생각을 가진 사람이 있다는 것을 발견하면 외롭지 않다고 강조한다. 자신의 이익을 생각하지 않고 함께 연합할 때 한 교회가 할 수 없는 것을 할 수 있다. 다음세대를 살리려면 결국 각 교회는 기본에 충실하고 개교회가 할 수 없어 포기할 것들도 연합이라는 삼겹줄로 넉넉히 감당해야 하지 않을까? 결국 헌신은 살리는 역할을 한다.

김진원 목사

예수이룸교회 담임이자 인천학교선교회 계양구 담임이며 선교회를 통해 학교 안에 신우회와 스쿨처치와 기도 모임을 세운다. 또한 트레이스워십 지도목사이자 예수교대한하나님의성회 인천지방회 회장으로 섬기고 있다.

마음을 열면 길이 보인다

예상치 못한 곳으로 몰아가시는 선수에 의해 다음세대 사역에 뛰어들었다

하나님은 우리의 삶을 전혀 예상치 못한 곳으로 몰아가는 데 선수시다. 전혀 뜻밖의 시간, 장소, 그리고 만남 등과 같은 퍼즐 조각을 통해 새로운 그림을 만드시는 것이다. 학교에 교회를 세우는 스쿨처치 사역을 하는 최새롬 목사에게는 어떤 퍼즐 조각들이 그런 역할을 했을까?

그는 모 대형 교회의 청소년 사역자였다. 어느 날 새벽예배를 마치고 집에 가려는데 한 여집사가 그를 붙든다. 다짜고짜 기도 응답을 받았다며 도움을 요청하는 것이었다. 그 집사는 섬기는 부서의 학부모이자 일선 학교의 교사였다. 그녀의 요청은 학교의 창조적 체험활동 시간에 예배를 드려 달라는 것이었다. '학교의 정식 수업 시간에 예배가 가능할까?'하는 생각이 든 것은 당연했다. 하지만 사역자로서 학부모의 요청을 거절하기도 어려웠다. 그래서 큰 기대 없이 예배를 시작했다. 그런데 시작부터 난관에 부딪혔다. 교회 경험이 전혀 없던 아이들에게 교회처럼 진행되는 예배는 너무 낯설었던 것이다. 그제야 그곳에 모인 학생 중 불신자와 신자의 비율이 8:2라는 것을 알게 되었다. 뒤늦게 상황을 파악한 최새롬 목사는 그들의 눈높이에 맞추기 시작했다. 지금은 설교 내용부터 불신 청소년들이 이해할 만한 내용으로 다가간다. 예를 들어 하나님을 설명할 때 마블 코믹스의 천둥의 신 '토르'를 끌어들이는 식이다. 찬양곡도 일 년에 두세 곡을 정해 그 곡을 완전히 숙지할 때까지 그 곡만 부른다고 한다. 신기한 것은 이렇게 불신자들이 주류임에도 창조적 체험활동에 많은 아이가 기꺼이 참여하는 것이다. 이 동아리에 가면 예배하는 것을 알기 때문에 오히려 거부감이 없다고 한다. 의례 그런 것으로 알고 참여하기 때문이다. 불신자들이 주로 참석하는 기독교 동아리라는 것이 그들의 마음속 거부감의 벽을 낮추게 한 것일까? 안될 거라는 편견을 제거하면 이렇게 놀라운 일들이 벌어진다.

대부분 학교에서는 동아리로 이 모임이 유지되는데 아이들이 매우 적극적이다. 동아리 이름도 학생들 스스로 정한다. Pray, 프레임 등 그들의 기대와 이해를 담은 이름들이다. 모임의 규모 역시 학교마다 다른데, 최소 12명에서 200명까지 모이고 있다.

최새롬 목사는 "이 모임을 인큐베이팅해서 지역교회가 지역 학교를 섬길 수 있도록 계속 세팅해 드리는 사역을 하고 있습니다. 현재 직접 섬기는 학교는 17개입니다. 이 학교들은 주로 지방에 있습니다"라고 말한다. 그가 지방에 있는 학교들을 직접 챙기는 이유는 무엇일까? 근처 지역에 청소년 사역자가 없기 때문이다. 그래서 지역교회에 이양을 해드리고 싶어도 해드릴 수가 없다.

"현재 양양에서 찬양예배를 하는데요, 그곳 아이들은 태어나서 처음으로 해 본 찬양예배였다는 거에요." 영상으로는 많이 접해 보았지만 현장에서는 찬양예배 경험이 없는 것이다.

경기권을 벗어나면 다음세대 사역자가 없는 지역이 대부분이라니 한국교회의 다음세대 현실이 참 어렵다는 것을 알게 된다.

다음세대 사역을 하게 된 동기

최새롬 목사는 학원복음화인큐베이팅 사역을 계속할 생각은 없었다. 하지만 그를 향한 부르심인 것을 깨닫게 해 준 사건이 있었다. 그의 이야기를 들어보자.

"믿지 않는 아이들을 대상으로 하다 보니 이 사역을 통해 아이들이 구원을 받을 수 있을까 하는 의문이 들었어요. 복음이 제대로 전달될 수 있을 것인지 확신이 들지 않았기 때문이죠. 한 아이가 자살을 하겠다고 쪽지를 준 일이 있었습니다. 다행히 실행하지 않아서 너무 잘됐다고 속으로 생각했죠. 그리고 잊고 있었는데 나중에 졸업 때가 되어서 연락이 온 거예요. 자기가 자살을 포기한 이유를 아느냐고 하더라고요. 원래 그 아이는 자살할 마음을 먹었는데 설교를 듣던 중 마음의 슬픔과 분노가 사라지고 살고자 하는 소망이 생겼다는 겁니다."

자살을 하려다가 그것을 멈추게 한 것이 설교였다는 말이다. 그 사건을 통해 이 사역이 한 사람의 영혼도 구원하지만 한 사람의 인생도 바꾸는 사역임을 알게 됐다. 이 사역이 그를 향한 하나님의 부르심이란 것을 확인하게 된 것이다. 거기에 한 가지가 더 있다. 이 사역을 시작하게 하신 여집사님이 다른 학교로 전근을 가셨다. 그런데 전근 간 학교에서도 같은 프로그램을 시작했는데 순조롭게 진행이 되는 것이었다. 이를 통해 다른 곳에서도 이 사역이 가능하다고 생각하게 되었고 선생님들을 찾아가며 학교 예배를 본격적으로 시작하게 되었다.

다음세대의 답, 학원복음화에 있다

사역의 숭고한 목적은 사역 현장에서 만나는 귀한 영혼들이고 그들은 그의 사역을 생기 있고 힘있게 만든다. 하지만 현장의 척박함은 그를 자주 좌절하게 만드는 장벽과 같다.

"성경에서 십일조는 과부와 고아를 위해 사용하라고 가르칩니다. 한국교회는 해외선교에는 열심을 내지만 정작 전혀 케어받지 못하고 있는 국내 아이들은 돌아보지 않고 있는 것 같습니다. 한국교회는 심어야 거두는 원리를 실천하지 못하고 있는 것 아닐까요? 심지어 심지 않고 거두려는 모습이 보일 때 안타깝습니다. 대부분의 교회는 교회 안에 있는 학생들에게만 관심을 둬요. 교회학교에 나오는 학생들을 위한 대안과 전략에만 올인하고 있는 거죠. 그런데 우리나라 학령인구가 600만 명입니다. 교회 밖에 있는 이 600만 명의 학생들에게는 전혀 관심이 없는 게 너무 안타까워요. 교회 안에 있는 아이들을 대상으로 뭔가를 해 보려 애쓰지만 교회에 들어와 있는 아이들이라는 파이는 점차 줄어들 것은 뻔한 상황 아닌가요? 그런데 주어진 예산을 어떻게 교회 안의 아이들에게 사용하느냐에만 관심을 갖고 있어요. 좀 더 시야를 넓힐 필요가 있지 않을까요? 교계에서는 다음세대 학생들의 복음화율이 14%라고 하고, 다음세대 사역자들은 2-3% 정도라고 추측합니다. 하지만 제가 현장에서 체감하는 복음화율은 1% 미만입니다. 이제라도 교회 밖의 아이들에게 신경 쓰지 않으면 안 됩니다. 그만큼 심각한 상황입니다."

다음세대의 복음화율이 1% 미만이라면 이는 선교단체들의 미전도 종족 구분 기준인 3%에도 못 미치는 수준이다. 그렇다면 다음세대야말로 미전도 종족인 셈이다. 더구나 이들에게 복음을 전할 소위 토착적 교회공동체도 없는 형편 아닌가? 대부분 교회학교에 속한 아이들만을 겨우 챙기고 있는 실정이기 때문이다. 이것이 세계선교에는 열정을 내면서 교회 밖 학령인구 600만 명에게는 눈을 감고 있는 교회에 대해 안타까움을 토로하는 그의 이야기가 가슴을 울리는 이유다.

교회의 다음세대는 사각지대이다

그의 이야기를 계속 들어보자.

"사실 이 상황을 담임목사님께 알려야 하는데 그 사실을 전달조차 할 수 없는 상황이 큰 문제라고 생각합니다. 사역을 하면서 가장 힘든 것 중 하나는 담임목사님을 만날 수 없다는 거예요. 담임목사님만 만나면 그 기회를 통해서 어떻게든 되더라고요. 담임목사님과 정보 공유가 안 되면 학교에 예배를 세울수가 없어요. 학교에 예배를 세우려면 신청을 해야 하는데 그 신청은 학생들만 할 수 있거든요. 담임목사님이 학생들을 통해 신청하도록 하면 너무 쉽게할 수 있는데 이것을 알릴 통로부터 막히니 시작부터 어려운 겁니다."

사실 문제는 이뿐만이 아니다. 많은 사람이 다음세대를 걱정하고 염려하지만 교회에서 다음세대는 사각지대에 있는 것이 현실이기 때문이다. 모든 사역과 예산은 교회 운영에 지대한 영향을 끼치는 성인들에게집중될 수밖에 없는 구조다. 그리고 성인사역이 안정적으로 진행된다면담임목회자에게 다음세대의 문제는 두드러져 보이지 않는다. 현재의 사역에 큰 걸림돌이 되지 않는 것이다. 이것은 담임목사가 쉽게 빠지는 일종의 인식오류다. 이런 인식오류는 신학교에서도 발견된다. 신학교 커리큘럼은 담임목사가 되거나, 기성교회 목회에 대한 준비에 집중하고있다. 교회학교에 대한 고민과 준비는 없다. 따라서 갓 졸업한 사역자들도 다음세대를 위한 전도와 선교에 집중하기 어렵다. 더구나 사례비는10년 전이나 지금이나 달라지지 않고 있다. 대부분의 교회에서 다음세대 사역자는 파트만 존재한다. 전임이 되기 위해서는 교구 사역을 해야하는 형편이다. 다음세대 사역이 성인사역을 위한 디딤돌로만 취급되는 한 발전은 없다는 문제의식은 20년째 그대로인 것이다. 이 문제를 해결할 묘안은 없을까? 사실 묘안은 없다. 다만 스쿨처치가 이미 그 대안을 보여주고 있을 뿐이다.

다음세대 사역의 성패는 교회의 투자 여부가 결정한다

10여 년째 다음세대 사역에 올인하고 있는 최새롬 목사는 다음세대 사역의 무궁한 가능성에 대해서 다음과 같이 전한다.

"스쿨처치 사역은 교회에 정보만 공유하면 다 세워지는 구조라 어떤 교회도 시작할 수 있고 하기만 하면 되는 사역입니다. 지금까지 개인적으로 개척한 학교가 백이십 군데이고 모 대형 교회와 협력해 송파와 강동구 지역에 세팅되고 있는 곳만 이백 군데입니다. 이 결과가 그것을 증명하죠. 그 대형 교회에는 금요철야예배에 강사로 가서 학원복음화 비전과 전략을 공유했고 청소년부 수련회에서도 비전을 공유해서 학교에서 어떻게 예배를 드리게 됐는가를 나눴습니다. 그 결과 이미 송파, 강동구 지역의 학교별 리스트를 정리했고 동아리를 세울 수 있는 방법과 절차 등을 다 세팅했어요. 이제는 그 방법과 절차대로 세우는 중입니다. 하지만 이 사역을 하면서 꼭 기억해야 할 것이 있어요. 학교 아이들은 매년 졸업을 한다는 겁니다. 아무리 열심히 사역하고 양육을 해도 졸업을 하면 떠납니다. 이 구조를 모르면 낙심하게 돼요. 이 사역은 씨 뿌리는 사역이라고 생각합니다. 그래서 저도 이 아이들이 건강한 크리스천으로 성장할 수 있도록 다음 단계로 올려 보내는 역할을 한다는 생각으로 사역하고 있어요. 그런 생각 없이 열매를 보려고 하면 낙심할 수밖에 없습니다. 학교에서 복음을 듣고 믿음을 가진 아이들을 교회에 연결해 주기 위해 '웨이크업' Wake up 이라는 연합집회 사역도 하고 있습니다. 많은 교회에서 이 사역에 동참해 주셨으면 좋겠습니다."

최새롬 목사는 스쿨처치운동을 통해 다음세대에게 복음을 전하는 것은 충분히 가능하다고 말한다. 다음세대 사역은 결국 투자다. 아이들은 시간을 투자한 만큼 살아나게 되어 있다. 재정적 투자 역시 필수적이다. 이단과 사이비들은 다음세대 학생들에게 엄청난 물량 공세를 쏟아 붓고 있다는 사실을 한국교회는 기억해야 한다. 그리고 세상이 아무리 변해도 결국 복음은 사람과 사람 사이의 관계를 통해 전해지고 전수된다. 그런데 청소년 시기가 사람과의 관계에서 가장 민감하다. 좀 더 지혜롭게 다음세대에게 다가가야 할 필요가 있다는 말이다. 한국교회는 다음세대의 침체와 대안 없음을 문제의식으로만 품고 있어선 안 된다. 다음세대를 살리기 위해서는 다음세대가 있는 곳으로 다가가야 한다. 물고기가 있는 곳으로 가야 낚시가 되는 것과 같다. 이는 포스트 코로나 시대에 우리가 반드시 기억해야 할 사실이다. 스쿨처치 사역을 통해 세워질 미래 한국교회의 일꾼들이 기대된다.

최새롬 목사

학원복음화인큐베이팅 대표이자 할렐루야교회 학원복음화 선교사이며 경화여자중학교 교목과 백석대학교 신학대학원 강사로 섬기고 있다. 온누리교회와 할렐루야교회에서 부목사로 사역한 바 있다. 현재 학원복음화인큐베이팅 사역은 120여 곳의 중고등학교에 예배가 세워졌으며 이를 통해 매주 3,500여 명의 청소년들과 예배드리고 있다.

다음세대는 어떻게 살아가라고?

"조상들이 심은 나무를 전부 다 팔아 버리면 내 다음세대, 그리고 그다음 세대는 어떻게 살아가라고? 100년도 못 가서 대가 끊어지게?"

야구치 시노부 감독의 영화 '우드잡'에 나오는 대사이다. 이 영화는 1년 동안 임업수련원으로 산골 마을에서 살아가는 히라노 유키의 이야기이다. 그는 아르바이트나 하면서 하루하루를 그저 편하게 살고 싶어했다. 대학 시험에도 떨어지고 여자친구에게도 이별 통보를 받은 그는 어느 날 홍보 전단 표지의 여자 모델이 예쁘다는 이유로 산림관리 연수 프로그램에 덜컥 지원한다. 그가 도착한 곳은 가무사리 마을이다. 그 마을은 휴대전화 전파도 닿지 않는 끝없이 산이 이어진 곳에 있었다. 아무 생각 없이 살던 뺀질이 도시 청년에게 고된 노동이 필요한 산림관리는 결코 만만치 않았다. 하지만 히라노는 연수 기간 동안 나무를 키우고 살아가는 마을 사람들의 세계에 흠뻑 젖어 들게 된다. 105년 된 참나무를 벌목하여 팔던 날이다. 뜻밖에도 엄청난 수입이 생기는 걸 본 주인공 히라노 유키는 돌아오는 트럭에서 신이 나서 이렇게 지껄인다.

"여기 산을 다 베어내면 억만장자가 될 거 아녜요! 그런데 왜 가난하게 사세요? 먼저 자동차부터 바꾸세요." 이 말에 까칠한 나무꾼 요키 씨가 히라노의 머리통을 갈기면서 말한다.

"너 진짜 바보 아냐? 네가 살아갈 동안밖에 생각을 안 하지?" 그리고 덧붙인 말이 있다. "조상들이 심은 나무를 전부 다 팔아 버리면 내 다음 세대, 그리고 그다음 세대는 어떻게 살아가라고? 100년도 못 가서 대가 끊어지게?"

옆에 있던 감독관 나카무라 씨가 요키 씨의 말을 거든다.

"그래서 묘목을 계속 심으면서 소중히 키워야 해. 이상한 일 같겠지만 말이지. 농부라면 품과 시간을 들여서 지은 채소가 얼마나 맛이 좋은지 직접 먹어 보면 알 수 있지만 임업은 그렇게는 안 되지. 일을 잘했나 못했나 결과가 나오는 건 우리가 죽은 뒤에나 가능하거든. 뭐 사는 게다 그런 거지."

　이 영화의 대사는 나무꾼에게만 적용되는 게 아니다. 한국교회에도 적용되는 대사다. 우리는 우리 세대만 살아가는 게 아니기 때문이다. 내 후손과 연결되도록 만들 책임이 있다. 우리의 삶은 현재는 물론, 과거 그리고 미래와 연결되어 있다.

다음세대의 대안은 가정에 있다

　다음세대의 미래가 안 보인다. 영화 '올빼미'의 주인공은 소경이다. 낮에는 눈이 전혀 보이지 않는다. 밤에만 희미하게 보인다. '올빼미'의 주인공처럼 다음세대의 미래는 희미하게 보인다. 그러나 희미하게 보이기에 답을 찾을 수 있다. 희미하게나마 보이는 이유는 가정이 다음세대의 대안이 될 수 있기 때문이다. 대안이 없다고 할 때, 우리가 가질 자세는 희망이 없음이 아니라 희망이 있음을 더 생각해야 한다. 가정을 볼 때마다 다음세대는 희망이 밝다.

　우리는 팬데믹을 지나면서 교회가 다음세대를 책임지지 못함을 보았다. 교회가 다음세대를 책임지지 못하면, 다음세대의 마지막 보루인 가정이 책임지면 된다. 고상섭 외 4인의 저서 「안 미쳐서 미친다」에서는 '다음세대의 현장은 세 영역'이라고 서술한다. 그것은 '가정, 교회, 학교'다. 이들 세 영역 중 하나가 가정이다. 가정이 다음세대 교육 현장이 되면 된다. 실제적으로 팬데믹 이후 다음세대 교육에 있어서 교회보다는 가정이 더 중요해졌다. 신앙에 있어서도 가정이 중심적인 역할을 하는 상황이 만들어졌다.[72] 김미경은 '이제는 내 신앙과 내 가정은 내가 책임져야 하는 시대다'라고 말한다.

교회가 다음세대를 가정에게 책임지게 하려면 교회는 부모세대 교육에 더 집중해야 한다. 다음세대를 돕기 위해서는 부모세대가 가정에서 교사의 역할을 해야 한다.[73] 이전의 가정은 쉼의 장소 역할이 컸다. 하지만 이제부터 가정은 신앙교육의 장소 역할까지 해야 한다. 가정에서의 부모의 역할은 자녀를 양육하는 일종의 '홈스쿨 교사'로 그 영역이 넓어져야 한다.[74]

가정의 신앙교육이 교회를 대신해야 하는 이유는 분명하다. 신앙은 다음세대로 지속적으로 이어져야 하기 때문이다. 백석대학교 교수인 정용성은 「닭장교회로부터 도망가라」에서 하나님 나라는 세대를 거쳐 신앙의 유산을 남기고 계승하여 발전된다고 한다. '아비세대와 자녀 세대의 단절은 신앙적 비극을 가져온다. 서로 소통하고 공유하며 공감을 할 수 있어야 하나님 나라는 세대를 거쳐 신앙의 유산을 남기고 계승하여 발전된다.'[75]

신앙이 다음세대로 계승되려면 자녀세대에서 단절되지 않도록 최후의 보루인 가정이 책임을 져야 한다. 성경에서 다음세대를 걱정한 사람이 있다. 여호수아다. 그는 이렇게 선언했다. "오직 나와 내 집은 여호와를 섬기겠노라" 수 24:15. 다음세대 신앙의 대안은 가정밖에 없음을 통감하며 나온 말이다.

최윤식도 「빅체인지 한국교회」에서 빅체인지 시대에 한국교회와 성도가 최우선으로 이끌어야 하는 5가지의 새롭고 도전적인 사역 중 하나를 '가정 회복'으로 보았다. '빅체인지 시대에 한국교회와 성도가 최우선으로 이끌어야 하는 5가지의 새롭고 도전적인 사역을 제안한다. 신중년 리트릿, 가정 회복, 메타버스 영성, 통일 준비, 지구 회복이다.'[76]

가정이 다음세대 회복의 중심축에 서야 한다. 공교육이 무너졌다는 것은 학교에 희망을 둘 수 없다는 말이다. 교회의 다음세대가 셧다운되었다는 것은 이제 가정만이 희망이란 말이다. 부모는 자녀들의 신앙교육을 교회에만 맡겨두면 안 된다. 가정에서 책임지려 해야 한다. 김정준은 「다음 없는 다음세대 다가가기」에서 자녀는 아빠의 크기만큼 신앙이 자란다고 했다. '가정에서 아버지의 크기를 키워라. 아버지의 크기가 곧 하나님의 크기이다. 그러니 오늘부터! 아버지의 크기를 더 크게 키워라!'[77]

다음세대에게는 부모의 영향력이 가장 크다. 청소년들이 인식하는 신앙교육에 가장 큰 영향력을 미치는 사람 1순위는 38.7%를 차지한 '학부모'였다. 다음세대에게 부모의 영향력이 가장 크다는 것은 다음세대의 미래가 가정에 달려 있다고 해도 과언이 아니라는 말이다. 최윤식 박사는 한국사회 역사 중 가정 회복과 지킴이 가장 중요한 문제로 부각되는 시대가 오고 있다고 말한다. 그는 자연스럽게 가정을 회복하고 지키는 사역은 한국교회를 향한 중요한 시대적 요청이 될 것이라고 전망한다.

가정이 무너지면 가장 피해를 보는 사람들은 다음세대인 자녀들이다. 교회의 다음 사역은 무너진 가정을 다시 세우는 쪽으로 가야 한다. 김지수의 「이어령의 마지막 수업」이나 유발 하라리의 「호모사피엔스」에서는 거대한 경제원리가 작동되지 않는 공동체는 바로 가정이라고 한다. 경제원리가 작동되지 않아야 하는 가정이 바로 다음세대 신앙교육의 희망이 되어야 한다. 팬데믹을 지나면서 가정교육의 중요성이 더 부각되었다. 팬데믹 기간에 신앙교육은 가정에서 부모를 통해 이루어졌다. 가정에서 신앙교육이 이루어지자, 자녀의 신앙교육 주체가 부모라는 인식이 확산되었다. 교회는 교회 단독으로 다음세대 신앙교육을 하겠다는 인식을 버려야 한다. 교회는 가정과 함께 연계하는 신앙교육을 해야 한다. 가장 효과적인 신앙교육은 '가정-학교-교회'가 연합전선을 펼치는 것이다.[78]

다음세대는 영원히 계승되어야 한다

교회는 신앙이 다음세대에서 그다음 세대로 바통을 건네줄 수 있는 여건을 만들어야 한다. 그것은 '나중'이 아니라 '지금'이어야 한다. 세상에서도 자신의 일이 다음세대로 계승되게 하려고 힘쓴다. 중국의 저명한 고문자 학자이자 역사학자인 지셴린 季羡林 은 인류의 발전은 릴레이 경주와 같다는 것을 설명하면서 지혜 계승의 중요성을 강조한다. 그러면서 그는 지혜를 계승하는 세상에서 가장 좋은 일은 독서라고 한다. 인류 발전도 다음세대로의 계승이 이루어져야 한다.

> "인류의 발전은 릴레이 경주 같아서 한 세대가 완주하고 나면 그다음 세대에
> 게 바통을 건네주고, 그 세대는 다시 다음세대에게 바통을 건네준다. 이렇게
> 해서 릴레이 경주가 영원히 이어지고, 지혜도 영원히 계승된다."

우리나라는 다산의 독서법을 계승하고 있다. 중국은 유학자 공자의 사상을 세계에 중국을 전파하는 도구로 삼고 있다. 기독교는 계승을 어떻게 하는지 안다. 유럽의 학문은 교회를 통해 계승되었다. 이광주는 「교양의 탄생」에서 유럽 전체가 학문과 문화의 암흑기였던 시절, 유독 잉글랜드의 수도원에서는 학문이 유지되고 계승되었다고 한다. 다음세대는 계승되어야 한다. 수평선교로 힘들면 수직선교를 통해서라도 계승되어야 한다. 교회는 다음세대 계승에 대한 대안을 찾기 위해 기도하며 현재 상황을 분석하고, 대안을 마련하기 위해 연구해야 한다.

다음세대에 적극 투자해야 한다

다음세대에게 신앙을 계승하기 위해 교회가 할 일은 적극적인 투자이다. 다음세대에게 집중적으로 투자해야 한다. 정부는 지방대학교를 살리기 위해 '글로컬대학30'을 추진한다. 지방대학들은 '글로컬대학30'에 사활을 걸고 있다. 다른 대학과의 통합을 주저하지 않는다. 교육부는

약 5년간 약 1,000억 원을 지원함과 동시에 범부처와 지자체 투자 확대를 유도한다.

노가영 외 3인이 쓴 「2022 콘텐츠가 전부다」에서는 OTT Over The Top, 인터넷을 통해 사용자가 원할 때 방송을 보여주는 VOD 서비스 의 거금 투자는 에미상의 풍경을 바꿨다고 한다. "영화계는 오스카, 음악계는 그래미가 있다면 방송계에는 '에미상'이 있다. 콘텐츠 제작에 대한 OTT의 거금 투자는 에미상의 풍경을 바꿨다. 2021년 에미상 노미네이션을 OTT가 주름잡았다. 2013년에 처음으로 에미상 후보 작품을 배출한 넷플릭스는 2018년 100개 부문 노미네이션, 2021년 129개 부문 후보에 지명돼 그 존재감을 뽐냈다."[79]

과감한 투자가 에미상의 풍경을 바꿨다. 교회 역시 2024년도 셧다운된 다음세대에 과감하게 투자해야 한다. 교회는 다음세대의 중요성만 외치지 투자하지는 않는다. 위기가 극에 달했는데도 투자를 하지 않는다. 교회는 '다음세대'를 위한 투자를 아끼지 말아야 한다.[80] 다음세대가 어려우면 가장 먼저 할 것이 인적, 물적, 관심 투자다. 코로나19 이후 다음세대 신앙교육에 어려움이 가중된 상황이므로 적극 투자해야 한다. 어떤 조직이든 조직의 흥망성쇠는 지도자에게 달려 있다. 교회의 미래역시 다음세대 지도자를 위한 투자를 통해 판가름 난다. 교회는 적극적으로 투자해 다음세대 전문가를 키워야 한다. 지금은 전문가의 시대이다. 교회는 다음세대 지도자를 전문가 단계에 이르도록 키워야 한다.

다음세대 지도자가 가질 자세는?

영화 '영웅'은 안중근 의사와 동지들이 칼로 약지를 자르는 장면으로 시작한다. 국가의 독립은 독립운동을 하겠다는 다짐만으로는 안 되니 스스로 피 흘리기를 선택한다. 과감한 그 피가 백색의 눈 위에 흐른다. 안중근 의사는 독립운동을 가볍게 하지 않았다. 피를 흘리는 것이 당연한 목숨을 건 운동이었다. 다음세대가 무너졌다고 한다. 다음세대를 세우려는 리더는 안중근의 야성을 가져야 한다. 없다면 그 야성을 회복해야 한다. 안중근 의사처럼 약지를 칼로 자르는 마음으로 시작해야 한다.

「하나님나라 교육」의 저자인 글렌 슐츠가 이렇게 말한다. "우리가 자녀에게 줄 수 있는 가장 좋은 선물은 가정과 학교에서 성경적 세계관을 가르쳐주는 교사들이다." 다음세대에게는 다음세대 리더들이 가장 좋은 선물이다. 동시에 문제 해결의 핵심이다. 청년들이 교회를 옮기거나 신앙을 떠나려는 이유는 '목회자 요인, 청년 신앙공동체 요인, 개인 신앙 요인, 교회 문화 요인, 헌신 강요 요인' 등이 대표적인 것들이다.[81] 그중 핵심적 요인은 목회자다. 목회자가 누구냐에 따라 다음세대의 영적 분위기 편차가 크다. 다음세대 리더가 다음세대에게 희망이 되려면 당장의 행복을 쫓지 않고 하나님의 뜻을 쫓아야 한다.

한국 최고의 축구선수 손흥민은 단순히 행복을 좇지 말라고 한다. "단순히 행복을 좇으려고 해서는 안 된다. 많은 사람은 끊임없이 행복을 찾는다. 하지만 사실 행복은 지금 당장 눈앞에 있는 것이나 가족 혹은 직장에서부터 올 수 있다"라고 말이다. 손흥민은 현장에서 6시간, 7시간, 8시간 머물며 훈련했다. 다음세대 리더는 현장에서 많은 시간을 보내야 한다. 순간적 행복이 아니라 다음세대와 오랜 시간 함께함으로 행복을 찾아야 한다. 다음세대 리더들이 다음세대와 많은 시간을 함께하면 하나님은 행복을 선물로 주신다. 다음세대와 오랜 시간 함께하는 리더에게 교회는 '영성훈련과 지적 훈련, 인품훈련'을 할 수 있도록 관심을 가져야 한다.

이 책에서 인터뷰한 다음세대 지도자 6인에게는 공통점이 있었다.

첫째, 목회자로의 소명과 다음세대 리더로서의 준비가 잘 되어 있다.

둘째, 본질을 벗어나지 않고 본질에 집중한다.

셋째, 공동체 간 연합을 추구한다. 그리고 공동체를 추구하는 목적이 예수님을 드러내고자 함이다.

넷째, 남다른 열정과 헌신 및 희생이 기본적으로 갖추어져 있다.

다섯째, 사역에 대한 기준을 높게 둔다.

여섯째, 선교적인 교회를 지향한다.

일곱째, 내면의 견고함으로 외적인 상황에 쉽게 흔들리지 않는다.

여덟째, 긍정적인 마인드로 무장되어 있다.

아홉째, 기준이 명확하다.

열째, 삶을 강조함은 물론 삶을 보여준다.

다음세대!

교회의 미래이다. 교회의 주춧돌이다. 하나님은 다음세대가 지속되길 소망하신다. 이 소망에 부응하기 위한 한국교회가 되어야 한다.

1) 이현철 외 5명, 「위드코로나 시대 다음세대 신앙리포트 1」, SFC(2022), p. 25.

2) 이상훈 외 11인, 「뉴노멀 시대, 교회의 위대한 모험」, 교회성장연구소(2021), p. 183.

3) 김도인, 「언택트와 교회」, 글과길(2021), p. 39.

4) 이건영, 지형은, 옥성석 외 19인 「격차의 시대, 정(情)이 있는 교회와 목회」, 글과길(2022), p.37.

5) 김정준, 「다음 없는 다음세대 다가가기」, 글과길(2023), pp. 57-58.

6) 김도인, 「언택트와 교회」, 글과길(2021), p. 35.

7) 정유라, 「말의 트렌드」, 인플루엔셜(2022), p.54.

8)이민영, 「젊은 꼰대가 온다」, 크레타(2022), p.153.

9) 김미경, 정지훈 외 3명, 「웹3.0 넥스트 이코노미」, 어웨이크북스(2022), p.5-6.

10) 고교학점제란 학생이 기초 소양과 기본 학력을 바탕으로 진로·적성에 따라 과목을 선택하고, 이수 기준에 도달한 과목에 대해 학점을 취득·누적하여 졸업하는 제도이다. 자세한 내용은 다음의 사이트를 참조하라. https://www.hscredit.kr/index.do

11) 학원가에서 쓰이는 속어로 강사, 학원 등을 좌지우지하는 학원생들의 대표 엄마.

12) 여성가족부에서 해마다 시행하는 온라인 사용실태조사를 통해 2022년 전국 청소년 (초 4학년~고등학교 1학년)127만 명을 대상으로 인터넷과 스마트폰 사용도에 관해 알아본 바에 의하면 치료가 필요한 과위험군 학생으로 인터넷은 188,978명, 스마트폰은 134,832명으로 집계되었다. 특히 초등학교 4학년의 과위험군 증가율이 가장 높았다. 점점 온라인 중독 시기가 어려지고 있다.

13) 2023년 1월 25일 인터넷판 <데일리안> 신문 기사를 참조함. https://www.dailian. co.kr/news/view/1195456/?sc=Daum

14) 2023년 2월 6일 인터넷판 <헤럴드경제> 기사를 참조함. http://news.heraldcorp. com/view.php?ud=20230206000620

15) 2021년 3월 2일 인터넷판 <여성신문> 기사를 참조함. https://www.womennews. co.kr/news/articleView.html?idxno=208313

16) 오픈에이아이(OpenAI)에서 개발한 대화형 인공지능으로 광범위하게 수집한 데이터를 기반으로 사전 학습되어, 주어진 질문에 문장으로 생성된 답을 제시한다. 일론 머스크와 샘 알트먼 등이 설립한 인공지능 스타트업 오픈에이아이에서 개발한 단방향 인공지능 지피티(GPT)를 기반으로 하며, 트랜스포머 아키텍처와 같은 딥러닝 기술을 사용하여, 주어진 질문의 요점을 인식하고 독자적으로 작성된 콘텐츠를 제시하는 기능을 갖고 있다. 기반이 되는 지피티(GPT)는 2018년 처음 개발된 이후 거의 매년 학습 규모와 속도가 개선된 버전이 개발되었다. 2022년 12월 GPT-3.5 기반으로 개발된 ChatGPT의 베타버전이 일반에 공개되었고, 2023년 2월에는 구독 서비스가 시작되었다. 2023년 3월에는 GPT-4가 공개되었으며, 마이크로소프트의 검색엔진 빙(Bing), 한국 업스테이지의 모바일 메신저용 대화 프로그램 아숙업(Askup)에도 연동되었다. 출처: 다음 백과사전 https://100.daum.net/encyclopedia/view/47XXXXXb2696

17) 대한민국 헌법에 따른 인간으로서의 존엄과 가치를 보장하고, 교육기본법에 따른 교육 이념을 바탕으로 건전하고 올바른 인성을 갖춘 국민을 육성하기 위해 제정한 법률

로 2015년 1월 20일에 공포되어, 같은 해 7월 21일부터 시행되었다. 법률 제15233호로서 국가 등의 책무, 인성 교육의 기본 방향, 인성교육 프로그램의 인증 등을 규정하고 있다.

18) 2023년 4월 6일 인터넷판 <이데일리> 기사를 참조함. https://www.edaily.co.kr/news/read?newsId=02496086635573496&mediaCodeNo=257

19) 교육부는 16개 시도교육감이 초·중·고등학교(초4~고3) 학생들을 대상으로 실시한 '2022년 1차 학교폭력 실태조사(전수조사)' 결과를 발표했다. 초4~고3 재학생 전체 (약 387만 명) ※ 조사 참여율: 82.9%(약 321만 명)이다. 이때 나온 결과는 언어폭력 (41.8%), 신체폭력(14.6%), 집단따돌림(13.3%) 순이었다. 자세한 결과 내용은 교육부 홈페이지"(https://www.moe.go.kr/main.do?s=moe)교육부 소식 보도자료 2022년 1차 학교폭력 실태조사 결과 발표를 참조하라.

20) 알바니아어 성경 Bibla shqip, 고린도전서 10장 13절에 '피할 길'이 '출구'로 번역되었다.

21) 니코스 카잔자키스, 「그리스인 조르바」, (서울: (주)문학과 지성사, 2018), p.219.

22) https://www.joongang.co.kr/article/22601669#home (2023년 3월 27일 접속)

23) 존 카트맨, 최성애, 조벽, 「내 아이를 위한 감정코칭」(서울: 한국경제신문 한경BP, 2011), p.38.

24) http://www.ngonews.kr/news/articleView.html?idxno=137964(2023년 3월 27일 접속)

25) 통계청, <2022년 사회조사 결과 보도자료>, p.1

26) <월간목회>, 2021년 3월호, p.46.

27) 통계청, <2022년 사회조사 결과 보도자료>, p.2

28) 황인화, "충격! 한국, 인구감소로 국가소멸 순위 세계 1위", 정경미디어그룹, 2015.7.6, http://www.mjknews.com/news/articleView.html?idxno=59499.

29) 2022년 12월 22일 교육부 발표로 2022 개정교육과정이 확정되었다.

30) 김도일 외 3인, 「교회학교가 살아야 교회의 내일이 있다」, 동연(2002), p.66.

31) 지용근 외 9인, 「한국교회 트렌드 2023」(서울: 규장, 2022), pp.189-190.

32) 최승근, 「예배」(서울: 두란노서원, 2015), p.16-17.

33) 최기훈, 「우리, 예배합시다」(서울: 샘솟는 기쁨, 2023), p. 47-49.

34) 김난도 외 9인, 「트렌드 코리아 2023」(서울: 미래의 창, 2022), p.303.

35) 김정준, 「다음 없는 다음세대에 다가가기」(서울: 글과 길, 2023), pp.79.-83.

36) 김도인, "하나님 더 깊이 알고 싶어진다", <기독일보>, 2019년 3월 28일.

37) 김도인 외 7명, 「목회 트렌드 2023」(서울: 목회트렌트연구소, 2022). pp.151-153.

38) 박양규, 「리셋 주일학교」(서울: 샘솟는 기쁨, 2022), pp.170-173.

39) 김동호, "예배를 지겨워하고 교회 가기 싫어하는 아이에게 신앙을 어떻게 가르쳐야 할까요?", 안녕하세요 목사님 #174, 2023. 4. 30, https://www.youtube.com/watch?v=PiYsUcjF51w

40) 이현철 외 3인, 「코로나 시대 청소년 신앙 리포트」(서울: SFC출판부, 2021), p.188.

41) 박지훈, 「매일 가정예배」(서울: 규장, 2021), p.12.

42) 도널드 휘트니, 「오늘부터, 가정예배」(서울: 복 있는 사람, 2017), pp.58-68.

43) 김미경, 「김미경의 마흔 수업」, (서울: 엄케이유니버스, 2023), 137.

44) tvN "알쓸신잡3(알아두면 쓸데없는 신비한 잡학사전)" - 부산 편. 2018.11.23. 방영.

45) 유현준, 「공간의 미래 - 코로나가 가속시킨 공간 변화」(서울: 을유문화사, 2021), pp.68~69.

46) 이정화 기자, "오렌지라이프, 임직원 대상 '온택트 디지털 포럼' 개최", 스페셜 경제, 23.3.21. 접속, https://blog.naver.com/speconomy/222097362852

47) 김신 기자, "포스코ICT, 사명 '포스코DX'로 변경", BizFact, 뉴스, 경제, IT, 23.3.20. 접속, http://news.tf.co.kr/read/economy/2005910.htm

48) 김난도 외 8인, 「트렌드 코리아 2021」, 미래의창(2020), p.156.

49) 김도인, 「언택트와 교회」, 글과길(2021), p.230.

50) 박형수 기자, '빌 게이츠 "20년 내 또 팬데믹 온다…치사율 30% 넘을 수도"', 중앙일보, 국제: 국제일반, 2022.8.17.

51) 조아라 기자, '코로나보다 더 나쁜 상황 또 온다'…美 정부, 대응 태세 돌입', 한국경제, 국제, 2022.10.18, https://www.hankyung.com/international/article/2022101868967, 접속 23.3.22

52) 김동환, "'온라인 교회'는 교회가 아니라고요?" - <김동환의 길의 가장자리에서②>, 길섶교회가 오프라인 교회에서 온라인 교회가 된 이유, 뉴스엔조이, 2023. 2.15, https://www.newsnjoy.or.kr/news/articleView.html?idxno=305084, 접속 23.3.22

53) 김덕년 외 2인, 「포노 사피엔스를 위한 진로 교육」, 교육과실천(2021), p.22-26

54) 김정준, 「다음 없는 다음세대에 다가가기」, 글과길(2023), p.68.

55) 권창희(놀이미디어교육센터 소장), 「스마트폰으로부터 아이를 구하라」, 마더북스 (2018).

56) 2013년 11월 23일, JTBC 뉴스룸 보도

57) 2014년 4월 2일, MBC 뉴스데스크 보도

58) 미국 소아과학회 2015.6.24. 발표

59) 정석원, 「청소년 교사를 부탁해」, 홍성사(2021), p.225.

60) 필립 후즈, 박여영 역, 「소년은 침묵하지 않는다」, 돌베개(2016), p.9.

61) 윤상진, 「플랫폼노믹스」, 포르체(2021), p.25

62) 데이비드 키네먼, 마크 매틀록, 「디지털 바벨론 시대의 그리스도인」, 생명의말씀사 (2020), p.168

63) 켄다 크리시 딘, 론 포스터, 배정훈 역, 「하나님을 잉태하는 청소년 사역」, 복있는사람 (2006), p.134

64) 이상욱, 「기독교 세계관 렌즈로 인문학 읽기」, 예영커뮤니케이션(2017), p.108

65) 게리 콜린스, 정동섭 역, 「크리스천 코칭」, IVP(2004), p.21

66) 폴 킴, 함돈균, 「교육의 미래, 티칭이 아니라 코칭이다」, 세종서적(2017), p.202

67) 곽상학, 「청소년을 바라보는 지혜를 입어라」, 두란노서원(2015), p.77

68) 성인경, 「프란시스 쉐퍼 읽기」, 예영커뮤니케이션(2003), p.76

69) 이현철 외 3인, 「코로나시대 청소년 신앙 리포트」, SFC(2021), p.116

70) 데이비드 키네먼, 마크 매틀록, 「디지털 바벨론 시대의 그리스도인」, 생명의말씀사
    (2020), p.168

71) 정석원, 「청소년 사역 핵심파일」, 홍성사(2021), p.24

72) 이현철 외 5인, 「위드코로나 시대 다음세대 신앙리포트 1」, SFC(2022), p. 41.

73) 이상훈 외 11인, 「뉴노멀 시대, 교회의 위대한 모험」, 교회성장연구소(2021), p.28.

74) 글렌 슐츠, 「하나님나라 교육」, 디모데(2022), p. 121.

75) 정용성, 「닭장교회로부터 도망가라」, 홍성사(2015), p.132

76) 최윤식, 「빅체인지 한국교회」, 생명의말씀사(2021), pp. 415-447.

77) 김정준, 「다음 없는 다음세대 다가가기」, 글과길(2023), p.211.

78) 이현철 외 5인,의 「위드코로나시대 다음세대 신앙리포트 1」, SFC(2022), p. 56.

79) 노가영 외 3인, 「2022 콘텐츠가 전부다」, 미래의창(2021), p. 133.

80) 김도인, 「언택트와 교회」, 글과길(2021), pp.193-198.

81) 이현철 외 5인, 「위드코로나시대 다음세대 신앙리포트 1」, SFC(2022), p.53.